Cahier Sauvage 2

곰에서 왕으로
—국가, 그리고 야만의 탄생

KUMA KARA OU E 熊から王へ

ⓒ 2002 Shinichi Nakazawa
All rights reserved.
Original Japanese edition published by Kodansha Ltd.
Korean translation rights arranged with Kodansha Ltd.
through Enters Korea Co., Ltd.

이 책의 한국어판 저작권은 (주)엔터스코리아를 통한 일본의 Kodansha Ltd.와의 독점 계약으로
도서출판 동아시아가 소유합니다.
신저작권법에 의하여 한국 내에서 보호를 받는 저작물이므로 무단전재와 무단복제를 금합니다.

곰에서 왕으로
국가, 그리고 야만의 탄생

Nakazawa Shinichi
Cahier Sauvage Series No. **2**

| 나카자와 신이치 中沢新一 | 김옥희 옮김 |

동아시아

곰에서 왕으로 - 국가, 그리고 야만의 탄생

초판 1쇄 펴낸날 2003년 11월 22일
초판 12쇄 펴낸날 2024년 4월 8일

지은이   나카자와 신이치中澤新一
옮긴이   김옥희
펴낸이   한성봉
편집   차수연·김영주
경영지원   국지연·송인경
마케팅   박신용·오주형·박민지·이예지
펴낸곳   도서출판 동아시아
등록   1998년 3월 5일 제1998-000243호
주소   서울시 중구 필동로8길 73 [예장동 1-42] 동아시아빌딩
블로그   blog.naver.com/dongasiabook
페이스북   www.facebook.com/dongasiabooks
인스타그램   www.instagram.com/dongasiabook
전자우편   dongasiabook@naver.com
전화   02) 757-9724~5
팩스   02) 757-9726

ISBN 89-88165-25-X 03210
ISBN 89-88165-24-1 (세트)

* 잘못된 책은 구입하신 서점에서 바꿔드립니다.

contents

곰에서 왕으로 — 국가, 그리고 야만의 탄생

머리말	카이에 소바주에 대해서	006
서장	뉴욕에서 베링 해협으로	012
제1장	잃어버린 대칭성을 찾아	045
제2장	태초에 신은 곰이었다	069
제3장	'대칭성의 인류학' 입문	095
제4장	해안의 결투	119
제5장	왕이 되지 않은 수장	145
제6장	환태평양의 신화학으로 I	173
제7장	환태평양의 신화학으로 II	187
제8장	'식인'으로서의 왕	215
종장	'야생의 사고'로서의 불교	231
보론	곰을 주제로 한 변주곡	249
역자 후기	'문명'과 '야만'으로의 새로운 접근	274

머리말

카이에 소바주Cahier Sauvage에 대해서

다섯 권 예정으로 계속 출간될 카이에 소바주 시리즈는 최근 몇 년 동안의 나의 강의를 기록한 것이다. 매주 목요일 오후에 '비교종교론'이란 제목으로 주로 대학 2~3학년 학생들을 대상으로 강의했다.

　강의 내용의 기록을 책으로 출간하는 것은 이번이 처음이다. 강의는 강연과는 달리 충분한 시간을 들여 하나의 주제를 전개시킬 수 있으며, 글을 쓰는 것과 달리 리얼 타임의 비평가로서의 청중이 있다. 청중과의 암묵의 흥정, 관심을 끌기 위한 연기. 이런 심리적인 요소로 인해 강의라는 형식에서는 독특한 즉흥연기가 가능해진다. 강의라는 형식을 매우 좋아한다는 걸 나는 최근에야 깨달았다.

　길을 걷고 있을 때나 이야기를 할 때, 동시에 생각을 하는 경우가 많기 때문에 모처럼 떠오른 좋은 아이디어가 그냥 사라져버리곤 하는데, 이런 강의에서는 열심히 기록해주는 학생들이 있었던 덕택에 이야기하면서 떠오른 사고의 비말飛沫은 다행히 소멸을 면할 수가 있었다. 너무 많은 준비를 하면 좋은 강의가 되기 힘들다. 즉흥적인 강의 특유의 활기가 사라져버리기 때문이다. 소재를 선택해서 대강의 코드 진행을 결정하고, 강의의 실마리를 풀어갈 건반의 음높이만 결정해두면, 나머지는 주제가(잘 풀린다면) 자동적으로 전개되어간다. 그런 믿음이 흔들리지 않는다면 그 강의 시간은 행복하다. 그러나 한차례 잔잔한 동요가 일 때는 허무감을 느끼며 교단을 떠나게 된다.

이 일련의 강의를 통해, 나는 우리가 살아가는 이 현대라는 시대가 갖고 있는 과도기적인 성격을 밝혀보고자 노력했다. 우리는 과학혁명이라는 '제2차 형이상학 혁명'(이것은 미셸 우엘벡Michel Houelbecq이 『소립자Les Particules Elementaires』에서 사용한 용어다) 이후의 세계에 살고 있다. 그리고 그 세계가 마침내 머지않아 잠재적 가능성의 전모를 드러낼 것으로 여겨지는 다양한 징후들이 나타나기 시작했다.

이 제2차 '형이상학 혁명'이 묘한 성격을 갖고 있다는 점에 대해서는 레비 스트로스가 이미 밝힌 바 있다. 근현대의 과학이 구사해온 사고의 모든 도구는, 1만 년쯤 전에 시작된 신석기 혁명의 시기에 우리의 선조에 해당하는 호모 사피엔스 사피엔스가 획득한 지적 능력 속에 이미 전부 준비되어 있던 것이다. 우리의 과학은 기술이나 사회제도, 신화나 제의祭儀 등을 통해 표현되던 그런 능력과 근본적으로 다른 시도를 해본 적이 아직 한번도 없다. 양자역학과 분자생물학마저도 아직 구석기를 사용하던 3만 년 전의 호모 사피엔스 사피엔스의 뇌에 일어났던 혁명적인 변화에 의해 발생한 것으로, 그런 사고의 직접적인 결실이라고 할 수 있다.

　제1차 '형이상학 혁명'에 해당하는 일신교의 성립에 의해 발생한 종교는 신석기 혁명적인 문명에 대한 대규모의 부정이나 억압 위에 성립되었다. 억압당한 '야생의 사고'로 불리는 그런 사고능력이 제2차 '형이상학 혁명'을 통해 겉포장도 근거도 새롭게 바꾸어 '과학'으로 부활한 것이다. 3만여 년 전에 유럽의 북방으로 거대한 빙하군이 퍼져감으로 해서 인류는 생존을 위해 뇌 안의 뉴런의 접합양식을 변화시키는 데 성공했는데, 현대 생활은 그때 인류가 획득한 잠재능력을 전면적으로 발휘함으로써 이루어져왔다고 할 수 있다. 그런데 이제는 그 혁명의 성과가 거의 바닥이 난 것은 아닌가 하는 예감이 확산되기 시작했다.

　우리는 이런 과도기에 살고 있다. 제3차 '형이상학 혁명'은 아직 요원한 일이다. 이 시대를 살아가는 지성인에게 주어진 과제는 세례자 요한처럼 영혼의 요르단 강가에 서서 닥쳐올 혁명이 어떤 구조의 혁명이 될지를 가능한 한 정확하게 예측해두는 일일 것이다. 종교는 과학(야생의 사고로 불리는 과학)을 억압함으로써 인류 정신에 새로운 지평을 열었다. 그런 종교를 부정하고 오늘날의 과학은 지상 地上의 헤게모니를 획득했다. 그렇다면 제3차 '형이상학 혁명'이 어떤 구조의 혁명이 될지 대강 그 윤곽을 파악해볼 수 있다. 그것은 오늘날의 과학에 한계를 가져온 여러 조건들(기계론적으로 평범해진 생명과학, 분자생물학과 열역학의 불충분한 결합, 양자역학적 세계관이 생활과 사고의 전분야로 확대되지 못하도록 막고 있는 서구형 자본주의의 영향력 등)을 부정하고, 일신교가 개척한 지평을 과학적 사고에 의해 변혁시킴으로써 가능해질 것이다.

그래서 이 일련의 강의에서는 구석기 인류의 사고에서부터 일신교 성립까지의 '초월적인 것'에 대해 인류의 사고와 관련이 있는 거의 모든 영역에 대한 답파踏破를 목표로 하여, 신화부터 시작해서 글로벌리즘의 신학적 구조에 이르기까지, 무척 자유분방한 걸음걸이로 사고가 전개되었다. 그래서 이 시리즈에는 '야생적 사고의 산책Cahier Sauvage'이라는 의미의 제목이 붙게 되었다. 물론 이 제목에 『야생의 사고La Pensée Sauvage』라는 책과 그 책을 저술한 인물에 대한 나 자신의 변함없는 경애와 동경이 담겨 있는 것은 분명한 사실이다. 나는 70년대까지 전개된 20세기 지성의 달성에 대해 지금도 변함없이 깊은 존경과 사랑을 품고 있으며, 그런 향수가 나를 과거와 연결시켜주고 있다.

*　　*　　*

　카이에 소바주 시리즈의 제2권에서는 '국가'의 탄생을 화제로 삼을 생각이다. 인류의 뇌의 뉴런 조직에 결정적인 비약이 일어나 현생인류(호모 사피엔스 사피엔스)의 '마음'이 생겨난 것이 후기 구석기 시대의 일이라고 한다면, 그로부터 2만 년 이상 동안은 그 뉴런 조직을 사용해서 신화적 사고가 발달해갔을 거라는 추측이 가능해진다. 그 당시 우리 현생인류의 '마음'에서는 모든 사고가 이원성binary을 토대로 이루어졌으며, 모든 것은 '대칭성'을 실현하도록 세심한 조정이 이루어졌다.

　거기에는 아직 '국가'는 없었다. 국가 출현의 계기가 된 것은 대칭성을 파괴하고자 하는, 인간의 의식에 일어난 이런 변화였다. 그때는 현생인류의 뇌의 뉴런 조직이 이미 완성된 상태였으므로, 이때 일어나는 변화에는 생물적인 의미에서의 진화 요소는 전혀 포함되어 있지 않다. 뇌의 구조도 완전히 똑같으며, 능력에도 변화는 없다. 그러나 그 내부에서는 '힘의 배치' 양식에 결정적인 변화가 일어나는 것이다.

　그때 세계에 대칭성을 유지하려 해온 '마음'의 작용에 급격한 변화가 일어, 수장을 대신해서 왕이 출현하고 공동체 위에 '국가'라는 것이 탄생하게 되었다. 그와 동시에 인간과 동물의 관계, '문화'

와 '자연'의 관계에도 커다란 변화가 일어나, 인간의 세계는 현재와 비슷한 모습으로 급속히 변모하기 시작한 것이다.

때마침 세간에서는 '문명'과 '야만'의 대립을 둘러싸고 다양한 논의가 이루어지고 있는데, 이 책은 이러한 개념의 사용법 그 자체에 대해 이의를 제기하고자 한다. 책에 주로 등장하는 것이 곰이나 야생 염소, 연어, 범고래와 같은 것이라고 해서 내가 현실에의 '불참不參'을 결정했다는 식으로 오해하지 않았으면 한다. 약간의 상상력만 동원하면, 모든 강의가 리얼 타임으로 진행중인 역사와의 팽팽한 긴장관계를 유지하며 이루어지고 있다는 것을 이해할 수 있으리라고 생각한다.

나카자와 신이치中沢新一

서장

뉴욕에서 베링 해협으로

Nakazawa Shinichi
Cahier Sauvage Series

'문화'란 무엇인가

오늘부터 시작하는 강의에서는 신화적 사고에 대해 이제까지와는 다른 시점에서 접근하고자 합니다. 신화학 입문에 해당하는 강의(『신화, 인류 최고의 철학』, 카이에 소바주 1)에서도 거듭 말씀드렸듯이, 신화는 본래 국가라는 체제를 갖추지 않은 사람들 사이에서 발생해서 발달해왔습니다. 그 사회에서는 인간과 동물 사이에 뛰어넘을 수 없는 벽 따위는 없었습니다. 동물은 언제든지 털가죽을 벗고 인간처럼 행동했고, 인간의 말을 사용했으며, 동물의 성적 매력의 포로가 된 인간 여성은 자진해서 동물과 결혼해 숲 속으로 사라져버릴 수도 있었습니다. 즉 신화를 통해 인간과 동물 사이나 인간과 인간 사이에 '대칭'적인 관계가 구축되어 있었던 셈입니다.

신화가 이야기되던 사회에서는 인간이 동물에 비해 일방적인 우위에 있거나, 구체적인 인간관계를 초월한 권력 같은 것이 사람들에게 강압적으로 힘을 휘두르거나 하는 일은 일어나지 않는 구조가 완성되어 있었습니다. 인간사회의 내부에는 풍요로운 자와 그렇지 않은 자 사이에 계층의 차가 발생한 곳도 있었지만, 그런 사회에서도 인간과 동물 사이의 대칭관계는 엄격하게 유지되었습니다. 하지만 '국가'라는 것이 탄생하자 이런 관계는 무너지고 맙니다.

신화를 갖고 있는 세계에서는, 인간은 '문화'를 갖고 살아가며 동물들은 '자연' 상태 그대로 살아가는 것으로 생각되었습니다. '문화' 덕택에 인간은 욕망을 억누르고 절제된 행동을 하며, 사회의 합리적인 운행을 유지하기 위한 규칙을 지키거나 하면서, 동물은 결코 모방할 수 없는 억제된 삶을 실현할 수 있었습니다. 이처럼 '문화'를 소중히 여기던 사회의 인간이 자연이나 주위의 인간들에 대해 매우 우아한 생각이나 행동을 한 것은 당연하다고 할 수 있습니다. 근대인들이 '야만인'이나 '미개인'이라며 경멸했던 사람들은, 사실은 그들을 지배한 근대인보다도 훨씬 품위 있고 우아한 '인간'이었던 셈입니다.

비대칭적인 '문명'

신화를 이야기하던 사람들은 동물을 '야만'스럽다고 생각하거나 하는 일은 없었습니다. 동물들은 '자연' 상태 그대로 살고 있는데, 그 덕분에 인간이 쉽게 접할 수도 손에 넣을 수도 없는 '자연의 힘'의 비밀을 쥐고 있는 겁니다. 이 세계의 진정한 권력을 쥐고 있는 것은 오히려 동물이라 할 수 있습니다. 그렇기 때문에 인간은 신화나 제의祭儀를 통해서, 즉 '최고最古의 철학'의 사고양식을 통해서 동물과의 사이에 상실된 유대관계를 회복하고, '자연의 힘'의 비밀에 접근하고자 했습니다. 대칭성 사회에서는 권력은 원래 인간의 소유가 아니라고 생각했던 셈입니다.

그런데 국가의 탄생과 동시에 그런 관계가 깨지고 맙니다. 국가라는 체제 속에서 살고 있는 인간은 '문화'를 가지고 있다는 것을 자랑스럽게 여김과 동시에, 원래는 동물의 소유였던 '자연의 힘'의 비밀마저도 자신의 수중에 넣으려고 했습니다. '문화'는 본래 '자연'과의 대칭적인 관계를 유지할 때 비로소 의미를 갖는 것이었는데, 지금은 대칭성의 균형을 상실한 '문명'으로 변하고 말았습니다. 그리고 바로 동시에 '문명'과 '야만'의 차이도 의식하게 된 셈입니다.

　상대가 동물이든 인간이든, 그 상대에 대해 '야만'스럽다고 비난하기도 하고, 그에 비해 자신들은 얼마나 '문명적'이냐며 우쭐대기도 합니다. 세계를 구성하고 있는 것들 사이에는 쉽게 무너지거나 하지 않는 비대칭적인 관계가 존재하며, 그런 관계를 유지하는 것이 인류 문명에 있어서 '정의'라는 식의 선입관이 없다면, 그런 식의 생각을 하지는 않을 겁니다.

　인간이 국가를 갖지 않은 상태에서는 이런 선입관이 없었던 것으로 여겨집니다. 신화적 사고는 그런 선입관이 생기지 않도록 하기 위한 '철학'으로서 중요한 역할을 했습니다. 그렇다면 세계에 대칭 관계를 형성하고 유지하려 했던 신화적 사회의 내부로부터 국가라는 체제가 탄생하게 된 이유는 뭘까요? 여러분과 함께할 이번 강의의 주제가 바로 이것입니다. 신화적 사고와 신화적 사고를 파괴하려고 하는 것 사이의 싸움. 현재 우리가 살아가고 있는 세계에서도 이것은 깊이 생각할 가치가 있는 주제일 겁니다.

21세기의 '야만'

바로 2주일 전(2001년 9월 11일)에 여러분도 아시다시피 뉴욕에서 대사건이 발생했습니다. 사건 직후부터 이것은 '문명'과 '야만'의 싸움이라는 식의 표현이 유행처럼 떠돌았습니다. 이 점에 대해 깜짝 놀라지 않을 수 없었습니다. 고도로 발달한 이슬람 문명 속에서 살아가고 있는 사람들을 마치 야만인 취급하듯 하는 표현이 미국인들의 입에서 너무나도 쉽게 튀어나왔기 때문이지요.

아무래도 오늘날 세계는 심각한 사고정지 상태에 빠져 있는 듯합니다. 왜냐하면 국가나 문명의 외부에 입각한 시점에서 현실세계에 일어나는 일의 의미를 파악하는 식의 사고가 점점 곤란해지고 있기 때문입니다. 이번 사건에 관해 유럽의 한 사상가는 "우리는 점점 '지구라는 안전하고 둥근 물체'의 내부에 갇혀 사고의 폭을 확보할 수 없게 되었다"라는 이야기를 했습니다. 이런 사고의 폐쇄상태로부터 탈출하기 위해서라도 우리는 이 세계를 이루고 있는 모든 제도를 발생부터 시작해서 깊이 재인식해볼 필요가 있지 않을까요?

21세기는 '문명과 야만'의 문제가 클로즈업되는 시대일 거라는 예측이 전부터 있어왔습니다. 20세기는 자본주의 대 사회주의라는 허구의 대립으로 인해 '문명' 자체에 내포되어 있는 본질적인 문제가 은폐되어 있었다고 할 수 있을 겁니다. 하지만 20세기 말에 사회주의와 자본주의(혹은 자유주의)의 대립구도가 붕괴되었습니다. 21세기의 세계에서는 지구적인 규모로 자유주의·자본주의가 지구를 일원화하여 지구상의 민족이나 종교의 대립은 종식될 것이라며 '역사의 종말'을 주장하거나 하는 사람들이 있었는데, 그 예측이 완전히 빗나갔다는 것은 지금 세계에 일어나고 있는 일들을 보면 의심의 여지가 없을 겁니다.

오늘날의 세계는 부富를 얻은 자와 가난한 자와의 차가 극단적으로 벌어져 있는 상태입니다. 인류의 극소수에게만 부를 얻을 기회나 기구가 집중되어버려 그외의 압도적인 다수의 사람들에게는 부에 접근할 가능성조차 없습니다. 부의 분배는 극단적으로 비대칭적인 상태가 되어버렸습니다. 그런 세계는 테러를 자초하게 되겠지요.

물론 테러가 '야만'적인 행위임에 틀림없지만, 그에 대한 보복공격 역시 일종의 '야만'을 의미한다고 할 수 있습니다. 오늘날 세계에서는 부의 분배라는 불공평한 형태의 비대칭성이 여러 종류의 '야만'을 발생시키고 있습니다.

21세기에 대두된 이런 복잡한 문제의 해결점을 찾을 수 있을 만한 정치적 사고를 우리는 아직 갖고 있지 못합니다. 근대에 형성된 정치적 사고는 지금 지구상의 여러 지역에서 발생하고 있는 이런 상황의 진정한 의미에 대해 만족할 만한 해독을 포기한 채 수수방관하고 있을 뿐입니다. 그런 때는 '머나먼 시선'(레비 스트로스)의 입장에서 우리가 살고 있는 세계를 이해하려는 사고가 필요하지 않을까요? 여차하면 신화 연구가 의외의 활로를 열어줄지도 모릅니다. 그런 기대를 품은 채, 신화에 대한 새로운 이해를 위해 떠나는 여로의 첫발을 내디뎌보지 않겠습니까?

'야만'을 내포한 현대사회

우선 '야만'이란 무엇인가 하는 점부터 생각하기로 합시다. 우리는 평소에 아무렇지도 않게 이 단어를 사용하고 있지만, 잘 생각해보면 이 단어가 정확히 무엇을 의미하는지 매우 불분명하다는 것을 알 수 있을 겁니다.

예를 들어서 최근에 유럽이나 일본에서 광우병과 구제역이 발생해 수많은 소나 양이 도살당하는 끔찍한 광경이 TV에서 방영되었습니다. 광우병의 원인이 사료로 먹인 뼛가루에 있는 게 아닐까

하는 의견이 제시되어 그 제조과정이 방영되기도 했습니다. 소나 돼지의 내장을 잘게 분쇄해 뼈와 섞어서 컨테이너에 싣거나 불도저로 밀어버리는 광경을 여러분도 보셨을 겁니다. 신화적 사고를 하며 살았던 사람들에게 가장 끔찍한 '야만' 이란 바로 이런 광경을 말하는 겁니다.

인간과 동물 사이에서 어떻게든 대칭적인 관계를 형성하고자 했던 사람들로서는 자신들이 살아가기 위해 죽인 동물의 몸을 그런 식으로 함부로 다룬다는 것은 도저히 생각할 수 없는 일이었습니다. 아메리카 인디언들은 연어를 잡아 살과 내장을 깨끗이 먹은 후에 남은 뼈나 껍질 부분도 매우 정성스럽게 다루었습니다. 쓰레기장 같은 곳에 함부로 버리는 일은 단연코 없습니다. 그들은 예를 갖추고, 가능하면 뼈를 부러뜨리지 않도록 해서 조심스럽게 강에 흘려보냈습니다. 인간은 오랫동안 순록이나 곰들을 잡아왔는데, 이런 동물들의 내장에 대해서는 더욱 각별한 배려가 필요한 것으로 인식되어 왔습니다. 내장은 정성스럽게 다루어졌으며, 그 사회에서 가장 고귀한 사람들만 먹을 수 있었다고 합니다. 뼛가루로 만든 사료를 소에게 먹이는 것은 같은 무리끼리 서로 잡아먹도록 강요하는 행위라고 볼 수 있습니다. 이 사람들은 그 이상의 끔찍한 '야만' 행위는 없다고 생각했습니다. 그런 '야만' 이 드러나는 걸 막는 것이 '문화' 의 역할이었기 때문입니다.

그런데 현재 우리가 살고 있는 세계는 그들이 '야만' 으로 간주했던 행위를 자신들의 생활을 지탱하고 있는 가장 중요한 부분에 고정시키고 있는 셈입니다. 게다가 수렵민들이 상상도 못할 정도의 거대한 규모로 그런 시스템을 밤낮으로 계속 운행하고 있습니다. 우리의 '문화'적인 생활은 그런 '야만' 행위의 기초 위에 성립되어 있습니다. 그렇게 생각해보면 현대사회가 참으로 묘한 구조로 이루어져 있다는 걸 알게 됩니다. 이 사회는 '야만'을 내부에 포용한, 일종의 이종교배 시스템으로서의 기능을 하고 있기 때문에 다양한 형태의 '야만'을 제거하는 것이 불가능합니다. 뿐만 아니라 일단 위기상황이 발생하면 그 책임을 외부세계에 있는, 자신들이 잘 이해할 수 없는 상대에게 떠넘기면서 그들을 '야만'스럽다고 떠들어댑니다.

그런 의미에서 볼 때, 2001년 9월 11일에 뉴욕에서 일어난 사건과 광우병이나 구제역에 걸린 동물들에게 닥친 비극적인 상황은 결국 서로 깊은 연관성이 있다고 할 수 있지 않을까요? '야만'을 자신의 내부에 끌어안음으로써 오늘날 세계에 일어나고 있는 증상을 가장 분명하게 드러내고 있다는 공통점이 있는 셈입니다. 이런 상황으로부터 탈출의 실마리를 찾아가기 위해서는, 어떤 과정에 의해 현재 우리가 살아가고 있는 세계의 내부에 '야만'이 고정되었는지에 대한 깊은 이해가 필요합니다. 신화에 대해 생각하는 것은 단순히 학문적인 흥미나 취미의 문제를 넘어, 그야말로 현재와 직결되는 의미를 갖고 있다고 생각합니다.

미야자와 겐지의 『빙하쥐의 털가죽』

뉴욕에서 사건이 일어난 날 밤, 내 머릿속에서 가장 먼저 떠오른 것은 미야자와 겐지宮沢賢治였습니다. 압도적인 비대칭관계가 구축되어 대화나 부의 공정한 분배를 막고 있는 세계에는 자주 테러가 발생합니다. 그런 방법이 아니고는 상호이해나 상호대화가 가능한 대칭적인 관계를 형성할 수 없다고 생각한 사람들은, 그런 '야만'적인 방법을 실행에 옮기는 것 외에 다른 해결방법을 찾을 수 없기 때문입니다.

미야자와 겐지는 인간세계에서 그런 상황을 발견했을 뿐 아니라, 좀더 근원적으로는 인간과 동물 사이에 미동조차 하지 않는 절대적인 비대칭관계가 형성되어버렸다는 걸 간파했습니다. 미야자와 겐지는 인간과 동물을 철저하게 분리하는 사고방식과, 인간사회 안에 불평등이나 불의가 행해지고 있는 현실 사이에는 깊은 연관이 있다고 생각했던 겁니다. 그는 『주문이 많은 음식점注文の多い料理店』을 비롯한 여러 작품에서 영리한 야생 고양이나 여우들이 인간과 동물 사이의 비대칭관계를 뒤엎는 통쾌한 이야기를 만들어냈습니다.

그중에서도 『빙하쥐의 털가죽氷河鼠の毛皮』에는 현재 세계에서 일어나고 있는 일들의 본질과 연관이 깊은 내용이 특히 잘 표현되어 있습니다. 물론 그것이 근대문학의 기법을 따른 작품임에는 틀림없지만, 우리에게 이미 매우 친숙한 '신화적 사고'에 의해 이야기를 끌어가고 있다는 점에는 의심할 여지가 없습니다. 근대에는 이미 사라진 것으로 여겨졌던 그런 사고법이 이토록 멋지게 표현된 예는 달리 찾아보기 힘듭니다. 이 작품은 형식상으로 신화일 뿐 아니라, 담겨 있는 사상이나 내용상으로도 신화의 정신을 훌륭하게 체현하고 있습니다.

이 이야기는 머나먼 북쪽의 추운 곳으로부터 바람을 타고 띄엄띄엄 전해온 것입니다. 얼음이 불가사리나 해파리, 여러 가지 과자

교단에 선 미야자와 겐지

모양을 하고 있을 정도로 추운 북쪽에서 왔습니다.

12월 26일 밤 8시에 베링행 열차를 타고 이하토브를 출발한 사람들이 어떤 일을 당했는지 아마 여러분도 알고 싶을 겁니다. 이것은 바로 그 이야기입니다.

12월 26일, 이하토브에는 엄청난 눈보라가 휘몰아쳤습니다. 흰색인지 물색인지 전혀 알 수 없는, 묘할 정도로 습기가 없어 보이는 눈가루가 마을의 하늘과 거리를 가득 메웠고, 바람은 쉴새없이 전깃줄과 잎이 떨어진 포플러나무를 흔들어댔습니다. 까마귀를 비롯한 많은 새들도 반쯤 언 채로 힘없이 떠밀려가듯 하늘을 날아갔습니다. 그런 가운데 말이 끄는 썰매의 방울소리만이 간간이 들려 누군가가 지나가고 있다는 걸 알 수 있을 뿐이었습니다.

그런 엄청난 눈보라를 헤치고 밤 8시가 되어 역에 가보니, 난롯불은 빨갛게 활활 타오르고 있었고, 베링행 초특급열차를 탈 사람들이 그 앞에 새카맣게 모여 있었습니다. 거의 북극 근처까지 가는 셈이므로 모두 철저한 대비를 하고 있었습니다. 그들은 마치 두꺼운 벽처럼 보일 정도로 많은 옷을 껴입었고, 말기름을 바른 장화를 신었습니다. 추위에 트지 않도록 트렁크까지도 말기름을 바르는 등 모두 만반의 준비를 갖추고 있었습니다.

기관차는 이미 모든 준비를 마치고 증기를 내뿜었고, 객차마다 전등이 밝게 켜졌습니다. 차창의 빨간 커튼도 내려진 채 플랫폼에 일렬로 늘어섰습니다.

"베링행 열차, 오후 8시 발차, 베링행!" 역무원이 큰 소리로 외치며 대합실로 들어섰습니다. 곧바로 개찰 개시를 알리는 벨이 울렸습니다. 다들 소란을 떨며 개찰을 마친 다음 트렁크나 꾸러미를 짊어지고 객차 안으로 올라탔습니다.

잠시 후 호루라기가 울리자, 기차는 증기를 한 번 내뿜더니 쏜살같이 출발했습니다. 베링행 초특급열차인 만큼 엄청나게 빠릅니다. 꽁무니에 달려 있던 두 개의 빨간 불빛이 어느새 밤의 잿빛 눈보라 속으로 사라져버렸습니다. 내가 확실하게 알고 있는 부분은 여기까지입니다.

승객들은 선반이나 의자 밑에 짐을 놓고 자리를 정하고 나자 우선 같은 칸에 탄 사람들의 얼굴을 찬찬히 살펴보았습니다. 객차 한 칸에는 열다섯 명 정도의 승객이 타고 있었습니다. 한가운데에는 얼굴이 빨갛고 뚱뚱한 신사가 모피를 몇 겹씩 껴입어 두 자리를 차지한 채 의자에 푹 눌러앉아 있었습니다. 그는 알래스카산 금으로 만든 굵은 반지를 꼈으며, 번쩍번쩍 빛나는 멋진 10연발 총을 들고 있었습니다. 무척 활기차 보였고, 목소리도 상당히 카랑카랑할 것 같았습니다.

그 근처에는 비슷한 차림의 신사들이 제각기 안경을 벗기도 하고 시계를 보기도 하고 있었습니다. 그들 모두 건장한 체격이었지만 한가운데에 있는 사람에 비해서는 약간 마른 편이었습니다. 반대편 구석에는 빨간 수염의 깡마른 사람이 북극 여우처럼 눈을 크게 뜨고 앉아 있었으며, 이쪽으로 비스듬히 나 있는 창 옆에는 선원풍의 젊은 남자가 있었습니다. 젊은 남자는 돛 만들 때 쓰는 뻣뻣한 천의 옷을 입고 있었고, 유쾌한 듯이 자신에게만 들리도록 조용히 휘파람을 불고 있었습니다. 그밖에 마르고 눈썹도 깊이 파여 음울해 보이는 얼굴을 외투 깃 속에 파묻고 있는 사람, 전혀 아무런 느낌도 없다는 듯이 벌써 잠들어버린 상인풍의 사람 등 서너 명이 더 있었습니다.

기차는 이따금 정차하지 않는 역의 철길 건널목에서 덜컹 하고 옆으로 흔들리며 눈보라 속을 열심히 달렸습니다. 얼마 후 눈보라가 잠잠해졌는지 아니면 기차가 눈보라 치던 지방을 벗어난 건지, 승객 모두는 밖에서 들어온 공기에 압도당하는 듯해 더 이상 눈이 내리지 않는다는 걸 알 수 있었습니다. 선원풍의 청년이 일어서서 자기쪽 창의 커튼을 올렸습니다. 차창은 수증기가 얼어붙어 번쩍거렸습니다. 그 유리창은 묘한 느낌이 들 정도로 푸른빛이 감돌았습니다. 그 청년은 주머니에서 작은 칼을 꺼내 유리창에 낀 양치식물의 잎 모양을 한 얼음을 긁어냈습니다.

긁어낸 부분의 유리창은 차가웠으며 투명하게 잘 보였습니다. 저 멀리에는 산맥에 쌓인 눈이 밝게 빛나고 있었고, 그 위로 차갑게 보이는 쇳빛 하늘에는 마치 방금 광을 낸 듯한 푸른 달이 선명하게 떠 있었습니다.

들판의 눈은 푸르스름한 흰색으로 보였고, 연기의 그림자가 드리워져 있어 마치 꿈속처럼 느껴졌습니다. 가문비나무와 분비나무가 새카맣게 늘어서 있어 이따금씩 유리창을 스쳐 지나갑니다. 지굿이 밖을 내다보고 있던 젊은이의 입술이 웃는 듯 혹은 우는 듯 살짝 움직였습니다. 혹은 달에게 뭔가 말을 거는 것처럼 보이기도 했습니다. 모두들 자기만의 생각에 잠겨 있었습니다. 한가운데에 있는 멋진 신사 역시 총을 든 채 골똘히 뭔가를 생각하고 있었습니다. 그런데 느닷없이 신사가 일어섰습니다. 조심스럽게 총을 선반에 얹었습니다. 그런 다음 큰 소리로 맞은편에 앉아 시가를 입에 물고 있는 관리처럼 보이는 신사에게 말을 걸었습니다.
"거긴 물론 춥겠지?"
맞은편의 신사가 대답했습니다.
"그야 물론이죠. 아무리 추워도 이곳의 추위는 상대적인데 그곳은 절대적입니다. 추위가 다르지요."
"자네는 몇 번이나 가봤나?"
"이번이 두 번째입니다."
"어떤가, 추위에 대한 방비는 이 정도면 됐을까?"
"어느 정도 준비하셨죠?"
"이하토브의 겨울용 옷 위에 해달 가죽으로 안감을 댄 옷, 그 위에 비버 가죽으로 만든 옷을 입었고, 안팎이 전부 흑여우 가죽으로 된 외투를 입었다네."
"괜찮을 겁니다. 만반의 준비를 하셨군요."
"그럴까? 그리고 북극형제상점에서만 파는 잘 타지 않는 외투를 입었지."
"충분합니다."
"그리고 빙하쥐의 목 부분 털가죽만으로 만든 웃옷도 준비했다네."
"충분합니다. 아니 빙하쥐의 목 부분 털가죽까지 준비하시다니,

대단하십니다."

"450마리분의 털가죽으로 만든 것이지. 어떤가? 이 정도로 충분할까?"

"그럼요, 충분합니다."

"나는 말이야, 주로 흑여우를 잡아올 작정이라네. 흑여우의 털가죽 900장을 갖고 갈 수 있을 것인지에 대해 내기를 하기로 했거든."

"그러세요? 대단하군요."

"어떤가? 축배를 한 잔 들지 않겠나?"

신사는 스팀 때문에 몸이 더워진 듯 외투를 벗으면서 위스키 병을 내밀었습니다.

대각선 방향으로는 조금 전의 그 청년이 이마를 차가운 유리에 거의 갖다대듯이 하고 달과 오리온이 떠 있는 하늘을 응시하고 있습니다. 건너편 구석에서는 빨간 수염의 깡마른 남자가 눈을 두리번거리며 사람들의 이야기를 열심히 듣고 있습니다. 술을 마시기 시작한 신사 주변의 사람들은 험난한 북극까지 사냥하러 가는 한가한 대장을 부러운 눈으로 쳐다보고 있습니다.

잠시 후 모피외투를 무척 많이 갖고 있는 신사와 외투를 많이 갖고 있는 다른 신사 사이에 싸움이 붙었지만 다들 잠든 척했습니다.

신사는 작은 컵으로 위스키를 연거푸 열두 잔쯤 마시더니 완전히 엉망으로 취해버렸습니다. 그는 눈을 가늘게 뜨고 입술을 혀로 핥으면서 주위 사람 아무에게나 닥치는 대로 술주정을 하기 시작했습니다.

"어이, 빙하쥐의 목 부분 털가죽만으로 만들었다네. 빙하쥐의 가장 좋은 부분이지. 이봐, 자그마치 116마리분의 털가죽이라네. 이렇게 둘러보니 외투 두 장 정도만 입은 사람도 상당히 있는 것 같은데, 외투 두 장으로는 안 되지. 자네는 세 장이니까 괜찮지만, 하지만 여보게, 자네의 그 외투는 도저히 모피라고 할 수가 없는 것이지. 자네는 아까 모로코여우라고 했던가? 그런 것에 대해서는 내가 전문가야. 그건 진짜 털이 아니야. 진짜 모피가 아니란 말일세."

"무례한 말을 하는군. 실례란 걸 알아야지."

"아니, 사실대로 말하는 거야. 그건 틀림없는 가짜야. 비단실로 만든 거지."

"무례한 녀석이군. 그러면서도 자네가 신사라고 할 수 있나?"

"좋아. 내가 신사든 행상이든 뭐든 상관없어. 자네의 그 모피는 가짜야."

"무식한 놈이군. 정말 무식해."

"좋아. 화내지 마. 나중에 추워지면 내가 있는 곳으로 오게."

"웃기고 있군."

그 신사는 잔뜩 화가 났지만 그래도 거북했는지 그냥 꾸벅꾸벅 조는 척을 했습니다.

빙하쥐 모피 상의를 갖고 있는 대장은 혀로 입술을 핥으며 주위를 둘러보았습니다.

"어이, 여보게, 거기 창가에 있는 젊은이. 실례지만 자네는 선원인가?"

젊은이는 여전히 밖을 보고 있었습니다. 달빛 아래에는 새하얀 오팔 같은 구름 덩어리가 달려오고 있었습니다.

"어이, 여보게, 그곳은 춥다네. 그런 무명천 한 장으로는 절대로 견딜 수 없지. 하지만 자네는 제법 용기 있어 보이는군. 좋아 내가 빌려주지. 내 것을 한 장 빌려주겠네. 그렇게 하도록 하지."

하지만 젊은이는 전혀 듣고 있지 않는 듯했습니다. 입술을 굳게 다문 채 마치 오리온좌 근처의 쇳빛 하늘이 있는 머나먼 곳을 꿰뚫어보는 듯한 눈으로 밖만 바라볼 뿐이었습니다.

"알겠나? 흑여우란 말이네. 어이 거기 있는 젊은 분이여, 굉장히 추우니까 말일세, 실례가 될지도 모르겠지만 내가 외투를 한 장 빌려드릴 수 없을까? 돛이나 만드는 그런 누런 천 쪼가리 한 장으로 영하 40도를 이겨내는 건 도저히 불가능하지. 흑여우라니까. 어이 거기 젊은 분. 여보게, 왜 대꾸를 안 하는 거지? 무례한 녀석이군. 자넨 내가 누군지 잘 모르나 보군. 나는 말이야 이하토브의 다이치라네. 이하토브의 다이치를 모르나? 이런 기차를 타는 게 아니었어. 내가 갖고 있는 배로 떠났으면 잠자코 있어도 귀빈 대접을 받았을 텐데. 혼자 가서 흑여우 900마리를 잡아오겠다며 쓸데없는 내기를 하는 게 아니었어."

덩치 큰 아이의 바보 같은 술주정을 더 이상 아무도 상대해주지 않았습니다. 모두 잠을 자거나 잘 준비를 하고 있었습니다. 제대로 된 자세로 있는 건 창가에 있는 청년 한 명과 객차 구석에서 끊임없이 연필에 침을 묻혀가며 귀기울여 들으면서 뭔가를 적고 있는 빨간 수염의 깡마른 그 남자뿐이었습니다.

"홍차가 왔습니다. 홍차가 왔어요."

흰옷을 입은 소년이 홍차가 열 잔쯤 놓인 커다란 은쟁반을 들고 조용히, 그러나 성큼성큼 걸어왔습니다.

"야, 홍차 한 잔 줘라."

이하토브의 다이치가 손을 들었습니다. 소년은 몸을 숙여 재빨리 한 잔을 건네주고 은화 한 닢을 받았습니다.

그때 갑자기 전등이 빨간색으로 바뀌며 어두워졌습니다. 창은 달

빛을 받아 마치 자개와도 같은 푸른빛을 띠었습니다. 그러자 모두의 얼굴이 갑자기 쓸쓸해 보였습니다.
"깜깜해서 아무것도 안 보이는군요. 귀신이 나올 것 같아요."
소년은 몸을 살짝 구부린 채 젊은이가 들여다보고 있는 창으로 밖을 흘끗 보며 말했습니다.
"어, 이상한 불이 보이네요. 누군가가 화톳불을 피우고 있군요. 이상한데."
곧바로 전등에 불이 들어오자 소년은 또다시 "홍차가 왔습니다" 하고 공손하게 외치며 성큼성큼 걸어서 멀어져갔습니다.
이것이 아마 바람이 날려서 전해준 단편적인 보고 가운데 다섯 번째에 해당하는 이야기일 겁니다.

사건 발생

이 다음에 일어난 일에 대한 보고는 좀처럼 도착하지 않았습니다. 마침내 보고가 도착했는데, 다음과 같은 놀라운 사건의 전말이 적혀 있었습니다.

어둠이 완전히 걷혀 동쪽 창이 눈부실 정도로 새하얗게 빛나고 서쪽 창이 탁한 납빛이 되었을 때 기차가 갑자기 멈춰섰습니다. 모두 당황한 얼굴로 서로를 쳐다보았습니다.
"무슨 일이지? 아직 베링에 도착했을 리가 없으니 고장이라도 난 걸까?"

그때 갑자기 밖이 떠들썩해지더니 느닷없이 문이 쾅 하고 열리면서 아침해가 맥주처럼 쏟아져 들어왔습니다. 빨간 수염이 이제까지와는 딴판인 험상궂은 표정을 지으며 번쩍거리는 권총을 들이댔습니다.

그 뒤를 이어 스무 명 정도의 험상궂게 생긴 사람들이 이상한 가면을 쓰거나 목도리를 눈 가까이까지 올려서 두르거나 하고 새하얀 입김을 내뿜으며 열차 안으로 들어왔습니다. 그들은 하나같이 커다란 권총을 들고 있었습니다. 그들은 사람이라기보다는 백곰이라고 하는 편이 어울릴 듯한, 아니 백곰이라기보다는 백여우라고 하는 편이 어울릴 듯한, 멋지고 털이 푹신푹신해 보이는 모피를 입은, 아니 입었다기보다는 자신의 털가죽인 것처럼 보이는 자들이었습니다.

선두에 선 빨간 수염은 의자에 고개를 파묻고 아직 자고 있던, 간밤의 잘난 척하던 신사를 가리키며 말했습니다.

"이 녀석이 이하토브의 다이치다. 괘씸한 놈이다. 이하토브의 겨울용 옷 위에 해달 가죽으로 안감을 댄 옷과 그 위에 비버 가죽으로 만든 옷, 안팎을 전부 흑여우 가죽으로 만든 외투를 입었다고 한다. 거기에다가 특허를 받은 특별한 외투와 빙하쥐의 목 부분의 털가죽만으로 만든 옷도 가지고 있다고 한 놈이다. 앞으로 흑여우의 털가죽 900장도 벗겨가겠다고 떠들어댔다. 흔들어 깨워라!"

두 번째로 들어온 검정색과 하얀색 점이 있는 가면을 쓴 사내가 다이치의 목덜미를 잡아끌어 일으켰습니다. 나머지는 긴장을 풀지 않고 열차 안으로 권총을 들이댄 채 노려보고 있었습니다.

세 번째로 들어온 자가 말했습니다.

"어이, 일어서. 네 놈이로군. 전기 철조망을 텔마 강가에 쳐놓은 놈이. 데려와라!"

"일어서. 어서 일어서지 못해! 기분 나쁘게 생긴 얼굴이로군. 자, 일어서!"

억지로 일으켜 세우자 신사는 울음을 터뜨렸습니다. 문이 열려 있었기 때문에 열차 안이 갑자기 추워져 여기저기서 에취 하고 재채기 소리가 났습니다.

두 번째로 들어온 자가 다이치를 꽉 붙잡고 끌고 가려 하고, 세 번째로 들어온 자는 여전히 선 채로 열차 안을 두리번거렸습니다.

"그외에는 없나? 저기 있는 녀석도 모피외투를 석 장이나 갖고 있군."

"아니, 그렇지 않다네."

빨간 수염이 황급히 손을 저으며 말했습니다.

"아니야. 저건 진짜 모피가 아니라 비단실로 만든 거라네."

"그래?"

간밤에 자신의 외투를 진짜 모로코여우라고 말하던 사람은 묘한 표정을 지은 채 긴장하고 있었습니다.

"좋아, 자 그럼 끌어내라. 누구든 우리가 이 기차에서 나가기 전에 조금이라도 움직이는 놈은 가슴에 구멍을 뻥 뚫어줄 테니까 그리 알아."

그들은 슬금슬금 뒷걸음질을 쳐서 나갔습니다.

그리고 한 명씩 한 명씩 나가더니, 마지막으로 빨간 수염이 사람들 쪽으로 권총을 들이대며 등으로 다이치를 떠밀듯이 하고 나가려고 했습니다. 다이치는 머리가 엉망으로 헝클어진 채 입을 실룩거렸습니다. 앞에서 잡아끌고 뒤에서 떠밀어 막 문밖으로 나가려던 참이었습니다.

그때 창가에 있던 청년이 느닷없이 천장에 부딪칠 정도로 높이 뛰어올랐습니다. 핑! 총알이 나가는 소리가 났습니다. 떨어진 것은 오직 누런 옷뿐이었습니다. 어느새 빨간 수염이 다리를 걷어차여 쓰러졌고, 청년은 뚱뚱한 신사를 다시 열차 안으로 끌어들였습니다. 오른손에는 빨간 수염의 권총을 든 채 군은 표정으로 서 있었습니다. 빨간 수염이 간신히 일어서자 청년은 그의 목덜미를 꽉 쥐고 권총을 가슴에 들이대며 밖을 향해 큰 소리로 외쳤습니다.

"어이, 곰들이여. 너희가 한 짓은 지당하다. 하지만 우리도 어쩔 수 없다. 살기 위해서는 옷을 입어야만 한다. 너희가 물고기를 잡아먹는 것과 마찬가지인 셈이지. 하지만 앞으로는 지나치게 법에 어긋나는 일은 하지 않도록 주의시킬 테니까 이번만은 용서해주도록 해라. 약간이라도 기차가 움직이면 내 포로가 된 이 사내는 돌려보낼 테니까."

"좋다. 곧바로 움직이게 하지." 밖에서 곰들이 소리쳤습니다.

"탈선을 하도록 레일에 장치를 해놨군." 누군가 말했습니다.

얼음이 깨지는 소리가 나고 바삐 뛰어다니는 소리가 들리는가 싶더니, 기차가 슬슬 움직이기 시작했습니다.

"자, 다치지 않게 조심해서 내리도록 해."

청년이 말했습니다. 빨간 수염이 웃으며 잠시 청년의 손을 쥐더니 뛰어내렸습니다.

"자, 여기 권총."

청년은 권총을 창밖으로 던졌습니다.

"저 빨간 수염은 곰의 스파이였군."

누군가가 말했습니다. 젊은이는 또다시 창에 붙은 얼음을 긁어냈습니다. 창밖으로 죽 늘어선 빙산의 능선이 복숭앗빛이나 파란색

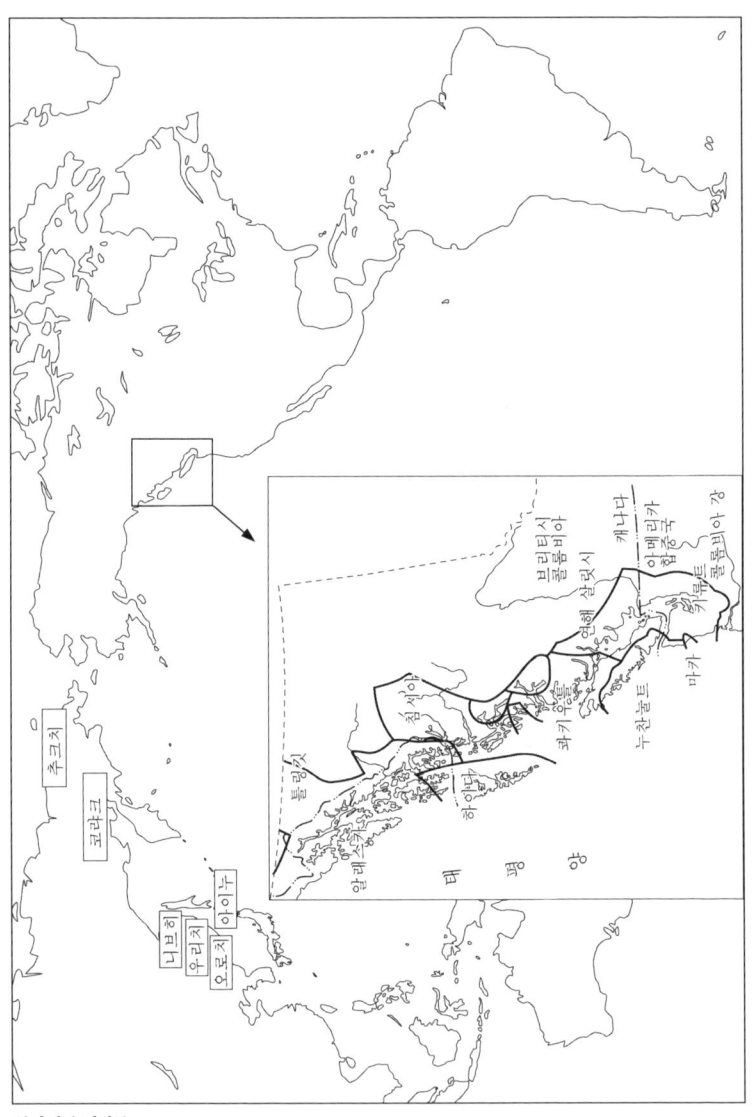

북방의 수렵민들

으로 반짝였습니다.

이것이 바람이 날려서 보내준 이야기의 마지막 부분입니다. (미야자와 겐지, 『빙하쥐의 털가죽』)

머나먼 철학의 '동북'*으로

이하토브 역에 정차해서 언제라도 떠날 준비를 마친 '베링행 초특급열차'는 신화의 상상력을 움직이게 하는 구동장치입니다. 기관차의 보일러에 던져진 석탄은 새빨갛게 타올라 기관차를 북방의 베링까지 쏜살같이 달려가게 하겠지요. 그때 우리 안에 살아 숨쉬고 있는 신화적 상상력 역시 전신에 힘이 넘치는 상태에서 북방세계를 향해 떠나는 겁니다. 미야자와 겐지에게 있어 초특급열차의 목적지 베링은, 예전에 인간과 동물 사이에 존재했던 시원적인 유대관계를 나타내는 신화적 사고가 순백색으로 뒤덮인 채 살아가고 있는 꿈의 공간인 셈입니다.

이 작품이 씌어졌을 당시(1923년), 미국과 러시아(그때 이미 소비에트 연방의 체제를 갖추고 있었습니다)에서는 북방의 여러 민족에 대한 인류학 연구가 엄청난 기세로 발달하고 있었습니다. 미국에서는 프란츠 보아스F. Boas(1859~1942)의 지도하에 이누이트(에스키모)를 비롯해서 아메리카 대륙의 북서해안을 따라 거주하던 인디언의 여러 부족들의 신화와 제의, 다양한 생활관습에 대한 방대한 자료가 수

---

* '동북'의 개념에 대해서는 제6장 참조. 저자는 미야자와 겐지론에 해당하는 저서 『철학의 동북哲學の東北』에서 미야자와 겐지와 '동북'의 재발견을 시도한 바 있다.

집되고 있었습니다. 그에 연동해서 러시아에서도 슈테른베르크Lev Yakovlevich Shternberg와 보고라스Vladimir Germanovich Bogoraz의 지도하에 젊은 연구자들이 줄줄이 시베리아로 가서 인류학적 조사를 하고 있었습니다. 그런 연구는 프랑스의 사상가들에게 엄청난 자극을 주었습니다. 그 결과, 마르셀 모스Marcel Mauss의 『증여론*Essai sur le Don*』이 나올 수 있었습니다.

나중에 상세히 이야기하겠지만, 일본의 민속학자 오리쿠치 시노부折口信夫도 많은 영향을 받아 독창적인 「영혼론」을 구상하였습니다. 비슷한 시기에 미야자와 겐지 역시 베링 해협을 사이에 두고 있는 북방세계에서 신화적 사고의 아르카디아arcadia(이상향)를 발견했습니다. 당시 북방은 그야말로 사상과 문학 창조의 원천이었던 셈입니다.

미야자와 겐지가 살았던 시대에는 북방세계에 아직까지 많은 수렵민들이 살고 있었습니다. 홋카이도北海道와 사할린에는 아이누족이, 사할린의 북쪽 지방에는 오로크나 니브히(길랴크) 등의 부족이 있었습니다. 맞은편의 오호츠크 해에 면해 있는 아무르 강 유역에는 오로치나 우리치 등의 수렵민이 있었고, 더 북쪽으로 가면 코랴크가, 그리고 아시아에 면한 베링 해협 근처에는 추크치와 같은 부족이 살고 있었습니다. 그대로 베링 해협을 건너면, 문화적인 연속성을 유지하면서 이누이트나 아메리카 대륙 북서해안에 정착한 인디언의 여러 부족들(틀링깃, 하이다, 콰키우틀, 침시아 등)의 풍요로운 세계가 펼쳐집니다.

그 세계에는 인간과 동물 사이의 야생의 관계, 즉 대칭적인 관계에 대한 기억이 아직 그대로 보존되어 있었습니다. 여름에는 인간이 생존을 위해 수렵을 해서 동물을 죽이지만, 겨울이 되면 그 관계가 역전되어 동물의 왕인 정령이 인간을 잡아먹는다는 생각이 신화나 제의를 통해 분명하게 표현되었습니다(이 점에 대해서는 나중에 좀 더 자세히 이야기하겠습니다). 그곳에서는 인간이 항상 압도적인 힘으로 동물들을 지배하지는 않았습니다. 인간 역시 다른 동물을 잡아먹기도 하고 다른 동물에 의해 잡아먹히기도 하는 먹이사슬에 의해 서로 얽혀 있으며, 조금도 특별한 존재가 아닌 생명의 일원으로서 인간보다도 몸집이 큰 존재에 의해 '잡아먹힐 수밖에 없다'는 사상이 살아 있었습니다.

초특급열차에 탄 가난한 청년

그런데 이런 대칭성의 사상은 아이누족의 세계를 최남단으로 해서 더 이상은 나타나지 않게 됩니다. 그 대신 생물의 세계에서의 인간의 압도적인 우위를 추호도 의심하지 않는 사람들이 등장합니다. 이 사람들은 자신만은 먹이사슬로부터 초월한 존재라고 믿으며, 동물들을 마음대로 가축으로 삼기도 하고, 동물원에 가두기도 하고, 스포츠가 되어버린 수렵에 의해 동물들을 죽여도 괜찮다고 생각하였습니다. 적어도 그런 것에 아무런 의문도 품지 않는 인간이 된 셈입니다.

미야자와 겐지는 이런 근대인의 상징과도 같은 사람들을 전부 모아서 '베링행 초특급열차'에 태우고 총알처럼 빠른 속도로 신화적 사고의 마지막 왕국인 베링 해협 근처로 몰아넣으려 하는 겁니다. 그들은 두툼한 방한용 코트를 몇 장씩 껴입고, 동물이 보면 부르르

떨지 않을 수 없는 번쩍번쩍 빛나는 총을 소지한 채, 아무런 불안도 없이 편안한 마음으로 열차의 좌석에 몸을 파묻고 정신없이 잠들어 있습니다. 그런 인간들의 대표가 이하토브에서 으뜸가는 대부호 다이치인 셈이지요. 이 남자는 고작 친구와의 내기 때문에 흑여우를 900마리나 쏴 죽여서 털가죽을 손에 넣으려 하고 있었습니다. 이미 자본을 갖고 있으며, 그 자본을 투자나 이자에 의해 늘려갈 수 있는 근대의 전형적인 부자라고 할 수 있죠.

열차 안에서 가난한 사람이라고는 청년 단 한 사람뿐이었습니다. 무척 추워 보이는 누런 무명으로 된 겉옷을 입고 있을 뿐인 이 청년은 다른 승객들과 대화를 나누는 것도 거부한 채 꼼짝 않고 어두운 차창만 처다보고 있습니다. 이 청년이야말로 미야자와 겐지의 자화상이겠지요. 청년에게는 어딘가 금욕적인 면이 있습니다. 부자들이 편안하고 쾌적한 생활을 추구할 때 청년은 그런 것에 등돌리고 있습니다.

쾌적한 생활은 사람의 마음을 둔하게 만들어버립니다. 그 결과 이 세계의 이면에서 펼쳐지고 있는 잔인한 광경을 볼 수 없게 만듭니다. 극히 일부 사람들의 풍요롭고 쾌적한 생활을 위해서는 그들보다 훨씬 많은 사람들과 동물들이 견디기 힘든 고통이나 죽음을 맛봐야만 합니다. 미야자와 겐지와 마찬가지로 이 청년도 그런 현실에 대해 눈을 크게 뜨고 계속 응시하고 있어야 한다고 생각했을 겁니다. 열차 안에서 사람들이 주고받는 대화 따위에는 아무 관심이 없습니다. 오직 머나먼 북방으로 확산되는 신화적 사고의 왕국에만 관심을 쏟고 있었던 겁니다.

눈으로 뒤덮인 북방세계에 사는 수렵민들은 다이치와 같은 부자가 보기에 한심할 정도로 가난한 생활을 하고 있습니다. 집이라고 해봤자 반지하식 수혈주거이며, 먹는 것도 가구도 정말 보잘것없습니다. 다이치와 같은 부자는 그런 사람들을 보면 불쌍한 마음이 들어 두툼한 모피코트를 빌려주거나 물자를 원조해주면 좋을 거라고 생각하게 마련입니다. 그러나 누런 무명옷을 입은 젊은이는 그런 호의를 들은 척도 하지 않습니다. 그것이 가난한 생활이라고는 전혀 생각하지 않기 때문입니다. 그보다도 문제가 되는 것은 풍요로운 자와 가난한 자 사이에, 혹은 인간과 동물 사이에 형성된 꼼짝달싹할 수 없는 비대칭의 현실에 대해 완전히 무신경해져버린 근대인의 마음가짐입니다.

약자의 테러리즘

인간과 동물 사이에 어떻게든 대칭적인 관계를 회복하고자 하며 신화적 사고에 의해 살아가는 사람들은, 그러나 근대의 이 세계 속에서 점점 비참한 생활에 빠져들었습니다. 대신 압도적인 비대칭 구조의 현실에 아무런 의문도 품지 않고 그것이 자연의 섭리라고 믿고 있는 사람들은 매우 풍요로우며, 쾌락을 위한 수렵을 떠나려 하고 있습니다. 그것은 본질적인 따뜻함이 결여된 세계입니다. 어떻게 하면 그런 세계를 뒤집어엎거나 바꾸거나 할 수가 있을까요?

그래서 북방의 신화세계의 '왕'인 백곰이 이런 상황을 근본적으로 변화시키기 위한 대담한 행동을 실행에 옮긴 겁니다. 바로 테러리즘입니다. 강력한 힘에 억눌려 아무리 애를 써도 자신들의 주장이나 생각을 그 무지막지한 상대에게 전달하는 것이 불가능할 때, 약자는 종종 테러라는 수단을 동원하게 마련입니다. 백곰은 북극권의 동물들을 지도해서, 이런 말도 안 되는 비대칭상황을 뒤집어엎기 위해 열차를 정지시키고 우르르 올라탔습니다. 무신경한 채로 동물들에게 엄청난 고통을 주고 있는 자를 처형하려는 겁니다.

아마도 백곰들의 주장은 이런 것이겠지요. "예전에는 인간과 동물 사이에 대칭관계가 성립되어 있었다. 물론 인간이 기술력에서 우월하기 때문에 아무리 애를 써도 대칭성이 실현될 수는 없겠지만, 아직 따뜻한 마음을 잃지 않은 인간들은 신화나 제의를 통해서 인간과 동물과의 대칭관계를 회복하려는 노력을 거듭해왔다. 그런데 최근 들어서 인간들은 그런 신화적 사고를 우습게 여기기 시작했다. 신화로부터 벗어나는 것이 진보라는 식으로 떠들어대다가, 결국 동물에 대한 인간의 지배를 자연의 섭리인 것처럼 생각하게 되고 말았다. 우리는 예전과 같은 동물과 인간과의 대화의 부활을 요구한다. 인간과 동물이 서로 모여서 지구상의 모든 생명체가 발언권을 가지는 회의를 열어야 한다고 우리는 생각한다. 그러나 대부분의 인간들은 동물들이 비명과 같은 메시지를 아무리 보내도 전혀 들으려고 하지 않았다. 하는 수 없이 우리는 약자에게 남은 유일한 수단인 테러를 실행에 옮기기로 했다. 테러가 정당하지 못한 수단이라는 것쯤은 우리도 잘 알고 있다. 그러나 우리가 그럴 수밖에 없도록 만든 인간들이 하고 있는 짓은 더욱 더 나쁘다. 이제는 인간들은 용서받기 힘든 '야만'에 빠져들었다……"

이 작품은 마치 일종의 예언처럼 느껴지지 않습니까? '베링행 초특급열차'에서 일어난 사건은 최근 뉴욕에서 일어난 사건을 연상시키지 않나요? 지구상에서 가장 풍요로운 생활을 누리고 있는 사람들은 그 풍요로 인해 완전히 무신경해져, 다른 대다수의 인류에게 터무니없는 비대칭적인 상황을 강요하고 있는 게 아닐까요? 테러행위는 '야만'입니다. 그러나 그 '야만'을 유발한 것 역시 다른 종류의 '야만'인 셈입니다.

법에 어긋나는 짓은 하지 말아라

그러면 미야자와 겐지는 이 문제에 대해 어떤 식의 해결책을 제시하고자 한 걸까요?

압도적인 비대칭으로 이루어진 세계에 대한 동물들의 분노나 슬픔은 미야자와 겐지의 다른 작품에서도 매우 인상적으로 묘사되어 있습니다. 그는 신화적 사고를 바탕으로 이런 현실에 도전하고자 했습니다. 그 결과 '야만'과 싸우는 문학이 탄생했습니다. 근대사회에 속하게 된 '미개인'처럼 돈도 없고 힘도 없었지만, 그에게는 누구보다도 아름답게 진실을 이야기할 수 있는 '언어'가 있었습니다. '언어'에는 밑천이 필요없습니다. 게다가 누구나 그걸 받아들일 수가 있습니다. 이 얼마나 귀중한 보물을 갖고 있는 셈인가요? 게다가 미야자와 겐지는 자신이 쓴 글로 원고료를 받은 적이 거의 없었다고 합니다. 바로 그렇기 때문에 그 '언어'는 예언력을 갖게 되었을 겁니다.

북극의 동물들에 의한 테러에 직면한 미야자와 겐지는 다음과 같은 생각을 했습니다. 그의 생각은 누런 무명옷을 입은 청년의 한 마디에 잘 표현되어 있습니다. "어이, 곰들이여. 너희가 한 짓은 지당하다."

 너희가 무엇 때문에 괴로워하고, 슬퍼하고, 분노하며, 왜 이런 무모하고 야만스런 행위를 하는지 잘 안다고 말하는 겁니다.
 "하지만 우리도 어쩔 수 없다." "살기 위해서는 옷을 입어야만 한다." 너희에게는 풍성하고 멋진 털이 있으니까 괜찮지만 인간에게는 체모라는 게 없다. 그러니까 북방에 사는 인간은 모피를 걸쳐야 한단 말이다.
 그것은 "너희가 물고기를 잡아먹는 것과 마찬가지인 셈이지." 다른 동물의 생명을 빼앗으며 살아가는 것은 지구상에 태어난 생명에게 부여된 숙명이다. 그런 식으로 진화할 수밖에 없었으니 어쩔 수 없어. 백곰은 인간이 저지르는 무지막지한 짓에 대해 떠들어대고 있지만, 너희가 초여름에 산란하러 상류를 향해 필사적으로 거슬러 올라가는 연어들을 그 날카로운 발톱으로 잡아먹는 모습을 난 몇 번이나 강에서 본 적이 있지. 연어의 억울함이나 슬픔을 너희가 한 번이라도 헤아려본 적이 있을까? 동물은 모두 슬픈 거야. 그러니 인간이 다른 동물을 죽이는 것만 유별난 것으로 생각하는 건 잘못이야.
 하지만 너희가 말하듯이 최근에 인간들이 너무 잔인한 짓을 저지르고 있는 건 사실이야. 인간의 마음으로부터 '지구법地球法'에 대한 감각이 사라지고 있지. '지구법'이란 지구의 생명권에 존재하는 모든 생물에게 동등한 권리를 인정하고, 이를 바탕으로 먹이사슬이나 생태계에 하나의 질서를 만들고자 하는 '법'을 말하지. 예전에는 신화가 그런 '지구법'의 표현자 역할을 했지. 지금의 인간이 그런 '법'에 대한 감각을 상실했다는 너희의 주장은 백 번 옳아.
 그러니까 "앞으로는 지나치게 법에 어긋나는 일은 하지 않도록 주의시킬 테니 이번만은 용서해주도록 해라."

'법에 어긋나는 일은 하지 않는다.' 오직 이것만이 인간에게 가능한 최상의 행동이 아닐까요? 수렵민의 세계에서 이런 지구적인 의미를 가진 '법'이 지켜졌다는 사실을 입증해주는 기록이 많이 남아 있습니다. 수렵민들은 필요 이상의 동물을 잡거나 하는 걸 엄격히 금했습니다. 그리고 자신이 죽인 동물의 몸은 존경을 담아 정성스럽게 다루었습니다. 그렇게 하지 않으면 동물들이 다시 태어나서 이 세계로 돌아올 수 없게 될 거라는 두려움이 있었기 때문입니다. 그럼으로써 생물에게 부여된 숙명이 사라지는 건 아니지만, 적어도 이런 근원적인 모순에 대한 해결을 시도하려는 사고는 갖고 있었습니다. 그것이 '법'이 있는 세계, 바꾸어 표현하면 '야만' 스럽지 않은 세계의 모습인 셈입니다.

미야자와 겐지는 21세기의 인간이 직면하게 되는 거의 해결 불가능한 문제의 소재를 정확히 파악하고, 그에 대한 하나의 명확한 해답을 제시하고자 하는 듯합니다. 그의 작품에서는 신화적 사고의 가능성이 긴박한 위기상황 속에서 다시 부활하려 하고 있는 것이 느껴집니다. 우리가 신화적 사고를 버린 것을 인류에게 있어 길조로 간주하는 것은 도저히 있을 수 없는 일입니다. 그로 인해 판도라의 상자를 열었을 때처럼 '야만' 이라는 새끼 귀신들이 한꺼번에 인간세계로 튀어나왔기 때문입니다. 그렇기 때문에 신화에 대해 생각하는 것은 현대를 생각하는 것과 직결되는 겁니다.

저도 모르게 그만 강의시간을 상당히 초과하고 말았군요. 밖은 이미 상당히 어두워졌습니다. 조심해서 돌아가도록 하세요. 다음부터는 좀더 냉정하게 강의하도록 하겠습니다.

Nakazawa Shinichi
Cahier Sauvage Series

I
잃어버린 대칭성을 찾아

Nakazawa Shinichi
Cahier Sauvage Series

비대칭의 악의 해소

우리는 '대칭성의 사회'와 '신화적 사고'를 거의 같은 의미로 사용할 수가 있습니다. 자신들이 형성하고 있는 세계로부터 가능한 한 비대칭의 관계를 줄여가고자 애쓰는 대칭성의 사회에서는, 현실세계에서는 서로 분리되어 있는 것들이 지금도 은밀한 통로에 의해 서로 연결되어 있다는 걸 나타내기 위해 신화적 사고를 이용합니다. 신화는 시공이 하나로 이어져 있는 곳에 대한 묘사를 위해 구체성의 논리를 사용하므로, 지금은 비연속적으로 분리되어버린 것이 시공이 하나인 그곳에서는 연속적인 관계를 회복한 모습의 표현이 가능해지기 때문입니다.

그리고 신화적 사고는 사람들이 항상 주위 세계에 대칭성을 회복하려는 시도를 하고 있는 사회가 아니고는 본래의 능력을 발휘할 수가 없습니다. 그런 사회가 아닌 곳에서 신화 형식이 이용되면, 현재 존재하는 사회의 질서를 정당화하거나 권력자에게 유리한 이야기가 만들어지기 쉽습니다. 그렇게 되면 신화 본래의 능력은 심하게 왜곡되고 맙니다. 신화는 오히려 현재의 질서는 일시적일 뿐 언젠가는 사라져버린다는 점, 권력이란 전부 한순간의 것에 불과하며 정글의 나무들이나 사막의 모래에 뒤덮여 사라져버리는 덧없는 것이라는 점 등을 가르치고자 합니다. 그런 신화가 순수하게 살아갈 수 있는 최적의 환경이 바로, 이 세계에 회복 불가능한 비대칭이 발생하는 걸 항상 두려워하는 대칭성의 사회일 겁니다.

이것은 미야자와 겐지도 거론했던 문제입니다. 인간은 동물을 죽여서 고기나 털가죽을 취하지 않을 수 없습니다. 이 조건은 현대에도 변하지 않았습니다. 현대사회는 그런 살해가 이루어지는 현장을 가능하면 눈에 띄지 않는 곳에 감추려 하기 때문에, 기술을 손에 쥔 인간과 자연 그대로인 동물 사이에 발생하는 비대칭의 상황이 가슴을 아프게 하는 심각한 문제로 떠오르지는 않습니다.

하지만 어느 시대에나 이런 사실을 눈치 채는 사람이 반드시 있게 마련입니다. 그 대표격이 뛰어난 동화작가나 시인이며, 그 사람들은 세계의 보이지 않는 곳에서 매우 잔혹한 일들이 벌어지고 있다는 걸 알아차리고 상처를 받습니다. 더구나 이 세계에 비대칭의 현실이 존재하는 것 자체를 '악'으로 여기는 대칭성의 사회를 살아가는 사람들에게 있어서는, 이 점은 중대한 실존의 문제로 의식되었습니다. 그들은 신화적 사고를 이용해서 자신에게 주어진 이 어려운 실존의 문제를 어떻게 해결하고자 한 걸까요? 이런 의문을 품은 채 이제부터 우리는 신화의 세계로 깊숙이 들어가보기로 합시다.

내 아내는 야생 염소였다

북아메리카 대륙의 북서해안의 내륙지방과 피오르드 모양의 해안지대 사이에는 험한 지형이 가로막고 있습니다. 그곳의 고원지대에 사는 톰슨 인디언이라고 불리는 사람들은 야생 염소나 곰을 사냥하거나 다양한 종류의 산딸기 열매를 채집해 생활했습니다. 특히 야생 염소 사냥은 중요해 여러 가지 규율을 지켜야만 했습니다. 다음의 신화는 그런 규율의 '기원起源'에 대해 이야기하고 있습니다.

사냥꾼 일행이 야생 염소를 잡으러 산으로 들어갔다. 일행은 아버지와 일곱 명의 아들로 이루어졌다. 아버지는 사냥의 명인으로 칭송받던 사람이었음에도 불구하고 야생 염소를 한 마리도 잡을 수가 없었다. 일행은 산속에서 야영을 했다. 그 무렵 막내아들은 아직 사냥꾼이 되기 위한 훈련을 받고 있던 중으로 아직 제대로 된 사냥꾼이 아니었는데도, 그날 밤 그들 앞에 야생 염소 한 마리가 나타나자 뒤쫓아가서 멋진 솜씨로 숨통을 끊어놓았다. 그리고 막내아들은 야생 염소의 가죽을 벗기고 고기를 자르는 동안 정해진 규율에 따라 기도를 드리는 등 야생 염소의 몸을 매우 극진히 다루었다.

톰슨 인디언 추장 [Royal British Columbia Museum]
(Claude Lévi-Strauss, *Histoire de Lynx*, Plon, 1991)

작업을 마치고 캠프로 돌아오려고 할 때였다. 갑자기 눈앞에 하얀 피부의 아름다운 여자가 나타나 자기 집으로 따라오라며 유혹했다. 하지만 그는 자신은 아직 훈련중으로, 그런 때 여성에게 접근하

잃어버린 대칭성을 찾아 **49**

거나 하면 사냥 능력을 잃고 만다며 거절했다. 그러자 여자는 야생 염소를 잡았을 때의 그의 빈틈없는 행동을 칭찬하면서 만약 함께 집으로 가면 더욱 뛰어난 사냥꾼이 되기 위한 지식을 얻을 수 있을 거라고 말했다. 그래서 그는 여자를 따라가기로 했다.

걷고 또 걸어 높은 절벽에 도착하자 바위의 갈라진 틈이 보였다. 두 사람이 그 틈으로 해서 바위 안으로 들어가자, 그 틈새는 등 뒤에서 곧바로 메워져버렸다. 남자는 그 순간 정신을 잃었다. 잠시 후 정신이 들어 둘러보니 그곳은 커다란 동굴 안이었고, 많은 남녀 야생 염소들이 있었다(이 무렵에는 아직 야생 염소와 인간이 동일했다. 즉 그곳에 있는 남자가 숫염소의 털가죽을 걸치면 인간의 눈에는 숫염소로 보이는 것이다).

그를 데리고 온 여자가 다가와서 말했다. "이제부터 나는 당신의 아내예요. 여기는 야생 염소의 동굴이며, 당신들 사냥꾼이 이곳을 찾아내지는 못할 거예요. 나도 야생 염소예요. 그리고 야생 염소들은 지금이 발정기죠."

발정기 때여서 다른 야생 염소들은 전부 밖으로 나가고 없었다. 여자는 나이 많은 숫염소의 커다란 털가죽을 갖고 와서 젊은이에게 입혔다. "자, 가서 친구들과 함께 즐기기로 해요." 절벽의 문을 열어 둘은 함께 밖으로 뛰어나갔다. 젊은이는 이제 완전히 야생 염소로 변해 바위에 뛰어오르기도 하고, 풀이 나 있는 경사진 곳을 뛰어내리기도 했다. 그러나 나이 든 숫염소의 털가죽은 젊은이에게 너무 무거웠다. 그는 젊은 숫염소의 습격을 받아 동굴로 쫓겨서 돌아오고 말았다. 거기서 좀더 젊은 다른 야생 염소의 털가죽으로 갈아입었지만, 그것도 너무 무거웠다. 젊은이는 또다시 젊은 숫염소의 습격을 받아 쫓겨나고 말았다.

날이 밝아왔다. 여자는 젊은이에게 한창 젊고 힘이 센 야생 염소의 털가죽을 입혔다. 그런 다음 자신도 무리 속에 섞여서 관계를 가졌다. 젊은이는 이번에는 가벼워서 잘할 수 있을 것처럼 느꼈다. 달려드는 숫염소들을 가볍게 물리칠 수가 있었다. 그런 다음에 아내와 장모, 늙은이, 젊은이를 포함해 계속해서 암염소들과 관계를 가졌다. 해가 뜰 때까지 모든 암염소와 관계를 가졌다. 날이 밝자 모든 야생 염소는 집으로 돌아가서 잠을 잤고, 밤이 되면 또다시 관계를 가졌다.

그는 나흘 밤 내내 그렇게 지냈다. 항상 처음 세 번은 숫염소들에게 쫓겨났지만, 네 번째에는 이겨서 모든 암염소를 자신의 것으로 만들었다. 그러고 나면 또다시 하루 종일 잠을 잤다.

낮과 밤이 네 번 바뀌었을 때, 아내가 그의 활과 화살을 들고 다가와 "뒤를 따라오세요"라고 말했다. 그가 아내를 따라가자 다른 야생 염소들도 모두 따라왔다. 일행은 높은 절벽의 꼭대기에 도착해 거기서부터 단숨에 땅바닥까지 미끄러져 내려왔다. 전원이 무사히 땅바닥에 이르자 모든 야생 염소들이 그에게 작별인사를 했다. 아내는 헤어지면서 이렇게 말했다. "자, 당신의 활과 화살이 여기 있어요. 당신은 이제 훌륭한 사냥꾼이에요. 당신은 야생 염소가 사람이라는 걸 잘 알고 있어요. 그러니까 야생 염소를 죽이거든 사체를 다룰 때 경의를 표해야만 해요. 당신은 모든 암염소들과 관계를 가졌으므로, 암염소들은 당신의 아내이며 당신의 아이를 낳을 거예요. 그러니까 절대로 쏴서는 안 돼요. 새끼 염소는 당신의 자손인 셈이니까요. 처남에 해당하는 숫염소들만 쏘세요. 그들을 죽이더라도 미안한 마음을 가질 필요는 없어요. 왜냐하면 정말로 죽는 것이 아니라 단지 집으로 돌아가는 것일 뿐이니까. 고기와 털가죽은 당신이 가져가지만, 진정한 그들 자신은 집으로 돌아가는 셈이지요." 말을 마친 여자는 고기 꾸러미를 젊은이의 등에 얹어주고 헤어졌다.

젊은이는 아버지의 캠프로 돌아왔다. 집에 도착한 그는 아버지를 위해 고기를 전부 구워 먹었다. 뼈는 남김없이 모아서 정성스럽게 싸서 연못에 가라앉혔다. 그도 연못에서 몸을 씻었다. 나중에 아버지가 야생 염소의 코뼈를 어딘가에 따로 빼둔 걸 알고 그가 화를 냈다. "어째서 야생 염소들을 모욕하는 거죠?" 아버지가 말했다. "나는 네가 야생 염소들과 있으면서 뭘 배웠는지 시험해보려 한 것이다." 그러면서 아버지가 내놓은 뼈를 그는 연못 속으로 던졌다.

형제들은 사냥을 나갔다가 아직 돌아오지 않았다. 그래서 막내아들이 그들을 찾아나섰다가 먹지 못해 힘이 빠져 있는 형제들을 발견했다. 그는 형제들을 캠프로 돌려보내고 혼자서 사냥에 나섰다. 산 중턱에서 암염소와 새끼염소를 발견했다. 그가 야생 염소에게 다가가서 쏘려고 하는 바로 그 순간이었다. 암염소가 소리쳤다. "나는 당신의 아내예요! 아내와 아이를 쏘지 않도록 조심하세요!" 그는 무척 부끄러워하며 "미안해!" 하고 소리쳤다. "당황해서 충고를 깜빡 잊었군." 암염소가 다가와서 그를 껴안았다. "내 충고를 반드시 들어주세요. 만일 듣지 않으면 더욱 나쁜 일이 일어날 거예요. 두 번 다시 아이를 쏴서는 안 돼요. 그들이 전부 당신의 아이라는 건 알고 있죠? 절대로 암염소도 쏴서는 안 돼요. 그들은 전부 당신의 아내니까요."

암염소와 새끼염소는 돌아가서 마침내 보이지 않게 되었다. 그러자 바로 코앞에 숫염소가 나타나 사냥꾼에게 다가가서 꼼짝 않고 서 있는 것이었다. 그는 숫염소를 쏴서 고기를 형제들이 있는 곳으로 가져갔다. 형제들은 말했다. "암염소가 아니로군." "응, 암염소는 쏜살같이 도망쳐버렸어"라고 젊은이는 말했다. 그러자 형제들이 말했다. "거짓말하지 않아도 돼. 네가 야생 염소들과 같이 지낸 걸 알아. 암염소들이 네 아내며, 새끼염소들이 네 아이라는 것 정도는 우리도 다 알고 있다." 형제들은 아버지의 캠프로 돌아갔다. 젊은이는 그로부터 나흘 동안 사냥을 계속해 많은 숫염소를 잡았다. 그는 고기를 잔뜩 갖고 돌아갔다. (J. A. Teit, *The Thompson Indians of British Columbia*, 1900. Howard Norman, *Northern Tales*)

결혼의 미덕을 이야기하다

이 신화는 사냥꾼이 되고자 하는 젊은이가 훌륭한 사냥꾼이 되기 위해 갖추어야 하는 규율의 '기원'에 대해 이야기하고 있습니다. 멋진 총을 갖고 있는 근대의 사냥꾼에게 중요한 것은, 우선은 사격 솜씨를 기르는 것입니다. 그러기 위해서는 종이로 만든 표적을 겨냥해보기도 하고, 클레이 사격 연습을 반복해서 움직이는 표적을 쏘는 연습도 하고, 그런 다음에야 사냥터로 나갈 겁니다. 훈련용 표적과 앞으로 자기 앞에 나타날 진짜 동물 사이에 본질적인 차이는 없습니다. 둘 다 사격의 목표 내지는 대상물에 불과합니다.

그런데 톰슨 인디언의 경우에서도 확실히 알 수 있듯이, 훌륭한 사냥꾼이 되기 위해서는 활이나 총 쏘는 솜씨가 좋은 것만으로는 결코 충분하지 않습니다. 솜씨라는 것은 단순한 '기술'의 문제에 불과합니다. 인디언에게 있어 훌륭한 사냥꾼은 일종의 '윤리' 문제에 대한 소양이 있어야 합니다. 즉 자기 자신도 동물이 되어 동물사회의 풍습이나 생활을 체험하고, 나아가 그들의 마음을 헤아리며 동물도 자신들과 똑같은 '인간이라는 것'을 깊이 이해할 수 있는 사람이어야 하는 겁니다.

인디언의 사상에서는 인간과 동물 사이에 본질적인 차이 같은 건 존재하지 않습니다. 동물은 마음만 먹으면 간단히 인간이 될 수 있으며, 그 반대로 인간 역시 동물로의 변신이 가능하다고 여겼습니다. 지금은 인간과 동물 사이에 깊은 골이 있는 듯이 느껴지지만, 적어도 '신화 시대'에는 더욱 자유로운 상호 왕래가 가능했을 겁니다. 동물들은 그들의 마을이나 집으로 돌아가면 털가죽을 벗고 인간의 모습이 됩니다. 그리고 인간의 말을 사용합니다. 외출할 때는 또다시 동물의 털가죽을 뒤집어쓰지만, 그래도 인간의 마음의 변화 같은 건 충분히 이해합니다. 이런 생각은 어딘가 유치해 보이기도 합니다. 하지만 인간과 동물은 다른 점보다는 서로 통하는 부분이 훨씬 많다는 사실(이 점에 대해서는 현대의 생물학이 점점 확증을 주고 있습니다)을 신화적 사고에 의해 표현하자면, 상호간의 자유로운 왕래가 가능했던 시대에 대해서 이런 식으로 아름답게 표현할 수가 있겠지요.

그러나 인간은 어느 사회, 어느 시대나 그 점을 쉽게 잊곤 합니다. 동물이 인간보다 열등한 존재라고 생각하기도 하고, 인간은 동물의 운명을 마음대로 쥐고 흔들어도 전혀 양심의 가책을 느낄 필요가 없다는 식의 착각을 하게 됩니다. 자신들이 살아가기 위해 필요한 양보다 더 많은 살육을 즐기기도 하고, 죽인 동물의 사체에 경의도 표하지 않고 함부로 다루기도 하는 겁니다. 대칭성의 사회를 살아가는 사람들은 이런 시건방진 인간의 태도를 옳지 않다고 지적하고, 철학의 원형이라 할 수 있는 신화를 통해서 인간에게 훈계하고자 노력해왔습니다.

훈계를 하는 데 있어서 이처럼 매력적인 방법은 없을 겁니다. 신화는 시건방진 인간의 잘못을 깨우치기 위해 설교를 하는 것도 아니고 협박을 하는 것도 아니며 신의 명령을 전하는 것도 아닙니다. 동물인 여자와 인간인 사냥꾼을 결혼시키고, 동물이 된 인간의 체험을 통해서 동물들의 '인격'의 고결함이나 그들 사회의 풍속에 담긴 아름다움 등을 보고함으로써, 지구상에서 동물도 인간과 똑같은 권리를 갖는 소중한 동료라는 사실을 일깨워주고자 하는 겁니다.

'에콜로지 과학'이자 곧 '에콜로지 철학'

야생 염소를 쫓다가 일행과 헤어진 젊은 사냥꾼 앞에 아름다운 한 여자가 나타나서 따라오라고 합니다. 자기를 따라오면 더욱 훌륭한 사냥꾼이 될 수 있다고 말합니다. 동물이 인간을 유혹하는 겁니다. 이때 젊은이는 여자의 성적 매력에 포로가 되어버린 것이 아닙니다. 오히려 훌륭한 사냥꾼이 되기 위해 온몸을 던져 동물세계로 뛰어들기 위한 계기를 마련하고자 여자의 제안을 받아들였다고 할 수 있습니다. 그때까지는 야생 염소의 사회나 그들의 '인격'에 대한 깊은 이해나 공감이 젊은이에게 아직 없는 상태입니다. 암염소와 부부로 지내면서, 친척이 된 야생 염소들의 생각이나 풍속을 깊이 알게 되고, 점점 그들에 대한 공감이 깊어집니다.

여기에는 인디언이 갖고 있던 '결혼의 철학'이 잘 표현되어 있습니다. 사회학적 의미만을 보면, 결혼은 여성의 교환에 의한 사회적 유대관계의 형성을 의미하겠지만, 그것만으로는 결혼의 실존적 의미를 이해하기에 미흡합니다. 결혼이란 자신과는 이질적인 생활을 하고 있는 사람들을 이해하고 공감에 의해 사랑할 수 있는 귀중한 기회를 제공해주는 것이라고 그들은 생각했던 것 같습니다.

현대사회와 같이 매스미디어에 의해 사람들의 생활양식이나 사고방식이 획일화되지 않은 사회에서는 남편과 아내 혹은 연인끼리의 배경에 각기 다른 종種의 식물들 사이에 존재하는 것만큼의 커다란 차이가 있었습니다. 서로가 느끼는 그런 이질감을 제거해가는 역할을 하는 것이 바로 결혼인 셈입니다. 더구나 여기서는 인간과 야생 염소의 결혼입니다. 야생 염소들은 털가죽을 벗으면 인간의 모습이 되어 말을 할 수도 있지만, 동굴 속에 있는 그들의 사회는 야생 염소의 풍습에 따라 움직입니다. 그곳에서 생활하기 시작한 젊은 사냥꾼은 야생 염소들의 풍습이나 사고방식을 이해하게 되고, 아내나 아이에 대해서는 인간을 대할 때와 똑같은 애정을 느끼기도 합니다.

야생 염소들은 인간 젊은이를 친절하게 대해줍니다. 그리고 자신들에 대한 이해가 깊어졌다는 판단이 설 무렵, 젊은이를 인간세계로 돌려보냅니다. 이때 그에게 몇 가지의 '규율'이 부여되는데, 신화를 통해 듣게 되면 그런 규율들도 매우 자연스럽고 지극히 합리적인 것처럼 느껴집니다.

아내가 된 야생 염소는 그에게 암염소와 새끼염소를 쏴서는 안 된다고 타이릅니다. 암염소는 그가 관계를 가진 아내 중 하나이며, 새끼염소는 바로 그의 자식이기 때문입니다. 여기에 인디언의 '에콜로지ecology 과학'이 반영되어 있다는 것은 금세 이해할 수 있을 겁니다. 암염소와 새끼염소를 죽여버리면 무리의 번식에 치명타를 입히게 됩니다. 대신 숫염소는 숫자만 잘 고려해서 사냥하면 번식에 커다란 영향을 주지 않습니다.

이와 같이 인디언의 철학은 생태계에 대한 배려와 인간이 지켜야 할 윤리를 합리적인 형태로 결합시키기 위해서 동물과의 결혼이라는 신화적 사건을 효과적으로 이용하고 있습니다. 신화는 결혼에 본래 포함되어 있을 '미덕'을 끄집어내, 그것을 잘 다듬어서 일종의 '에콜로지 철학'으로 발전시켰다고 할 수 있습니다. 우리 사회에서도 미숙한 두 사람이 연애나 결혼을 통해 '타자'의 사고방식이나 생활방식, 욕망 등을 받아들임으로써 어른으로 성장하는 과정이 실제로 발생합니다. 인디언 신화는 결혼에 잠재되어 있는 '미덕'을 상상력에 의해 동물의 영역으로까지 더욱 확대시킴으로써 일종의 우주적 가치로까지 승화시키려는 것처럼 여겨집니다.

야생 염소들이 원한 것은 이 세계에 또다시 대칭성의 정의가 회복되는 겁니다. 그럼으로써 설사 인간들이 수렵기에는 야생 염소를 쏴서 고기나 지방, 털가죽을 앗아가는 걸 용인하더라도, 적어도 사고와 의례적 행동 속에서는 동물들에 대한 일방적인 우위를 부정하고, 양자 사이에 존재했던 깊은 유대관계를 회복하고자 노력해주기를 원하는 겁니다.

이러한 인식이 있어야만 비로소 동물들에 대한 진정한 공감이 생기게 되겠지요. 이런 공감은 강철처럼 강한 것이어서 감정에 휩쓸리거나 하지 않습니다. 인디언은 필요에 의해 동물을 죽이지만(미야자와 겐지의 "우리도 어쩔 수 없다"는 말이 떠오릅니다), 죽인 상대가 자신의 형제나 친척, 동료이기도 하다는 의식을 분명히 갖고 있었습니다.

과연 우리는 식탁을 화려하게 장식하기 위해 살해되고 있는 수많은 동물들에 대해 이런 인식을 가진 적이 단 한 번이라도 있을까요?

또 하나의 이본異本

이 신화는 그밖에도 아주 많은 걸 이야기하고자 합니다. 수수께끼 같은 내용이 여러 가지 들어 있어 신화가 전하는 메시지를 제대로 해독하기가 여간 어려운 게 아닙니다. 그중에서도 암염소와 새끼염소는 쏘면 안 되지만 숫염소라면 쏴도 된다, 왜냐하면 "그들은 당신의 처남이니까"라고 하는 야생 염소 아내의 한마디는 마치 수수께끼 같습니다. 신화는 왜 처남은 죽여서 고기와 털가죽을 취해도 된다, 그렇게 해도 죽거나 하지는 않으니까라는 생각을 하는 걸까요? 이 말의 의미를 이해하기 위해 우리는 동일한 주제를 다루고 있는 다른 신화와 대조해봐야 합니다. 신화의 이본이 갖는 의미에 대해 이야기할 절호의 기회이므로, 좀더 상세하게 이 문제를 검토해보기로 하겠습니다.

이 신화를 최초로 보고한 테이트J. A. Teit는 그로부터 12년 후에 『톰슨 인디언 신화학The Thompson Indians of British Columbia』이라는 새로운 책을 써서 이 신화의 다른 이본을 발표했습니다. 신화의 이본이 같은 부족 안에서 어떤 식으로 변해가는지 이해할 수 있도록 개요만이라도 소개하고 지나가겠습니다.

두 아내(한 명은 아이의 어머니이며, 다른 한 명은 임신한 상태)와 함께 살고 있는 사내가 하루는 사냥을 하러 나갔습니다. 그는 야생 염소의 무리를 쫓아가다 놓치고 말았는데, 그때 젊은 두 여자를 만났습니

로키의 야생 염소 (Ruth Kirk, *Wisdoms of the Elders*, Douglas & McIntyre)

다. 야생 염소를 봤느냐고 물었더니 자신들은 보지 못했다고 대답했습니다(물론 이 여자들이 바로 그가 찾던 야생 염소들이었으니까요). 여자들은 그에게 따라오라고 합니다. 사내가 따라가는데 아무리 깎아지른 듯한 바위도 가볍게 올라가는 것이었습니다. 그녀들이 그의 발에 오줌을 뿌려 미끄러지지 않게 해주었기 때문입니다. 산 정상에 동굴이 있었습니다. 동굴 안에는 많은 사람들이 살고 있었습니다.

사내는 그 두 여자와 결혼하여 그곳에서 지내게 되었습니다. 그가 섹스를 하려고 하자 그녀들이 거부를 하는 것이었습니다. "우리는 일 년 중에 아주 짧은 기간에만 섹스를 해요"라는 것이 그 이유였습니다.

장인이 그를 사냥에 데려갔습니다. 장인의 말에 의하면, 한 번의 사냥에서 죽일 수 있는 건 딱 한 마리뿐이며, 동굴에 사는 모두를 먹여 살리는 데도 그걸로 충분하다는 겁니다. 이런 식으로 몇 달이 흘렀습니다. 사내는 자신이 잡아오는 야생 염소가 아무래도 아내의 형제인 것 같다고 생각했습니다. 그리고 화살에 맞을 때마다 '야생 염소 부분'은 죽지만 '인간 부분'은 저녁이 되면 돌아온다는 사실도 차츰 눈치 채게 되었습니다. 그걸 확인하기 위해서 그는 죽은 야생 염소의 코에 칼자국을 냈습니다. 저녁이 되어 처남이 돌아왔습니다. 어김없이 처남의 코에는 상처가 있었습니다.

그러다가 마침내 발정기가 되었습니다. 연어가 상류를 향해 강을 거슬러올라가는 시기가 발정기입니다[이 연어는 '독 사먼Dog Salmon'(독 사먼은 'Chum Salmon' 혹은 'Oncorhynchus Keta'라고도 함—옮긴이)이라고 불리는 종류입니다]. 그 기간은 8월 중순에서 11월 사이에 해당되는데, 이 신화는 산속을 배경으로 하므로 연어가 목적지에 도착하는 11월이 되어야만 야생 염소의 발정기가 시작되는 셈입니다. 이 이야기에서도 처음에 노인의 무거운 털가죽을 입게 된 사내는 제대로 참가할 수가 없었는데, 아내가 젊은 야생 염소의 좀더 가벼운 털가죽을 입혀주었기 때문에 모든 암염소와 관계를 가질 수 있었습니다.

몇 달이 지났습니다. 아내 한 명이 아이를 낳았습니다. 아이가 아직 어렸을 때 "인간 할아버지를 만나고 싶다"며 떼를 썼습니다. 그래서 사내는 아내와 아이, 그리고 '코무스(두 살짜리 야생 염소)'라는 이름의 처남을 데리고 인간 마을로 돌아가기로 했습니다. 처남은 고기와 지방으로 가득 채운 바구니를 짊어지고 갔습니다.

마을에서는 사내가 2년 동안 연락도 없이 돌아오지 않았기 때문에 그가 죽었다고 생각하고 있었습니다. 처음에는 다들 그를 알아보지 못했지만, 나중에는 그를 알아보고 고기와 지방으로 잔치를 벌였습니다. 신기하게도 이 고기와 지방은 아무리 먹어도 줄지 않았습니다. 야생 염소인 아내와 처남에게는 검고 하얀 비늘로 만든 수프를 주었습니다. 이 수프는 인디언들이 일상적으로 먹는 음식입니다. 젊은 코무스는 그 신기한 음식에 흥분해서 배가 터질 정도로 많이 먹었습니다. 그가 불룩한 배를 부여잡고 인디언들과 공놀이를 했기 때문에 모두의 웃음거리가 되고 말았습니다. 놀리기도 하고 넘어뜨리기도 하고 그의 얼굴에 방귀를 뀌기도 해, 그야말로 보기에 딱할 지경이었습니다.

코무스는 소화가 되어 배가 편안해지자 공을 갖고 산속으로 달아나버렸습니다. 모두 뒤쫓아갔지만, 코무스는 얼음이 섞인 바람을 불게 해서 추격해오는 사람들을 죽여버렸습니다. 코무스가 집에 도착하자 나이 많은 야생 염소들이 야단쳤습니다. 그는 하는 수 없이 자신이 죽인 인간들을 살려내는 것에 동의했지만, 모두의 얼굴 위에서 방귀를 뀌는 것으로 복수를 대신했습니다.

그후 코무스는 인디언 남자의 아내가 된 누나를 데리고 돌아가 둘은 야생 염소들이 모여사는 곳으로 돌아갔지만, 주인공 남자와 야생 염소 아내 사이에 태어난 사내아이는 인간의 마을에 남았다고 합니다. (J. A. Teit, 앞의 책, **1912**. C. Lévi-Strauss, *Histoire de Lynx*, **1991**)

모험으로서의 결혼

두 신화가 강조하는 것은 야생 염소의 사회에는 성생활에 명확한 리듬이 있다는 사실입니다. 야생 염소 여자의 유혹을 받은 남자는 야생 염소들이 사는 동굴로 가서 그녀와 결혼하지만, 발정기가 되면 결혼생활 형태가 '원시적 난혼亂婚'으로 변합니다. 두 번째 신화가 강조하듯이, 발정기가 아닐 때는 비록 부부라도 섹스를 해서는 안 된다는 규율이 있으며, 그 기간에는 아내가 한 명이어야 했던 것 같습니다. 하지만 연어가 산란을 위해 강을 거슬러올라가는 것을 신호로 발정기가 시작되면, 그 기간 중에는 모든 암염소와 섹스를 하는 것이 힘센 숫염소의 '무공武功'이 됩니다. 아내들은 숫염소에게 '모든 암염소'와 관계를 가지도록 권합니다. 아내만이 아니라 장모와도 관계를 가지고, 다른 모든 암염소하고도 관계를 가지는 겁니다. 도덕적인 인디언에게는 참으로 충격적인 야생 염소족의 풍속입니다. 그들은 특히 장모와의 성관계를 엄격하게 금하고 있으므로 발정기중에 야생 염소들이 취하는 행동은 그야말로 가장 '비사회적인 행동'이 되는 셈이겠지요.

이와 같이 야생 염소 여자와의 결혼은 처음부터 묘한 이중성이 강조되어 있습니다. 모든 형태의 결혼에는 '사회성'과 '비사회성'의 이중성이 따라다닙니다. 결혼이 남자와 여자의 성적인 관계를 사회적으로 승인한다는 의미를 갖고는 있지만, 두 사람이 침실에 틀어박힌 채 언제까지고 밖으로 나오지 않거나 둘의 뜨거운 관계를 남 앞에서 너무 과시하게 되면, 결혼은 이미 비사회성 쪽으로 치우치게 됩니다. 그렇게 되면 원시사회에서는 도덕적인 지탄을 받게 마련입니다.

그렇기 때문에 신혼부부에게는 '허니문Honey Moon' 기간이 주어졌던 겁니다. 결혼 직후의 일정기간은 '꿀 같은 자연상태'(꿀은 인간이 조리한 것이 아니라 벌이 '조리' 한 자연상태의 음식이라는 생각이 전제가 되어 있습니다)에 푹 빠져도 좋다, 그 대신에 이 기간이 지나면 이번에는 '비터문Bitter Moon'(쐐기풀로 끓인 수프처럼 쓰디쓴 세월)이 시작되므로 사고를 전환하여 어른스럽게 행동하라는 것이 유럽 민속사회의 일반적인 경향이었습니다. 그와 유사한 풍속은 어디에나 존재했습니다.

결국 결혼에는 이중성이 잠재되어 있어, 방치해두면 '자연상태'로 너무 깊숙이 빠져들 위험이 깃들어 있습니다. 결혼은 그야말로 안정된 '제도'가 아니라 내부에 불안정한 요인을 내포하고 있는 일종의 '모험'이라 할 수 있습니다. 자연상태와 사회적 상태, 비사회적인 욕망과 사회적인 규율 등이 서로 힘 겨루기를 하는 카오스의 한가운데에서 '모험'이 펼쳐지는 셈이므로, 아무래도 파란만장한 상황을 피할 도리가 없습니다. 결혼이 미덕으로 작용할지의 여부는 전적으로 인간의 지혜와 인내에 의해 결정됩니다(그런데 결혼한 상태이면서도 다른 이성의 성적 매력에 끌려 푹 빠져드는 불륜 같은 것은 이런 '자연상태'로의 돌입과는 전혀 다른 형태라고 할 수 있을 겁니다. 이런 식의 '자연상태'로의 돌입을 문화적 그리고 미적으로 승화시키기는 상당히 어려운 일이므로, '불륜은 문화다'라는 식의 말은 그렇게 가볍게 입에 담아서는 안 됩니다).

톰슨 인디언의 신화는 결혼이 내포하고 있는 이와 같은 이중성을 강조합니다. 남자와 여자라는 서로 다른 성性과의 결합에는 상호이해의 부재와 의사소통의 어려움 같은 것이 따라다니게 마련입니다. 하물며 여기서는 인간과 야생 염소의 결혼입니다. 이 결합은 언제 단절되어도 이상하지 않은 불안정한 요소를 이미 내포하고 있습니다.

처음에 소개한 신화에서 지혜를 주도하는 것은 야생 염소들입니다. 재빠른 동작으로 험한 암벽을 아무렇지도 않게 뛰어올라가는 야생 염소들은, 동시에 깊은 지혜의 소유자이기도 합니다. 그들은 인간에게 균형 잡힌 이상적인 세계의 실현에 필요한 '매너'를 가르쳐주기 위해서 젊은 사냥꾼 지망생을 결혼이라는 수단에 의해 자신들의 사회의 일원으로 끌어들입니다. 젊은이는 야생 염소의 털가죽을 걸침으로써 한 마리의 숫염소가 되어 야생 염소의 눈으로 이 세계를 바라보는 경험을 하게 됩니다. 발정기도 체험합니다. 그리고 이제 충분하다고 판단되었을 무렵, 야생 염소들은 그를 인간세계로 돌려보냅니다. 여기서 인간과 야생 염소의 결혼은 종말에 이르게 됩니다. 야생 염소가 인간으로 변신하고 인간이 야생 염소로 변신할 수 있는 신화의 시간 속에서 실현된 결혼이라는 결합은 야생 염소가 '자연상태'로 돌아가고 인간이 '사회적 상태'로 돌아감으로써 분리되어, 한순간의 꿈처럼 사라져버립니다.

두 번째 신화에서는 더욱 인상적인 형태로 분리가 이루어집니다. 야생 염소 아내가 데려온 처남인 두 살짜리 야생 염소 '코무스'는 너무 많이 먹어 배가 터질 정도로 부른 상태에서 공놀이를 해서 인간들의 웃음거리가 됩니다. 심지어 인간들은 코무스의 얼굴에 방귀를 뀌기까지 합니다. 화가 난 그는 산으로 돌아가버리는데, 도중에 뒤쫓아온 인간들을 '얼음 바람'으로 죽여버립니다. 나이가 많은 야생 염소들이 인간에게 그런 짓을 해서는 안 된다며 야단을 치자, 이번에는 젊은 야생 염소가 복수하는 의미로 인간들의 얼굴에 방귀를 뀜으로써 소생시킵니다.

톰슨 인디언의 사고에 의하면, 바람과 안개는 대립되어 있습니다. 바람은 안개를 날려버리고 안개는 바람을 멈추게 하기 때문입니다. 그런데 안개에는 악취가 배어 있다고 생각하여 안개와 방귀를 매우 유사한 것으로 간주합니다(레비 스트로스, 앞의 책). 그렇다면 얼음이 섞인 살인적인 바람에 의해 죽은 사람들을 살리기 위해서 그들의 얼굴에 안개와 매우 유사한 방귀 세례를 퍼붓는 것은 참으로 효과적이겠지요. 여하튼 이런 행위에 의해 야생 염소와 인간 사이에 모처럼 형성된 결혼이라는 유대관계는 끊어져버리고 맙니다. 코무스는 누나를 데리고 야생 염소 사회로 돌아가고, 주인공 곁에는 새끼염소만 남게 됩니다.

인간과 자연과의 관계를 조절하는 작용

이 두 신화에서는 공통적으로 결혼에 의해 잠시 형성되었던 유대관계가 또다시 끊어지고 맙니다. 그것이 '숫염소를 쏴서 고기와 털가죽을 얻는' 행위에 대한 변명거리로 사용되고 있습니다. 그 이유가 뭘까요? 영속성을 가지는 일반적인 결혼에서는, 누나나 여동생을 다른 남자에게 아내로 준 남자는 상대 남자에 대해 '은혜'를 베풀었다고 생각하는 것이 대칭성 사회의 사고법이 가진 특징입니다. 그 '은혜'를 갚기 위해서 아내를 맞이한 남자는 자신의 처남에게 선물을 해야만 합니다.

그런데 야생 염소와 인간 사이에 실현된 이 결혼에서는 아내가 된 야생 염소＝여성은 또다시 야생 염소의 사회로 돌아가버렸습니다. 따라서 야생 염소 사회는 거꾸로 인간사회에 '빚'을 진 셈이 되겠

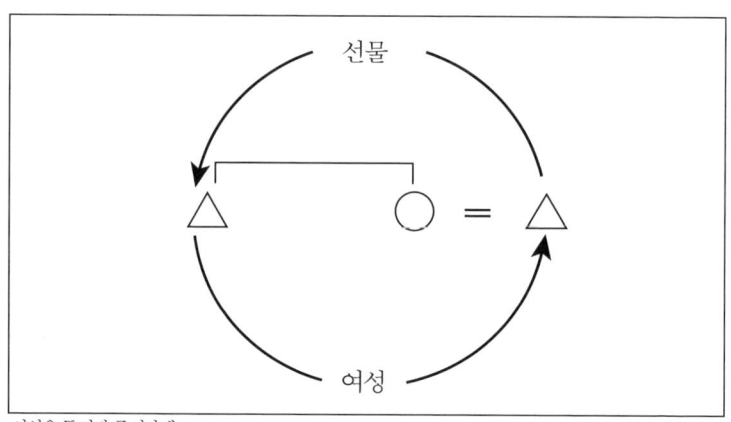

여성을 둘러싼 증여관계

지요. 신화적 사고에 의하면, 야생 염소들은 그 빚을 갚기 위해서 인간에게 자신들의 고기와 털가죽을 보내온다는 겁니다. 짧은 행복으로 끝난 이 결혼을 통해서 야생 염소는 인간에게 '올바른 사냥꾼'이 지켜야 할 예의범절을 가르치는 데 성공합니다. 그리고 인간은 결혼을 통해서 숫염소를 잡을 근거를 확보한 셈이 됩니다. 인간이 야생 염소와 같은 동물을 잡아도 되는 이유는 (빚을 갚는 형식으로) 야생 염소가 인간에게 고기와 털가죽을 선물해준다는 데 있습니다. 게다가 고기나 털가죽을 얻기 위해서 동물을 죽이는 것처럼 보이지만 겉으로만 그렇게 보이는 것일 뿐, 살해되었다고 생각한 동물은 실제로는 고기나 털가죽을 벗어버림으로써 혼령이 본래 살던 곳으로 돌아가는 것에 불과하다는 겁니다.

이와 같이 인디언들의 '에콜로지 철학'은 그야말로 신경과민으로 여겨질 만큼 섬세하게 이루어져 있습니다. 이토록 섬세한 철학은 신석기 시대에 이미 완성되어 만 몇천 년 동안 인간과 자연과의 관계를 조절하는 역할을 해온 것으로 생각됩니다. 이 철학에서 동물들은 제각기 다른 형태의 지혜의 소유자이며, 조금도 '야만' 스럽지 않을 뿐 아니라, 인간들의 '야만적인 면'을 바로잡기 위해서 순수한 마음의 소유자를 자신들의 세계로 초대해서 '교육'하는 경우도 종종 있습니다. 지혜의 근원은 '문화' 속에 있는 것이 아니라 오히려 '자연' 속에 숨겨져 있다고 이 철학은 말하고 싶은 거겠지요.

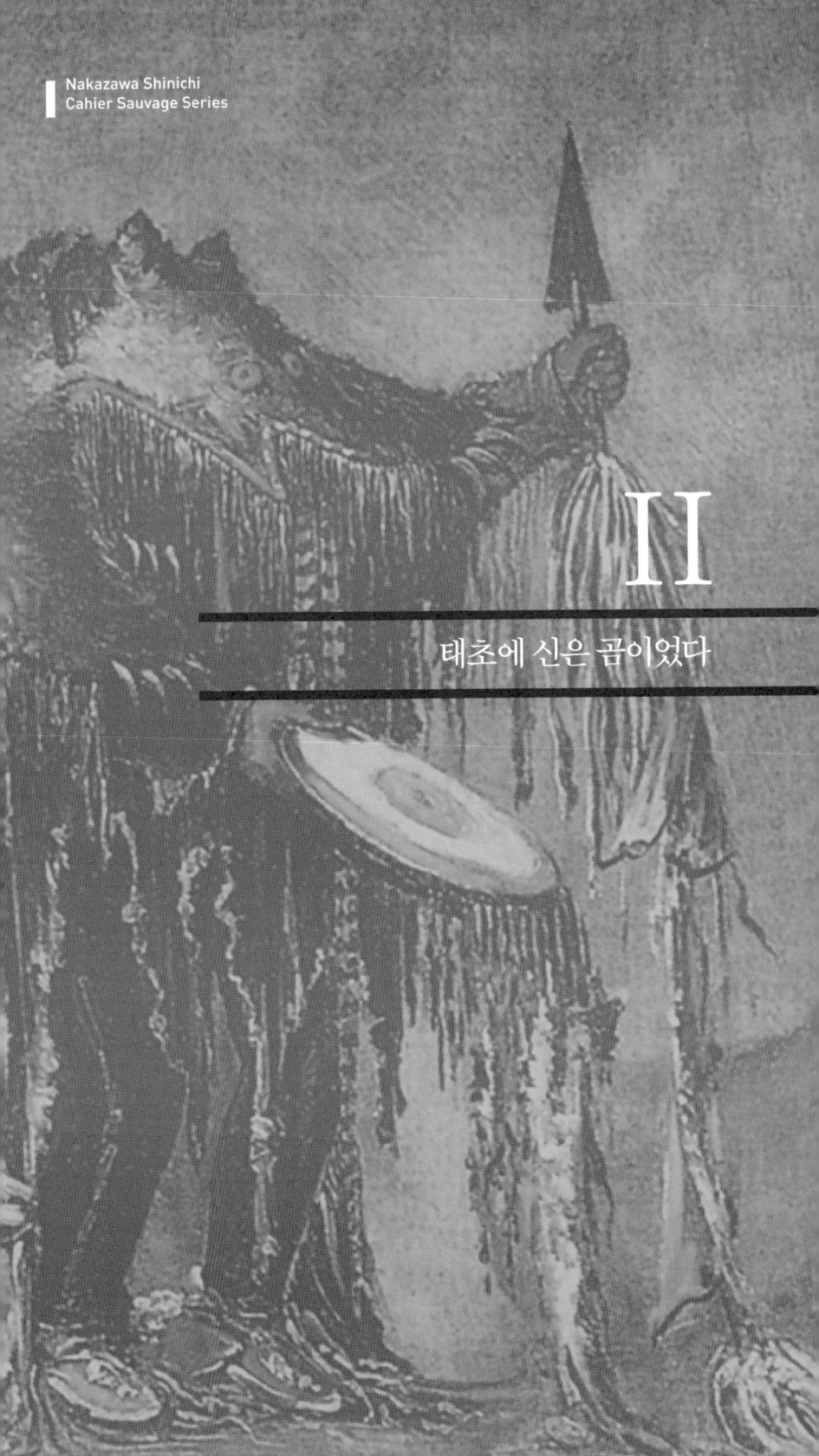

Nakazawa Shinichi
Cahier Sauvage Series

II

태초에 신은 곰이었다

Nakazawa Shinichi
Cahier Sauvage Series

네안데르탈인과 곰의 교제

20세기에 들어서서 인간과 곰의 관계가 머나먼 고대부터 있어왔다는 것을 입증하는 고고학적인 증거가 제시되었습니다. 그것은 스위스 알프스 산맥의 어느 지역에서 발견되었습니다.

알프스의 마을 사람들 사이에 '드라헨로흐Drachenloch(용의 이빨)'라는 이름으로 불리는, 높이 2천 수백 미터에 달하는 바위산의 정상 부근에 있는 동굴 속에서 네안데르탈인이 사용했던 초기의 무스테리안Mousterian 석기와 함께 곰의 두개골과 대퇴골이 발견되었습니다(1917년). 같은 지층에 있던 식물의 유물을 검사해본 결과, 유럽의 이 근처가 비교적 따뜻한 리스-뷔름 간빙기Riss-Würm Interglacial Stage(서기 약 12만 년에서 7만 년 전에 해당하는 시기―옮긴이)에 해당하는 시대의 것이라는 사실도 알려지게 되었습니다.

그 당시에는 지구상에 우리의 직접적인 선조인 현생인류(호모 사피엔스 사피엔스)는 아직 존재하지 않았습니다. 현생인류와 매우 유사하지만 머리가 크고 약간 앞으로 숙인 듯한 자세의 네안데르탈인이 정교하게 만들어진 석기를 사용해서 동물들을 쫓고 있던 시대입니다. 그들이 무덤 비슷한 것을 만들어서 죽은 사람을 매장했다는 것은 고고학자에게 이미 알려지기 시작하고 있었습니다. 하지만 이 드라헨로흐 동굴에서 더욱 놀랄 만한 것이 발견되었습니다.

돌을 짜맞춰서 상자 모양으로 만들고, 그 안에 곰의 두개골이나 발뼈 같은 것이 가지런히 수납되어 있었습니다. 그런 사실이 발표되자 많은 사람들이 깜짝 놀랐습니다. 게다가 거대한 곰의 두개골의 입에는 대퇴골 하나가 물려진 채 뒤에 있는 뼈의 움푹 파인 곳에 꽂혀

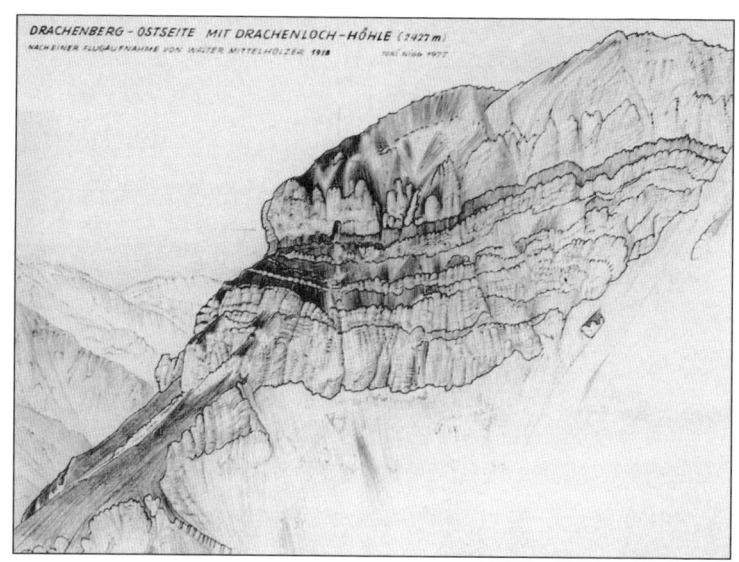

드라헨로흐 동굴

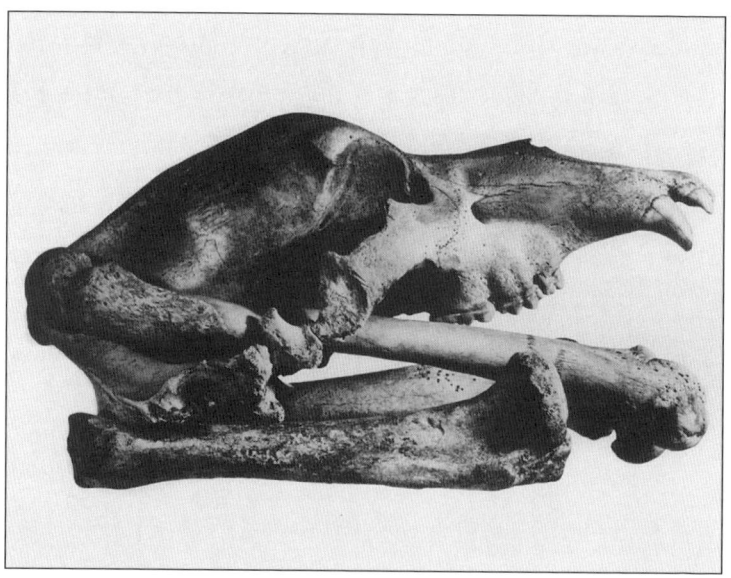

대퇴골이 삽입되어 있는 두개골
(Joseph Campbell, *Historical Atlas of World Mythology vol. 1*, Harper & Row)

있었으며, 그 밑에는 발뼈 두 개가 나란히 놓여 있었습니다. 이것을 보면 누구나 이 동굴 속에서 종교적인 의례가 행해진 것이 아니었을까 하는 생각을 해보고 싶어질 겁니다.

실제로 드라헨로흐에서 이 발굴을 주도한 고고학자 에밀 바클러Emil Bachler는 여기서 발견된 대퇴골을 삽입한 곰의 두개골과 똑같은 것이 지금도 홋카이도 아이누족의 이오만테 의례(곰의 넋을 보내는 의식—옮긴이)에 등장하는 점 등을 근거로, 이것은 네안데르탈인의 마음속에 이미 종교적 사고가 형성되어 있었다는 걸 의미한다고 주장했습니다. 즉 네안데르탈인의 마음에 탄생한 '신'은 곰의 모습을 하고 있었던 셈입니다.

풀리지 않은 의문

바클러의 주장은 매우 대담합니다. 당연히 금방 반론해오는 사람들이 많이 나타났습니다. 그중에서도 프랑스 고고학의 챔피언이었던 앙드레 르루아 그랑A. Leroi-Gourhan이 가장 유력한 반론을 제기하였습니다. 인류의 상징이라 할 수 있는 사고능력을 인류가 갖게 된 것은 현생인류 이후라는 것이 그의 지론이었습니다. 그러므로 알프스의 동굴에서 발견된 이 '곰의 종교 유물'은 네안데르탈인의 것이 아니라 훨씬 나중에 이 동굴을 주거지로 삼은 현생인류인 크로마뇽인이 만든 것이라고 주장했습니다. 크로마뇽인은 이 동굴에서 까마득한 옛날에 네안데르탈인이 남기고 간 석기와 여기저기 흩어져 있는 곰의 뼈를 발견했을 겁니다. 묘한 감정에 사로잡힌 그들이 뼈를 짜맞춰서 이런 오브제를 만들었으며, 돌로 울타리까지 쳐서 제사를 지내려고 했을 거라는 게 그의 주장입니다. 그리고 발견된 석기는 아마도 현생인류가 구멍을 파서 묻어놓은 것일 거라며, 네안데르탈인의 마음에 싹튼 종교적 사고라는 바클러의 가설을 강력하게 반대했습니다.

그래도 의문은 남습니다. 이 동굴은 빙하기가 되면서 아무도 드나들 수가 없게 되었는데, 크로마뇽인이 활약한 시기는 주로 빙하기이기 때문입니다. 게다가 곰은 생리상 이런 높은 장소를 택해서 동면하거나 하지 않습니다. 아무리 생각해도 이 동굴은 무스테리안식의 구석기를 사용하면서 동굴을 주거지로 삼은 곰 사냥꾼의 것일 수밖에 없습니다. 우선 그들은 이미 무덤을 만들었습니다. 따라서 그들이 곰에게 제사를 지내게 되었을 가능성은 얼마든지 있습니다.

하지만 이 문제는 여러 가지 복잡한 문제를 내포하고 있으므로 더 이상 깊이 들어가지는 않겠습니다. 네안데르탈인의 마음을 밝혀내는 연구는 아직 약간의 단서를 발견한 단계에 불과합니다. 앞으로 틀림없이 새로운 성과가 나타날 것입니다. 그러는 사이에 결정적인 정보가 주어져 20세기의 논쟁에 종지부를 찍을 수 있게 되기를 기대합시다.

동굴 속의 철학

크로마뇽인들이 남긴 동굴벽화에 대해서는 널리 알려져 있습니다. 중부 프랑스의 나지막한 구릉지대부터 스페인의 산악지대에 걸쳐

강을 따라 생긴 계단 형태의 벼랑에는 많은 동굴이 있습니다. 20세기에 들어선 이후에 그 동굴 내부에서 다양한 색깔의 안료를 사용한, 어떤 화가도 고개를 숙일 정도로 멋진 동물벽화가 계속해서 발견되었습니다.

순록, 고라니, 들소, 코뿔소, 사자, 표범과 같은 동물을 그린 무서울 정도로 사실적인 벽화를 보면, 그걸 그린 현생인류의 마음이 현대의 우리와 조금도 다름없이 복잡한 상태로 이미 완성되어 있었다는 사실을 확인할 수 있습니다. 동굴벽화를 연구하는 고고학자들은 벽화 속의 동물의 종류나 배치, 사냥꾼인 듯한 인간의 모습과의 관계 등으로부터, 여기서는 뭔가 '증식'이나 '번식'의 개념과 관련이 있는 의식 같은 것이 행해졌으며, 회화는 그런 의식과 관계가 있을 거라고 추론했습니다.

벽화가 유명한 많은 동굴 중 하나인 몬테스판 동굴에서 1923년에 매우 흥미로운 발견이 있었습니다. 무척 깊은 이 동굴을 따라가다 보면 상당히 넓어지면서 방처럼 생긴 공간이 나타납니다. 이 방의 구석구석을 손전등으로 비춰본 고고학자들은 나지막하게 솟아오른 작은 산 같은 것을 발견했습니다. 그러나 희미한 빛 속으로 드러난 것은 곰 모양을 하고 있었습니다.

자세히 살펴보니 그것은 점토로 만들어진 커다란 곰의 상像이었습니다. 머리는 없고 상의 바로 앞에 작은 곰의 두개골이 바닥에 놓여 있었습니다. 점토로 만든 곰의 몸에는 구멍이 몇 개나 나 있었습니다. 털가죽을 뒤집어씌운 다음 그 위에다가 화살을 쏜 흔적으로 추정되고 있습니다. 요컨대 지금으로부터 만 몇천 년 전에 현생인류는 동굴 속 깊숙한 이 장소에서 곰의 상에 화살을 쏘는 어떤 의식을

몬테스판 동굴의 점토로 된 곰 (Joseph Campbell, *Ibid*.)

거행했던 겁니다.

이와 유사한 상은 그후에 다른 동굴에서도 발견되었습니다. 흥미롭게도 라스코 동굴의 곰 그림에는 많은 흠이 나 있으며, 피를 흘리며 금방이라도 죽을 듯한 긴박한 상황에 처한 곰이 그려져 있습니다. 아무래도 그 벽화와 점토상은 깊은 관계가 있는 것 같습니다. 아이누족은 소중하게 사육해온 곰에게 의례용 화살을 퍼부은 후에 엄숙한 분위기에서 곰을 죽이는 의식을 거행합니다. 점토상을 사용해서 의례를 치르듯이 곰을 죽이는 의식의 배경에 존재하는 사고에는 신석기 시대 수렵민의 사상과의 깊은 공통성을 느끼게 합니다.

구석기를 사용하던 현생인류가 곰이라는 동물에 대해 품었던 사상이 정확하게 어떤 것이었는지는 아직 별로 아는 바가 없습니다. 그러나 곰에 대한 그들의 사상이 지금으로부터 백 년 전쯤까지 아시아나 아프리카의 수렵민들이 품고 있던 것과 별로 다르지 않은, 이미 완성된 형태였을 거라는 점만은 확실하게 말할 수 있습니다.

그리스의 철학자 플라톤은 신화적 사고를 하던 사람들의 사고 방식의 특징을 '동굴의 철학'이라고 했습니다. 어두운 동굴 속에 살면서 흔들리는 불빛에 의해 벽에 비치는 상을 바라보고 그 상을 현실로 착각한다는 의미이겠지만, 그들은 라스코 동굴에 살면서 구석기를 사용하던 현생인류의 선조를 지칭한다고도 생각할 수 있습니다. 플라톤은 마치 동굴 고고학자와도 같은 생각을 했던 셈입니다.

그러나 플라톤이 미처 생각지 못한 점이 있습니다. 이 사람들은 일단 동굴로부터 나가 현실세계 안으로 들어가면 현대인과 비교해 전혀 손색없는 합리적 사고를 하며 생활한다는 점입니다. 그들은 특별한 시기를 정해서 동굴 속으로 깊숙이 들어갔을 때만 신비할 정도로 아름다운 벽화나 곰의 점토상에 둘러싸여 '동굴의 철학'을 실천했습니다. 그들은 구체성의 세계에 대한 관심을 잃어버린 적이 절대로 없었습니다.

동물을 쫓아 민첩하게 달려서 숲을 빠져나가던 사냥꾼과, 시민생활의 온갖 번잡한 일들에 사로잡혀 있으면서도 자신들만이 합리적인 사고를 한다고 생각했던 그리스의 도시인, 과연 우리는 이중에서 어느 쪽이 진정 '합리적'이었다고 말할 수 있을까요? 신화적 사고를 동정하는 듯한 눈으로 바라보는 현대의 우리야말로 엄청난 영상의 홍수와 매스컴을 통해 끊임없이 반복되는 독선적인 사고에 둘러싸인 채, 스크린에 투영된 존재하지도 않는 환영을 믿으며 살고 있는, 구제할 길 없는 포스트 모던의 '동굴인'이 아닐까요?

우애와 경외―신석기적 감정

곰 제의가 행해진 것으로 추정되는 동굴 속의 장소는 아마 칠흑같이 어둡고 후미진 공간이었을 겁니다. 동물의 지방으로 만든 작은 등불로 이 암흑을 밝히고 제의는 거행되었을 겁니다. 아직 구석기를 사용하던 현생인류는 밝은 삶의 영역과 어두운 죽음의 영역의 중간에 위치한 꿈과 동일한 구조를 가진 어슴푸레한 빛 속에서 곰에게 이야기를 하고 있었습니다.

이때의 사고나 감정이 신석기 혁명을 거쳐 오늘날 우리가 알고 있는 신화적 사고나 그것을 토대로 한 의식으로 조직화되었습니다. 기억은 그렇게 간단히 지워지는 게 아닙니다. 신석기인의 사고나 감정의 깊은 지층에는 틀림없이 오래된 '동굴의 철학' 시대의 기억이 간직되어 남아 있을 겁니다.

곰에 대한 사람들의 생각이나 감정이 어떠했는지를 우리는 아메리카 인디언의 행동을 통해 추측해볼 수가 있습니다. 현대의 한 생태학자가 자신의 체험을 토대로 동부 쿠리족에 대해서 꿈같은 광경을 아름답게 묘사하고 있습니다.

> 동부 쿠리족의 한 여성이 겨울 사냥을 위한 가족용 오두막 밖에서 덩그마니 땅바닥에 앉아 있다. 자작나무 껍질로 만든 멍석 위에 가부좌를 틀고 앉아 있다. 그녀의 무릎 위에는 검은 곰의 자그마한 두개골이 놓여 있다. 그녀는 오른손 엄지손가락에 새빨간 안료를 잔뜩 묻혀 곰 두개골의 정수리 위로 굵은 선 두 줄을 똑바로 그었다.

"이것으로 이제 너는 진정으로 훌륭한 사나이가 되었어." 그녀는 나지막이 해골에게 말을 걸듯 중얼거렸다. "부디 남편에게 좋은 꿈을 가져다주어야 해."

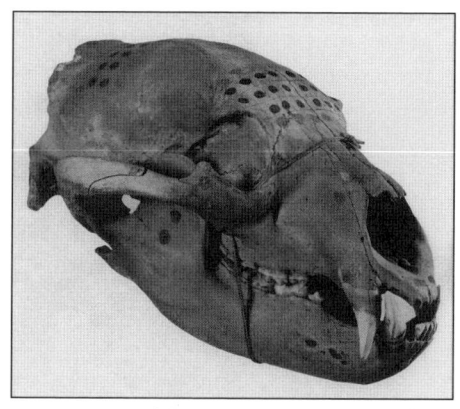

장식을 한 두개골 [Royal Ontario Museum]
(David Rockwell, *Giving Voice to Bear*, Roberts Rinehart)

그녀는 솜씨를 발휘해 두개골의 뒷부분에는 두 줄로 된 붉은 원을, 아래턱의 위쪽에는 두 개의 원을 그려넣었다. 그런 다음에 또다시 두개골을 자기 쪽으로 돌려서 코끝 부분에 짧고 굵은 선을 그었다. 손에 묻은 안료를 털고 나서는 곰의 눈구멍을 통해서 카리부(북아메리카에 야생하는 순록―옮긴이) 가죽으로 만든 리본을 묶었다. 리본은 호저豪猪(포유동물의 일종―옮긴이)로 만든 바늘을 사용해서 예쁘게 장식되어 있다.

"짧지만 이건 꼬리야. 너는 여기서 충분히 정중한 대접을 받았어. 집에 돌아가거든 친척들에게 내 남편이 얼마나 멋지게 너를 죽였는지 잘 이야기해줘야 해." 그녀는 예쁘게 장식한 곰의 두개골을 신중을 기해 정성스럽게 집어들고 남편이 있는 오두막으로 들어갔다. 그녀는 그것을 남편에게 건네주며 말했다. "다 됐어요."

남자는 자작나무 껍질로 만든 컵으로 따뜻하게 데워놓은 곰의 기름을 떠서 곰에게 부디 좋은 꿈을 꾸게 해달라고 빈 후에, 꿈을 꾸는 장소에 하얗고 부드러운 기름을 발랐다. 남자는 그 상태에서 잠시 기도를 했다. 사냥에 대해, 꿈에 대해 생각하고 있는 듯했다. 그런 다음 곰의 기름을 손에 묻혀 머리카락에 바르고, 두개골을 향해 이렇게 빌었다. "할아버지. 나에게 좋은 꿈을 꾸게 해주세요. 당신의 친척에 대한 꿈을 꾸게 해주세요. 그렇게 하면 나는 당신에게 했듯이 그들을 잘 대접하겠습니다." (David Rockwell, *Giving Voice to Bear*, 1991)

곰과 인간의 공생관계

지금도 아이누족은 '이오만테(곰의 넋 보내기)' 의식을 행해 곰의 두개골을 이런 식으로 예쁘게 화장시켜서 영혼의 세계로 돌려보내고 있습니다. 화장을 해주는 것은 곰이 영혼의 세계로 돌아간 후에 자신이 얼마나 인간들로부터 존경을 받으며 살해되었는지, 그리고 인간들이 자신의 몸을 얼마나 정중하고 소중하게 다루었는지를 친척 곰들에게 이야기할 것이기 때문입니다. 그럼으로써 친척 곰들로 하여금 두려움을 느끼지 않고 인간의 마을에 다녀오려는 생각을 갖게끔 하려는 겁니다.

게다가 그 영혼의 세계라는 것은 인간에게 꿈을 꾸게 하는 특별한 공간이기도 합니다. 꿈속에서 멋진 곰과 우연히 만날 수 있다는 것은 현실세계에서 멋진 곰을 잡을 수 있는 길조를 의미하겠지요. 그렇기 때문에 쿠리족 인디언 여성은 예쁘게 화장시킨 곰의 두개골을 향해 부디 남편에게 좋은 꿈을 꾸게 해달라고 부탁하고 있는 겁니다.

곰은 매우 강력한 동물이며, 곰 사냥이 무척 위험하다는 점에는

이오만테 [『에조도 기관蝦夷島奇觀』(에조도는 홋카이도의 옛 이름—옮긴이)]
(다니모토 가즈유키谷本一之, 『아이누 그림을 듣는다 アイヌ絵を聴く』, 홋카이도대학도서간행회)

변함이 없습니다. 곰은 가장 두려운 대상이며, 최고의 경외의 대상이었던 동물입니다. 곰이 서식하는 숲에서는 어디서나 곰을 숲에 사는 모든 동물의 수장으로 여겼습니다. 죽은 곰이 돌아가는 영혼의 세계라는 곧 모든 동물들의 정령이 머무르고 있는 '정령의 저수지'이기도 했습니다. 따라서 곰의 영혼이 '정령의 저수지'로 돌아가 인간들의 행동에 대해 호의적으로 보고하게 되면 서로의 관계는 양호해지겠지요.

이와 같이 곰은 아주 오래 전부터 두려움과 경외의 대상임과 동시에 더할 나위 없는 친근감과 우애의 감정을 불러일으키는 동물이기도 했습니다. 실제로 곰만큼 인간과 닮은 점이 많은 동물도 없습니다. 유라시아 대륙에서도 아메리카 대륙에서도, 곰과 인간은 수천 년에 걸쳐 운명을 함께했습니다. 인간과 곰은 같은 길을 따라 이동했고, 같은 계곡에서 연어를 잡았으며, 같은 식물의 뿌리를 캐서 먹었고, 똑같은 산딸기와 나무열매를 수확하는 사이였습니다. 산딸기를 따라 갔다가 곰과 정면으로 마주치는 경우도 자주 있었습니다. 곰과 인간은 서로를 존경하며 공생관계를 구축해온 셈입니다.

인간은 곰을 수렵하고, 곰도 어쩔 수 없이 인간을 공격하는 경우가 있었습니다. 하지만 양자 사이에 변함없는 존경과 우애의 감정이 존재했던 것은 사실입니다. 곰이 주요 등장인물로 나오는 수많은 신화 속에서 그 점을 분명히 확인할 수가 있습니다.

곰과 결혼한 여자 이야기

그런 신화 중에서 아마도 가장 오래된 형태일 것으로 여겨지는 곰 신화를 하나 소개하겠습니다. 캐나다의 유콘 강 근처에 사는 아타파스칸족에게 전승되던 신화입니다. 이런 식으로 기록이 이루어진 것은 극히 최근의 일이지만 내용 그 자체는 까마득한 고대의 성격을 띠고 있습니다. 아마도 곰과 인간의 관계를 이야기한 가장 오래된 신화의 한 형태일 거라고 생각합니다.

그렇게 추론하는 이유는 담겨 있는 내용이 조잡함에도 불구하고 거의 동일한 형태의 신화가 북서해안 인디언으로부터 시작되어 캐나다의 삼림지대에 사는 인디언을 거쳐 알래스카의 여러 부족에 이르기까지, 북아메리카의 매우 광범위한 지역에서 전승되었다는 데 있습니다. 또한 동일한 신화가 베링 해협의 건너편에 사는 추크치족과 코랴크족과 같은 이른바 '고古몽골족' 사이에서도 잘 알려져 있습니다. (Waldemar Bogoras, *Tales of Yukaghir, Lamut, and Rusianized Natives of Eastern Siberia, 1918*)

시베리아에서 아메리카 대륙으로의 이주는 크게 세 번에 걸쳐서 이루어진 것으로 추정되고 있습니다.

최초의 이동은 바이칼 호의 동쪽 부근에서 출발한 '고몽골족'에 의해 이루어졌습니다. 그들은 오랜 시간을 들여 베링 해협을 건너, 알래스카와 캐나다 전역을 두껍게 뒤덮고 있던 로렌타이드 빙상氷床과 코르디에라 빙상 사이에 열린 회랑 형태의 얼음이 없는 길을 거쳐서 중앙 평원지대로 들어간 것으로 여겨지고 있습니다.

물론 이런 문제에 확실한 증거 같은 건 있을 리 없습니다. 다만 제 직감에 의하면, 이제부터 소개할 아주 오래된 이 신화는 당시 아메리카 대륙으로 들어간 '고몽골족'이 이야기하던 신화와 크게 다르지 않을 듯합니다.

옛날옛적 어느 여름날, 한 소녀가 산딸기를 따러 갔다. 처음에는 가족과 함께였다. 숲길에 곰 똥이 흩어져 있었다. 소녀는 이런 때 특히 조심해야 한다고 단단히 주의를 받아온 터였다. 어른들은 절대로 곰 똥을 넘어서는 안 된다고 강조하였다. 하지만 소녀는 어릴 적부터 곰 똥이 있어도 아무렇지도 않게 발로 차기도 하고 넘어가기도 했다. 그건 성장한 지금도 마찬가지였다.
산딸기가 바구니에 가득 찼기 때문에 모두는 집으로 돌아가기로 했다. 그러나 소녀는 무척 멋진 산딸기를 발견했기 때문에 모두에게 먼저 돌아가라고 하고 혼자 남아 산딸기를 잔뜩 땄다. 산딸기가 바구니에서 넘치기 시작해 소녀는 몸을 숙여 주워담았다.

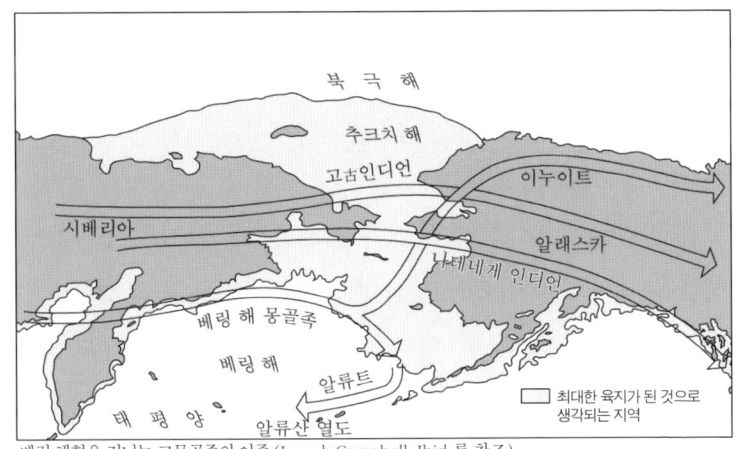

베링 해협을 건너는 고몽골족의 이주 (Joseph Campbell, Ibid,를 참조)

그때 소녀 앞에 한 남자가 나타났다. 무척 잘 생긴 남자였다. 한 번도 본 적이 없는 남자였다. 그 얼굴에는 빨간 안료로 어떤 무늬가 칠해져 있었다.

남자가 소녀에게 말을 걸었다. "네가 따고 있는 산딸기는 더럽기도 하고 별로 좋은 것도 아니다. 좀더 올라가면 훨씬 좋은 산딸기가 있단다. 나중에 집까지 데려다줄 테니까 두려워하지 말고 그곳으로 가보자."

바구니가 가득 차자 남자는 말했다. "배고프지? 자 뭔가 먹기로 하자."

두 사람은 불을 지피고 여러 마리의 쥐를 조리해서 산딸기와 함께 먹었다. 남자가 말했다. "오늘은 너무 늦었으니까 내일 집으로 돌아가기로 하자. 여름이니까 여기서 자도 괜찮다."

그들은 그곳에서 자기로 했다. 자기 전에 남자가 소녀에게 말했다. "나보다 일찍 일어나더라도 고개를 들어 나를 쳐다보아서는 안 된다."

다음날 아침, 남자가 말했다. "차가운 쥐고기를 먹자. 불은 지피지 않아도 돼. 그리고 다시 산딸기를 따러 가서 바구니를 가득 채우기로 하자." 소녀는 몹시 집으로 돌아가고 싶었기 때문에 항상 남자에게 자신의 부모 얘기를 했다. 그럴 때마다 남자는 "두려워

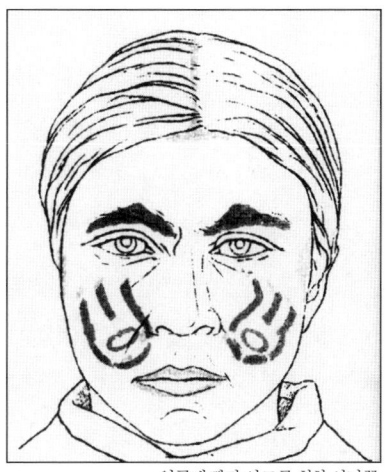

얼굴에 빨간 안료를 칠한 사냥꾼
[Smithsonian Institution] (David Rockwell, Ibid.)

하지 않아도 돼. 내가 데려다줄 테니까"라고 말했다. 그러고 나서 소녀의 정수리를 탁 치고는 머리 주위에 태양이 도는 방향으로 원을 그렸다. 그렇게 하자 소녀는 집에 대해서도, 부모에 대해서도 까마득히 잊었다. 소녀는 남자와 함께 이동해서 산딸기를 따기도 하고 쥐도 잡았다. 그리고 굴을 파고 생활했다. 한 달 이상을 그렇게 보낸 것 같았지만 사실은 하루밖에 지나지 않았다. 소녀가 사라진 것은 5월의 일이었다.

몇 날 며칠을 그들은 그렇게 지냈다. 그러는 동안에 소녀는 남자가 사실은 곰이라는 걸 알게 되었다. 날씨가 점점 추워졌기 때문에 남자는 깊은 굴을 파기 시작했다. 소녀에게는 덤불로 가서 나뭇가지를 모아오라고 했다. 소녀가 최대한 높은 곳까지 팔을 뻗어서 나뭇가지를 꺾어왔더니, 남자는 "그 나뭇가지는 안 돼. 표시가 남게 되면 인간에게 발각되니까" 하고 충고를 했다.

어느 날 골짜기의 외딴 곳으로 나갔을 때였다. 소녀는 그곳에 와

본 적이 있는 것 같은 느낌이 들었다. 소녀의 형제들은 그곳에서 종종 곰 사냥을 해서 곰을 잡아먹곤 했다. 형제들은 4월의 따스한 봄날에 그곳으로 개를 데려가서 곰 사냥을 했다. 곰이 사는 굴로 개를 들여보내서 곰을 쫓아내는 것이다.

"여기에 캠프를 치기로 하지"라고 말하고 남자는 굴을 팠다. 소녀는 여느 때처럼 바닥에 깔 나뭇가지를 모으러 갔다. 하지만 이번에는 일부러 높은 곳에 있는 나뭇가지를 꺾었다. 그녀의 형제들이 와서 보고 그녀가 이 근처에 있다는 걸 알아주기를 바라는 마음에서였다. 개가 그녀의 냄새를 맡을 수 있도록 하기 위해서 주변의 땅바닥에 몸을 문질러댔다.

굴을 파고 있을 때의 남자는 영락없는 곰이었다. 그러나 다른 때는 소녀에게 더없이 따뜻하고 친절했다. 남자는 자신이 큰곰이라는 것을 소녀에게 보이고 싶어하지 않았다. 거처할 굴을 철저하게 준비한 후에, 그들은 쥐를 잡고 산딸기를 따는 데 온 힘을 쏟았다. 주위에는 벌써 눈이 내리기 시작했다.

10월이 되자 그들은 굴에 들어가 꼼짝도 하지 않았다. 먹을 것은 충분히 있었다. 그들은 1월에 한 번 일어나서 식사를 했고, 그리고는 푹 잤다. 그러다가 소녀는 자신이 아기를 안고 있는 걸 발견했다. 여자아이와 남자아이였다. 2월이었다. 이달에 곰은 새끼를 낳는다.

곰은 밤이 되면 노래를 불렀다. 그러면 소녀는 일어나서 그 노래를 들었다. 곰은 소녀와 함께 지내게 된 이후로 만사에 샤먼처럼 행동했다.

곰 남자는 말했다. "너는 내 아내다. 나는 이제부터 외출했다가 돌아오려고 한다. 네 형제들이 눈이 녹기 전에 이 근처로 오려고 한다는 걸 알고 있다. 나는 나쁜 짓을 하러 간다. 그들과 싸우러 가려는 것이다."

남자의 말을 듣고 소녀는 소리쳤다. "그러지 마세요. 그들은 내 형제예요. 죽이지 마세요. 차라리 당신이 제 형제에게 살해되는 편이 낫겠어요. 저를 사랑한다면, 싸우지 마세요. 당신은 저에게 좋은 사람이에요. 당신이 제 형제를 죽이고 나면 제가 어떻게 당신과 살 수 있겠어요?"

"알았다. 나도 싸우지 싶지 않으니까."

어느 날 밤, 곰은 일어나서 노래를 불렀다. 그리고 말했다. "그들이 다가오고 있다. 잘 들어라. 혹시라도 내가 살해되면 그들에게 부탁해서 내 머리와 꼬리를 받아두도록 해라. 알겠지? 나를 죽인 장소에서 커다란 불을 지펴서 머리와 꼬리를 태워라. 그리고 다 탈 때까지 이 노래를 계속 불러야 한다."

그들은 또다시 잠을 잤다. 곰이 일어나더니 말했다. "땅이 드러나기 시작하고 있다. 밖으로 나가서 살펴보고 와라." 소녀는 밖으로 나가 온몸에 진흙을 발랐다. 주위에 소녀의 냄새가 배었다. 곰이 말했다. "왜? 왜 이런 짓을 하는 거지? 금방 발각되잖아?" 그러고 나서 그들은 다시 잠들었다.

다음날 아침, 곰이 말했다. "드디어 왔다. 일어나라. 개가 짖고 있다. 내 칼은 어디 있지?"

소녀가 말했다. "부탁이에요. 싸우지 말아요. 제 형제들이 당신을 잡으려고 하거든 그냥 가만히 있으세요." 곰이 밖으로 나가면서 말했다. "너는 이제 두 번 다시 나를 보지 못할 거다."

한참동안 무슨 소리가 났다. 소녀는 굴 속에서 바깥의 동정을 살폈다. 그녀의 형제들이 이미 곰을 죽였다는 걸 알았다. 소녀는 한

참 후에야 형제에게 발견되었다. 소녀는 형제들에게 말했다. "오빠들은 처남을 죽인 거야. 나는 이 사람하고 5월부터 계속 함께 지냈어. 그런데 오빠들이 그를 죽였어. 나에게 그의 머리와 꼬리를 줘. 그리고 집으로 돌아가서 어머니에게 부탁해서 나와 내 아이들을 위해 옷을 준비해서 갖다줘."

어머니는 옷을 지어서 가져왔다. 소녀는 그걸 입고 곰이 살해된 장소로 가서 커다란 불을 지폈다. 시뻘겋게 타오르는 불에 곰의 머리와 꼬리를 태웠다. 소녀는 불타는 동안 내내 곰에게 배운 노래를 불렀다.

소녀와 두 아이는 외딴 곳에 오두막을 지어서 살았다. 1년이 흘러서 또다시 봄이 왔다. 형제들은 소녀를 곰처럼 꾸며서 놀리려고 했다. 형제들은 수컷과 암컷 두 마리를 밴 암곰을 죽여서 가죽을 벗기고, 그것을 소녀와 아이들에게 뒤집어씌우려 했다. 소녀는 무척 싫어했다.

소녀는 어머니에게 호소했다. "못하게 하세요. 단 한 번이라도 가죽을 뒤집어쓰면 나는 곰이 되고 말아요. 지금도 반은 곰이 된걸요. 손에도 발에도 긴 털이 나 있잖아요."

그러나 형제들은 재미있어하며 소녀와 아이에게 곰의 털가죽을 뒤집어씌웠다. 갑자기 소녀는 네 다리로 걷기 시작하더니 급기야 곰처럼 일어서서 울부짖었다. 소녀는 큰곰이 되고 만 것이다. 이제 어쩔 도리가 없었다. 곰이 된 소녀는 형제들을 죽였다. 어머니마저도 죽였다. 그러나 소녀에게 잘해준 막내동생만은 죽이지 않았다. 소녀의 얼굴에 눈물이 흘러내렸다.

소녀는 두 마리의 새끼곰을 데리고 모습을 감춰버렸다.

그후로 사람들은 큰곰을 반은 인간으로 취급한다. 사람들이 큰곰의 고기를 먹지 않는 것도 이런 일이 있었기 때문이다. (McClellan, *The Girl Who Married the Bear*, 1970)

곰은 반은 인간이다

이 신화를 자세하게 소개한 이유는 신석기인들이 이 세계를 어떻게 파악하고 있었는지에 대해 여러분이 확실히 느낄 수 있도록 하려는 데 있습니다. 곰의 생활이나 동면, 번식 등의 생태에 대한 것이 곰의 시점으로 묘사되어 있는 걸 느끼셨을 겁니다. 사냥꾼이 접근해오는 모습을 곰의 시점에서 이야기하고 있습니다. 이와 같이 동물이 1인칭으로 자신의 체험을 이야기하는 서술방식은 아이누족의 '유카라(원래는 아이누족에게 전승되던 특정 서사시를 지칭하나 넓은 의미로 여성과 자연신을 주인공으로 하는 아이누족의 서사시를 총칭하기도 함—옮긴이)'에도 매우 발달된 형태로 사용되었다는 걸 확인할 수가 있습니다. 이 신화를 근거로 판단컨대, 그런 서술방식의 역사가 매우 깊은 것 같습니다.

이 신화에는 큰곰은 '반은 인간'이라는 생각이 생생한 육감을 갖고 서술되어 있습니다. 곰과 결혼해서 함께 생활하는 동안 인간 소녀는 점차 곰의 본성을 갖게 되고, 결국에는 곰이 되고 맙니다. 인간과 곰 사이에는 서로를 이어주는 통로가 존재하고 있어, 이 통로를 따라서 인간은 곰으로 변모할 수 있다는 사상이 이 신화에 나타나 있습니다.

이것은 근대의 인간이 가장 두려워하는 사고법일지도 모릅니다. '인간'이라는 점에 최고의 가치를 부여하는 우리 사회에서는 인간이 곰으로 변모하거나 곰이 반은 인간이라는 식의 사고는 도저히 용납할 수 없는 것이겠지요. 그런 생각을 받아들이면 '인간'의 아이덴티티가 붕괴되어버리기 때문입니다. 지금도 인기가 있는 '늑대인간'을 둘러싼 공포이야기들은 그런 아이덴티티의 붕괴에 대한 인간의 공포를 잘 이야기해주고 있습니다.

그런데 인간이 곰으로 변하거나, 곰 안에서 '인간적인 요소'를 발견한다는 식의 이런 사고법이야말로 구석기 시대 이래 현생인류 특유의 것이며, 모든 생물의 종種 중에서 인류를 '인간'답게 하는 가장 '인간적'인 사고법이라는 사실을 잊어서는 안 됩니다. 신화학 입문의 강의(『신화, 인류 최고의 철학』을 의미함—옮긴이)에서도 말씀드렸듯이, 현대의 진화심리학과 인지고고학은 대뇌 내부에 유동적 지성이 탄생할 수 있는 뉴런 조직의 진화로부터 현생인류와 같은 형태의 '인간'의 징표를 찾고자 합니다. 인간이 곰으로 변모할 가능성을 이야기하는 이 오래된 신화야말로 인류의 마음에 일어난 혁명적인 변화의 희미한 여음을 전하고 있는 것이라고 생각됩니다.

네안데르탈인의 대뇌에는 그런 뉴런 조직이 아직 발달되지 않아, 대뇌의 용량에 비해 현생인류의 특징이라 할 수 있는 상징사고가 자유롭게 활동할 수 없는 상태였습니다. 상징사고란 서로 다른 분야의 것들 사이에서 뭔가 공통점을 발견하고, 그것을 토대로 서로 다른 것들을 하나로 겹쳐서 이해하려 하는 지적 능력을 의미합니다. '시클라멘의 꽃말은 정숙함'이라는 말이 있을 경우, 식물의 종과 사람의 인격이라는 서로 다른 카테고리가 하나로 중첩되어 매우 '정숙한 여성'을 만났을 때 "당신은 시클라멘과 같은 분이군요"라는 표현이 나오게 됩니다.

　이와 같이 상징적인 표현은 서로 다른 의미의 장場 사이에 통로를 열어줍니다. 자유로이 옮겨다닐 수 있는 지성의 작용이 없으면 활동을 시작하지 않습니다. 현생인류가 태어나기 이전의 인류의 대뇌에는 아직 유동적인 지성의 활동을 가능케 하는 뉴런 조직이 생성되어 있지 않았습니다. 따라서 친족관계에 있는 것은 그것만 취급하는 대뇌의 한 부분에서, 예를 들어 이것이 먹을 수 있는 식물인지 독이 있는 식물인지를 구별해서 인식했을 뿐 그것을 기억하는 대뇌의 부분과는 아직 제대로 연결되지 않은 상태였습니다. 서로 다른 분야를 취급하는 컴퓨터가 커다란 대뇌의 여러 방 속에 분리된 채 작동을 하고, 방들 사이에는 두꺼운 칸막이 같은 것이 있어 다른 분야로 정보가 흘러들어가거나 그로 인해 새로운 의미를 낳는 일이 일어나지 않도록 하는 구조로 이루어져 있었던 셈입니다.

인간적인 마음

그런데 그 칸막이가 무너졌습니다. 그때까지 각기 다른 작은 방 안에 들어 있던 뉴런이 이동하여 다른 영역과 관계를 맺기 시작한 겁니다. 가히 혁명이라고 표현할 수밖에 없는 변화가 인류의 대뇌에 일어나 지금의 현생인류가 출현했습니다. 그때까지 네안데르탈인이 사용하던 언어는 아마도 비유적인 표현이 완전히 결여되어 있거나 매우 빈약했을 것으로 여겨지는데, 그에 비해 현생인류가 구사하게 되는 언어는 비유가 풍부해졌을 겁니다. 나아가 비유로 인해 다른 분야와의 결합이 가능해지고, 마침내 유동적인 지성의 점프력을 이용해서 새로운 의미를 갖는 언어를 창조하는 것도 가능해집니다. 결국 현생인류는 언어와 사고의 '시적인 이용'이라는 능력을 지니고 빙하기의 생존을 위협하는 열악한 환경 속에서 태어난 새로운 형태의 생물종이었던 셈입니다. (Steven Mithen, *The Prehistory of the Mind*)

이쯤에서 다시 생각해보면, '인간은 곰이 될 수도 있으며, 곰은 반은 인간이다'라는 말은 현생인류가 구사한 시적인 사고능력(표현을 바꾸면, 언어의 상징화 능력)의 거의 원초적인 상태 그대로를 표현한 셈입니다. 인간이 곰이 되고 곰이 인간으로 변모해간다는 인식은 그야말로 현생인류의 대뇌 속에서 일어나고 있는 유동적 지성의 움직임이나 변화를 직접적으로 표현한 것이라고 할 수 있습니다.

우리의 마음속에서는 끊임없이 인간이 곰이 되고 곰이 인간이 되는 과정이 일어나고 있으며, 그런 점이 우리로 하여금 진정한 '인간'이 되게끔 하고 있다고 해도 무방할 겁니다. 아마도 네안데르탈인은 인간은 인간, 곰은 곰으로 인식했을 겁니다. 하지만 현생인류는 인간과 곰은 상호변용도 가능한 '친족'이며 '친구'라는 사고를 갖기 시작했습니다. 그리고 곰의 입장이 되어서, 곰이라면 이렇게 생각했을 거라고 상상하면서 이야기를 풀어내고 있습니다.

이때 비로소 '인간적인 마음'이 생깁니다. 유동적 지성이 활동을 시작하자, 곧바로 인간의 마음속에는 타자에 대한 공감으로 가득 찬 이해라는 것이 생겨납니다. 이것은 우리에게 있어 무엇보다도 귀중한 '인간적인 마음'입니다. 그것은 상징능력이나 시적인 언어의 용법과 거의 동시에 생겨납니다. 그렇다면 인간이 곰으로 변할 수 있다는 가능성을 철저하게 부정하는 근대과학은, 천박한 자만에 의해 상징을 조종하는 시적詩的 생물로서의 본성을 제대로 인식할 능력을 상실하고 말았다고 할 수 있지 않을까요? 인류학을 배우는 데에는 일종의 미덕과 같은 것이 있습니다. 인간이 어쩌면 곰일지도 모른다는 식의 생각을 하는 겸허한 인간들의 세계관에 대한 이해가 그 미덕에 해당합니다.

Nakazawa Shinichi
Cahier Sauvage Series

III

'대칭성의 인류학' 입문

Nakazawa Shinichi
Cahier Sauvage Series

유동적 지성이야말로 인간의 징표다

'대칭성'의 개념과 관계가 깊은 18세기의 사상가 장 자크 루소Jean-Jacques Rousseau는 만년에 쓴 『언어기원론*Essai sur L'origine des Langues*』에서 "최초의 인간들은 우리가 지금 일상적으로 사용하고 있는 언어가 아니라 시와 음악으로 서로 이야기했다"고 하였습니다. 이런 생각은 그야말로 루소다운 로맨틱한 발상이기도 하지만 현대 인지고고학의 입장에서 봐도 매우 정확한 인식이라며 무릎을 치고 싶어질 겁니다.

사실 인간이 현재 사용하고 있는 언어는 시의 구조와 동일한 원리를 가진 지성이 활동할 수 있음으로써 생겨난 것입니다. 지난번 강의에서 말씀드렸듯이, 현생인류의 뇌에 기능이나 카테고리가 다른 영역들에 대한 상호연결을 가능케 하는 뉴런 조직의 재구성에 의해 인류의 결정적인 진화가 일어난 것으로 생각됩니다. 그때까지 네안데르탈인의 뇌에서는 은유나 환유와 같은 '비유' 능력이 발달되지 않았던 것으로 추정되고 있습니다. 그런데 이질적인 영역 사이를 자유로이 돌아다닐 수 있는 '유동적 지성'이 발생함으로써, 인류는 모든 걸 '기호'가 아닌 '의미'로서 이해할 수 있게 된 것입니다.

이를 계기로 언어라는 것이 지금과 같은 형태로 조직화된 겁니다. 인간이 알고 있는 모든 언어가 은유의 축軸(파라디그마Paradigma 축)과 환유의 축(신타그마Sintagma 축)의 조합에 의해 이루어져 있다는 것은 잘 알려져 있습니다. 그외의 언어는 없는 셈입니다. 따라서 언어는 인간의 징표라고들 하는데, 좀더 정확하게 말하면 언어를 가능하게 하는 '비유' 능력이야말로 인간의 징표라고 할 수 있습니다.

나아가 그것을 가능케 한 유동적 지성의 활동이야말로 가장 근원적인 인간의 징표라고 할 수 있겠지요.

언어의 이러한 '비유' 능력은 일상 언어에서는 거의 전면에 나타나지 않습니다. 일상 언어에서는 확실하고 유용한 의미를 이야기하는 것이 중요하기 때문에, 이야기를 재미있게 하고자 할 때를 제외하고는 '비유' 기능은 표면에 잘 나타나지 않습니다. 하지만 '비유' 기능을 전면으로 끌어내서, 오히려 은유나 환유 작용만으로 짜임새 있는 의미를 만들고자 하는 언어활동이 있습니다. 바로 시입니다.

상징의 숲

시는 '비유'의 힘을 충분히 이용해 서로 다른 영역에 속해 있는 것을 자유로이 결합시킵니다. 그럼으로써 모든 것이 본래의 전체성을 유지한 채 서로 노래를 주고받는 듯한 상태를 언어로 표현하고자 합니다. 보들레르Charles Baudelaire의 다음 시는 그런 시어의 본질을 잘 표현한 것으로 유명합니다.

> '자연'은 하나의 궁전, 그곳에 살아 있는 기둥들이,
> 이따금 이해하기 힘든 말을 하고,
> 길 가는 사람은 친근한 눈길을 보내는 숲의 전송을 받으며
> 헤치며 나아가야 하는 상징의 숲.
> 밤처럼 광명처럼 끝이 없으며
> 어둠과 빛의 깊은 합일 속에

저 멀리서 뒤섞이는 기나긴 메아리처럼
냄새와 색과 음향이 서로 노래하네.

[보들레르의 「상응Correspondances」(『악의 꽃』에 수록되어 있는 시로, 「교감」「만물조응」이라는 제목으로 번역되기도 함. 여기서는 저자가 인용한 일본어 번역문을 다시 한국어로 옮겼음—옮긴이)]

최초의 현생인류가 시나 음악으로써 서로 이야기했다는 루소의 생각은, 이렇게 보면 역사적인 사실이 아니라 만물의 본질을 이야기하는 것이라는 걸 알 수 있습니다. 모든 언어가 시의 구조(와 똑같은 마음의 구조)를 바탕으로 구성되어 있으므로, '최초의 인류'만이 아니라 현대를 사는 우리의 뇌 속에서도 가장 먼저 시적인 구조가 활동을 시작했다가 일상 언어로 변환되어가는 과정이 끊임없이 일어나고 있는 셈입니다.

최초의 의식은 시를 감상하듯이 세계를 이해했습니다. 유용성을 중시하기 시작하면 그런 점은 순식간에 보이지 않게 됩니다. 그러나 마음을 가다듬고 다시 한 번 세계를 응시해보면(루소는 이것을 '명상'이라고 부릅니다), 표면적으로는 분리되고 고립되어 있는 듯이 보이는 것을 현실의 심층에서 서로 이어주는 연결기구가 작용하고 있다는 걸 감지할 수 있게 되겠지요. 그리고 세계가 하나의 전체로서 호흡하고 있다는 걸 이해할 수 있게 될 겁니다. 보들레르의 말처럼, 그야말로 세계는 '상징의 숲'인 셈입니다.

신화의 힘

신화가 이런 시와 매우 유사한 작용을 한다는 것은 옛날부터 널리 알려져 있었습니다. 신화적 사고도 은유나 환유와 같은 '비유' 능력을 충분히 활용하고 있습니다. 그럼으로써 신화는 시보다 더욱 더 웅대한 철학적 의도를 갖고 이 세계를 '상징의 숲'으로 바꾸고자 하는 겁니다.

그때 곰이 등장합니다. 곰은 북반구 최강의 동물로서 숲의 왕처럼 유유히 살고 있습니다. 그중에는 큰곰처럼 인간을 공격하는 무리도 있기 때문에, 곰은 때때로 '식인食人/Cannibal' 동물로 인식되기도 합니다. 그러나 대칭성을 중시하며 살아가는 사람들에게는 곰은 자연계에서 가장 좋은 친구이기도 합니다. 숲의 왕으로서 곰은 모든 동물들의 정령의 수장입니다. 이 수장의 '두둑한 배짱' 덕분에(동물의 정령이 털가죽을 걸치면 인간의 눈에 동물로 보이는 건데, 이 동물들을 인간에게 보내주는 것은 전적으로 곰의 호의에 의한 것입니다) 인간은 숲의 동물들을 사냥하며 살아갈 수 있는 겁니다.

신화적 사고는 곰과 인간 사이에 넓은 연락 통로를 만들고자 했습니다. 현대 이누이트의 화가 다운디아르크 알래스아크가 그린 오른쪽의 그림을 봐주십시오. 이 그림에는 이누이트의 옷을 입은 북극곰이 사냥꾼에게 진심에서 우러나는 인사를 하고 있습니다. 동물과 사람이 함께 생활하고, 동물이 말도 하고, 사람은 동물로, 동물은 사람으로 쉽게 변신할 수 있었다는 이누이트의 신화를 그대로 재현한 광경입니다.

이 얼마나 '시적'인 장면인가요? 현실의 표층에서는 인간은 곰

이누이트의 옷을 입고 사냥꾼에게 인사하는 북극곰
(Steven Mithen, *The Prehistory of the Mind*)

을 뒤쫓아서 죽이고, 그 몸으로부터 털가죽과 고기를 얻어 생활을 꾸려가고 있습니다. 이런 과정에서는 자신과 대항하러 온 인간에게 곰은 필사적일 수밖에 없습니다. 도저히 친구 사이에 주고받는 인사 같은 것이 가능할 리 없습니다. 하지만 현실의 '시적인 층'에서는 그와는 다른 일이 일어나고 있다고 신화는 이야기합니다. 위대한 자연의 수장인 곰이 좋아하는 친구인 인간에게 기분 좋게 털가죽과 고기를 선물로 주려고 한다는 것이 현실의 '시적인 층'에서 일어나고 있는 사실이라는 겁니다.

　신화는 현실의 잔혹함을 감추기 위해서 이런 식의 이야기를 꾸며낸 걸까요? 아니, 그렇지 않을 거라고 생각합니다. 이누이트든 누구든 사냥꾼들은 자신들의 행동이 동물의 살해 그 이상도 이하도 아니라는 것을 잘 알고 있습니다. 그러나 그들을 움직이고 있는 신화적 사고에서는, 동일한 잔혹한 현실이 다른 의미를 띠며 고귀한 기쁨으로 빛나는 것으로 표현되어 있습니다.

곰과 인간이 하나로 연결되어 있는 세계의 '시적인 층'에서는 일상의 의식이 파악하는 것과는 다른 과정이 진행되고 있습니다. 그 층으로 직접 들어가보면 동물, 식물, 광물, 물, 바람 등 온갖 것이 하나의 전체성을 호흡하고 있다는 것을 이해할 수 있습니다. 그리고 잔혹함과 우애가 동거하고 현실성과 시가 서로 결합하면서 '증여의 영혼'(인류학자들은 선물을 한다는 것은 단지 물건만이 아니라 그 안에 깃들어 있는 영혼도 함께 주는 것이라는 의미로 즐겨 사용하며, 저자가 1996년에 발표한 『순수한 자연의 증여純粋な自然の贈與』에도 자주 등장하는 용어—옮긴이)이 그 전체성을 움직이고 있는 모습을 생생하게 실감할 수 있습니다.

이누이트들은 겨울의 얼음집 속에 불을 피우고 그 주위에 주저앉아 신화나 전설을 이야기하는 인간의 말을 내뱉는 바로 그 순간에, 루소가 말하는 '최초의 인간'으로 변화할 수가 있었습니다. 이누이트만이 아니라 대칭성 사회에 살았던 모든 인간이 그러했습니다. 그때, 루소가 쓴 내용이 진실이 됩니다. 그곳에서 인간은 시와 신화와 음악에 의해 서로 이야기하고 있는 셈이니까요.

이렇게 해서 신화적 사고는 현생인류의 뇌에 일어난 비약의 순간을 아직까지 기억하고 있는 셈입니다. 그것은 인류에게 일어난 최대 혁명의 살아 있는 기념물입니다. 감자나 옥수수가 신석기 혁명의 미각적 기념물이며 삼색기나 개선문이 프랑스혁명의 시각적 기념물이듯, 신화는 뉴런의 새로운 접합양식의 완성을 의미하는 청각적 기념물입니다. 그러나 혁명적 비약의 질로 말할 것 같으면, 그 가치에 있어서 신화(와 시와 음악)와 어깨를 나란히 할 만한 것은 아무것도 없습니다.

곰의 넋을 보내는 제의

아무르 강 유역과 사할린 섬에서 살아온 사람들 사이에서 전해내려오는 곰과 인간의 관계를 둘러싼 신화에는 '최초의 철학'에 드러나는 이런 특징이 잘 나타나 있습니다. 사할린 섬의 남부에서 홋카이도, 알류산 열도에 걸쳐 생활하던 아이누족과 마찬가지로, 니브히족은 옛날부터 복잡한 절차의 '곰의 넋 보내기' 제의를 지내는 것으로 알려져 있었습니다.

숲에서 데려온 새끼곰을 인간 아이를 기르듯이 젖어미가 키웁니다. 가족 모두가 진심으로 새끼곰을 사랑해 어디를 가더라도 데리고 다닙니다. 몸집이 커지면 특별한 우리를 만들어 그 안에서 가장 좋은 음식을 먹이며 키웁니다. 그리고 곰이 두세 살이 되었을 즈음, 마을 사람 모두가 참가해서 곰의 넋을 보내는 제의를 지냅니다.

제의를 지내는 방법은 대개 아이누족의 방식과 비슷하지만 몇 가지 다른 점도 있습니다. 제의 당일 나무 드럼을 치는 여자들이 아름답고도 슬픈 음악을 연주하는 가운데 곰을 우리에서 꺼냅니다. 그리고 니브히 사람들이 모여 있는 반지하식 수혈주거로 데리고 갑니다. 이 반지하식 주거는 출입구가 지붕 부분에 만들어져 있으므로 그 입구로 해서 끈으로 묶은 곰을 안으로 내려뜨립니다.

곰은 그곳에서 맛있는 음식을 먹기도 하고 농담을 주고받기도

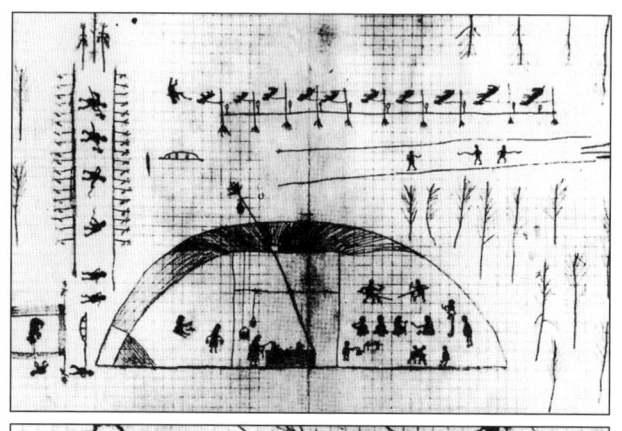
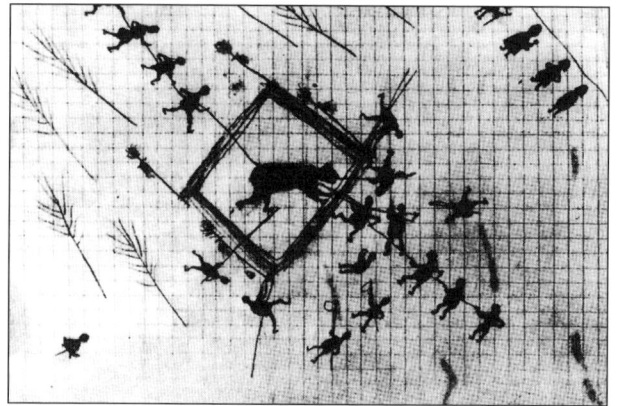
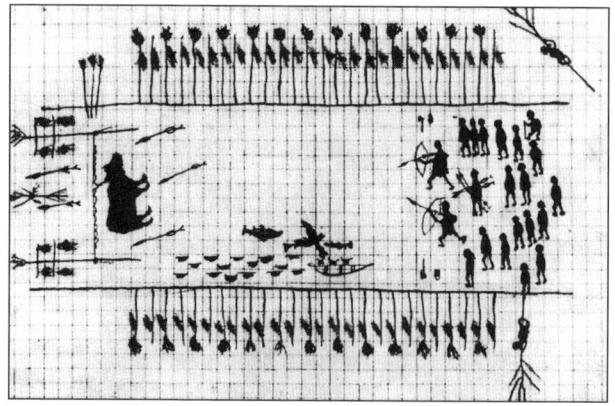

니브히족의 '곰의 넋 보내기' 제의의 모습
(E. A. Krejnovic, *La Fête de L'Our Chez Les Nivx*)

하면서 인간과 똑같은 대우를 받습니다. 한바탕 이 '놀이'가 끝나면 곰은 다시 지붕으로 해서 밖으로 끌려나와, 눈 위를 걸어서 마을 밖에 마련된 제의장소로 향합니다. 슬픔과 흥분이 뒤섞인 긴장 속에서, 나무에 묶인 곰은 제의용 화살에 맞아 죽습니다. 장엄한 분위기가 주위를 감쌉니다. 사람들은 죽은 곰의 몸을 세심한 주의를 기울여 해체합니다. 곰은 원래는 인간과 똑같은 모습을 하고 있지만 외출시에는 털가죽으로 만든 외투를 입습니다. 그 외투의 단추가 정확하게 가슴 부근에 있는 것으로 믿어지고 있기 때문에, 그 단추를 '풀' 때 몸을 떨 정도로 긴장한다고 합니다.

그렇게 해서 해체와 곰의 넋을 보내는 제의가 완전히 끝나고 나면, 사람들은 곰의 넋이 기뻐하며 인간에 대한 우애를 회복시켜줄 거라고 믿습니다. 상대의 죽음에 의해 확인되고 새롭게 다시 태어나는 사랑—나는 이 이야기를 읽을 때마다 십자가에 못 박힌 예수의 모습을 떠올리게 됩니다.

이렇게 해서 제의는 시작되었다

왜 니브히 사람들 사이에서 이런 제의가 행해지고 있는지를 알기 위해, 러시아의 젊은 인류학자 크레이노비치E. A. Krejnovich가 니브히 노인에게 질문을 던집니다(1927년 2월 3일). 노인은 다음의 신화로 대답을 대신합니다.

아주 오랜 옛날 어느 가을의 일이다. 니브히인 한 명이 사냥을 나갔다. 그는 오랫동안 걸어갔다. 그러다 갑자기 바람이 불면서 날씨가 나빠졌다. 그는 그만 길을 잃고 말았다. 가지고 있던 식량은 완전히 바닥이 났다. 실의에 빠져 있던 그의 눈에 곰의 발자국이 띄었다. 그는 발자국을 따라서 걸었다. 오로지 곰을 죽여서 잡아먹고 싶다는 생각뿐이었다. 발자국을 따라서 곰이 있는 굴에 이르렀을 무렵에는 이미 파김치가 되어 있었다. 잠깐 쉬면서 기운을 차리고 나자 그는 굴에 창을 집어넣어 곰을 찌르려고 했다. 하지만 창 끝이 곰이 있는 데까지 미치지 못했다. 난감했지만 "어떻게든 곰을 잡아야 해" 하고 생각하며 굴로 들어가서 걷기 시작했다. 얼마나 지났을까, 드디어 밝은 곳이 나왔다. 그리고 인간의 집이 눈에 들어와 그는 안으로 들어갔다.

인간들이 우리 친구[니브히]를 극진히 대접하고, 먹을 것을 베풀었다. 난감해 있던 차였기 때문에 그는 그곳에 눌러앉았다. 오랫동안 머무르다가 생각해보니, 한 채밖에 없는 집에 많은 사람들이 모여 있다는 것을 알게 되었다.

어느 날 그 집의 주인이 말했다. "오늘은 하류에 있는 마을[즉 니브히들]이 저기에 있는 [곰의 마을에 먹을 것을 주기로 되어 있다. 다른 씨족은 종종 먹을 것을 받는데, 우리는 언제쯤이나 먹을 걸 구경할 수 있을까? 우리의 친구[니브히]는 먹을 것을 주지 않는다. 그들에게는 사람이 별로 없기 때문이겠지. 여기저기의 씨족에는 사람이 많이 있어서, 그래서 먹을 것을 받을 수 있는 거지."

얼마 후 우리 친구에게는 보이지 않았던 집 안으로부터 맛있는 음식 아누스툰드가 운반되었다. 생선조림, 토르쿠샤[죽의 일종], 쌀, 담배 등 온갖 것이 나왔다. 우리 친구가 오랫동안 신세를 지고 있던 집주인은 기뻐했다. 음식은 각자의 그릇으로 옮겨졌다. 음식에 대한 지불을 한 것이다. 음식을 가져온 여자가 사라졌다. 모두 감사하는 마음으로 음식을 먹었다.

이렇게 지내는 동안에도 시간은 흘렀다. 갑자기 그들이 말했다. "오늘 우리 친척이 먹을 걸 줄 거야." 무척 기뻐했다. 음식을 담을 그릇을 준비하고 씻고, 나무통과 자작나무 껍질로 만든 통을 준비해두었다. 그리고 그들은 집 앞쪽으로 나 있는 문으로 달려가서 나무통과 자작나무 껍질로 만든 통을 그곳에 두었다. 우리 친구는 문구멍으로 (느닷없이 자신의 마을을) 봤다. 친척이 이나우(신전에 바치는 공물을 의미하는 아이누어語—옮긴이)를 바치고 있다. 모든 니브히 사람들이 이나우를 만들고, 개를 죽이고 있다. 산에 있는 사람의 혼령에게 먹을 것을 바치려 하고 있다. 우리 친구가 산에 있는 사람의 혼령에게 먹을 걸 조금 주고 있는데, 문을 통해 [날아 들어온] 여러 가지 음식이 나무통과 자작나무 껍질로 만든 통 속에 툭 하고 떨어져 통을 가득 채웠다. 들여다보니 여섯 개의 커다란 나무통이 생선조림으로 가득 차 있고, 여덟 개의 자작나무 껍질로 만든 큰 통은 토르쿠샤로 가득했으며, 아홉 개의 사발에는 쌀죽이 가득 차 있었다. [이 집의] 사람들은 기뻐하며 갖다준 음식을 마루바닥 위로 가지고 갔다. 우리 친구는 비록 마을이 보이지 않지만 그래도 작은 마을일 거라고 생각했다.

며칠 지나 봄이 왔다. 집주인들이 이렇게 말했다. "[하류 지역에 사는] 우리 친구가 [사냥을 하러] 이쪽으로 온다. 모레 도착할 거다. [너희들 중에서] 누가 친구와 함께 하류로 내려갈 거지?" 그러자 [그들 중의] 한 명이 이렇게 말했다. "내 동생은 한 번도 손님한테 내려간 적이 없다. 오래 살기는 하겠지만 늙어 죽을 때까지 살 필요는 없을 것이다. 이번에야말로 동생을 손님으로 내려보내는 게 좋겠다." 그러나 그 동생은 그 말을 [단호하게] 거절했다. "전혀 그럴 마음이 없는 건 아니지만, 이런 창 끝이 내 배 한가운데로 들어와서 [거기서] 빙글빙글 돌아가겠지. 내려가고 싶지 않아." 그러자 모든 남녀들이 그 동생에게 욕을 퍼붓고 성화를 부렸지만, 그는 아무 말 없이 앉아 있을 뿐이었다.

우리 친구는 생각에 잠겼다. 어째서 이 집의 인간들은 자기 동생에게 손님으로 내려가라고 하는 걸까? 그리고 동생은 왜 거절하는 걸까? 그때 느닷없이 [이 사람들 중에서] 형수가 시동생에게 명령하듯이 말했다. "지금 곧 친구들과 함께 내려가세요. 아, 얼마나 소심한 남자인가." 그렇게 말하며 시동생에게 욕을 퍼부었다. 아버지와 그 아내들도 겁쟁이라며 욕을 퍼부었다. 그러자 그는 마룻바닥 위로 올라가더니 눈을 감고 잠들어버렸다. 형수가 말했다. "[우리가 니브히 사람들이 있는 곳으로] 내려가서 먹을 걸 갖고 오겠어. 너는 잘도 먹어대면서 정작 스스로 손님으로 내려가려고 하지는 않는구나. 지금 내가 내려가서 먹을 걸 갖고 오면 알랑거리면서 걸신들린 듯이 먹어치울 게 뻔하면서." 여전히 시동생은 잠자코 있었다. 형수가 말했다. "내가 내 친구와 함께 손님으로 내려가기로 하지." 여자는 털가죽 한 장을 집어서 걸쳤다. 그러자 놀랍게도 순식간에 곰이 되었다. 곰은 출구 쪽으로 내려가서 구멍 위의 가장자리를 툭 치더니 다시 돌아왔다. [곰의 굴에서 밖으로는 나가지 않았다.]

우리 친구가 보니, 우리 부족의 사람들[니브히 사람들]이 창을 들고 공격할 준비를 갖추고 있었다. 그때 곰이 밖으로 나와 다른 씨족 사람[즉 사위—저자]이 곰을 찔렀다. 하지만 빗나갔다. 창이 부러졌다. 그러자 또 다른 사람이 옆에서 곰을 찔렀다. 신발의 앞부분 끝으로 [겁쟁이처럼] 걷고 있던 사람들은 잘못 찔러서 창을 부러뜨리고 말았다. 지면 위를 [씩씩하게] 뚜벅뚜벅 걷고 있던 사람들은 가장 좋은 곳을 찔렀다. 하지만 이 곰은 강했대[강하다는 걸 알았다]. 이 정도로는 좀처럼 죽지 않았다. 굴 안에서 그 곰의 남편이 말했다. "좋아, 자신의 친구[니브히 사람들]에게 상처를 입히게 될 거야." 그러자 아내는 뒤로 발랑 넘어졌다. 그리고 [니브히 사람들은] 여자를 죽였다.

우리 친구는 생각했다. "저들은 우리와 비슷한 인간이다. 지금에야 비로소 알았다 …… 이런 식으로 해서 우리와 비슷한 인간의 고기를 우리가 먹고 있다. 곰이 인간이라는 사실을 [우리는] 몰랐다. 곰도 인간인 것이다. 방금에야 그 사실을 알았다. 언젠가 마을로 돌아가면 이 사실을 빠짐없이 들려줘야겠다."

…… 손님으로 갔던 여자가 (돌아와서) 느닷없이 우리 친구에게 말했다. "물론 너는 숲에서 길을 잃어서 이곳으로 왔다고 생각할 거다. 하지만 사실은 네가 길을 잃도록 우리가 유인한 거야. 여기에 데려와서 이곳의 규율[법도]을 너에게 이해시키기 위해서지. 하지만 너는 스스로 길을 잃었다고 생각했을 테니 아마 놀랐을 거야." (E. A. Krejnovich, *Nivkhgu*)

증여 행위로서의 곰 사냥

순수한 '신화적 시공時空'이 존재한다면, 그곳은 친구 사이인 인간과 곰이 서로 보답을 바라지 않는 선물을 주고받음으로써 깊은 상호이해와 우애에 의해 맺어져 있는, 꿈과 같은 시공이 완성될 겁니다. 그러나 여기에 문제가 발생합니다. 선물에는 '물질성'이 있다는 점입니다. 순수한 이해, 순수한 우애를 서로 주고받는다면 일어나지 않을 문제가 크든 작든 물질적인 것을 선물할 때는 발생하게 마련입니다.

곰은 인간에게 호의의 표시로 털가죽과 고기를 선물하는 것이겠지만, 그것에 대해 인간이 하는 선물은 경의가 담긴 행동이나 장엄한 제의적 행동 같은 것에 불과합니다. 곰의 영혼과 육체를 분리시켜 육체는 인간세계에 선물로 두고 가고, 그 영혼은 동물의 정령이 모여 있는 '마을'로 갈 수 있도록 배려하는 것이 인간의 역할입니다. 여기에는 아무래도 불균형이 존재하게 됩니다. 게다가 인간들이 제멋대로 곰의 영혼과 육체를 분리하고 있을 뿐, 곰은 그 점에 동의한 적이 전혀 없을 겁니다.

이와 같이 신화의 논리가 요구하는 것과 현실에서 일어나고 있는 것 사이에는 항상 '어긋나는 점'이 있으며, 그 점은 종종 신화의 이야기에 영향을 미칩니다. 니브히족의 이 신화에도 그 점이 확실하게 표현되어 있습니다. 인간과 결혼한 암곰은 같은 곰들에게 인간세계로 내려가도록 권하지만, 모두 아프다거나 귀찮다거나 하며 꽁무니를 뺍니다. 그 한심한 모습을 보고 화가 난 암곰은 "그렇다면 좋다"라는 말을 내뱉듯이 남기고 당당하게 앞장서서 인간세계로 내려갔습니다.

여기에는 '신화의 이론'과 '현실의 관찰' 사이에는 어긋나는 점이 있게 마련이라는 대칭성 사회의 사람들 스스로의 인식이 나타나 있는 듯합니다. 실제 사냥에서는 기꺼이 인간세계로 '내려오는'

곰이 있을 리가 없습니다. 어떤 곰이든 필사적인 저항을 하며, 자신의 털가죽과 고기가 '선물'로 주어지는 걸 피할 겁니다. 그러나 신화의 사고는 그런 현실을 보면서도, 그것은 표면적으로 그렇게 보일 뿐으로, 인간과 곰의 지고한 우애에는 조금도 금이 가지 않았다고 믿고 싶어하는 듯합니다. 신화의 사고와 현실의 사고는 서로를 푸가 Fuga(악곡 형식의 일종으로 둔주곡이라도 함—옮긴이)처럼 뒤쫓으며, 어떤 현실이든 여러 종류의 진실의 중첩에 의해 이루어져 있다는 걸 나타내고자 합니다. 그렇기 때문에 신화적 사고에 의해 살아가는 대칭성 사회의 사람들은 종교를 믿는 사람들처럼 "부조리하기에 나는 믿는다"라는 식의 말은 절대로 하지 않습니다.

유동적 생명 차원에서의 '전체성'

그런 눈으로 다시 한 번 '곰 사냥'과 '곰의 넋 보내기' 제의의 과정을 살펴보기로 하겠습니다. 곰의 모습이 보입니다. 그것은 하나의 현실입니다. 그러나 신화적 사고는 그곳에 곰의 털가죽으로 만든 외투를 입은 곰=인간이 있는 것으로 봅니다. 단지 곰을 동물로만 본다면, 현대의 사냥꾼과 마찬가지로 사냥감으로서의 '대상'을 보는 게 됩니다. 그러나 여기에 신화적 사고를 중첩시키면, 인간의 형제일 수도 부부일 수도 있는 인간의 동료를 보게 되겠지요. 인간과 곰에게 공통적으로 존재하는 위대한 생명=영혼의 실재를 수렵민들은 파악하고 있었던 것 같습니다.

    곰을 죽입니다. 현실의 눈에는 인간이 곰을 죽이는 광경에 지나지 않습니다. 하지만 이것은 신화적 사고의 눈으로 보면, 곰이 털가죽으로 만든 외투를 벗고 순수한 영혼으로 돌아가는 중대한 전환의 순간으로 이해됩니다. 그들 앞에 남겨진 곰의 몸은 인간에 대한 소중한 선물인 셈이므로 정성스럽게 세심한 주의를 기울여 다루어야 합니다. 특히 해체를 할 때 잘못해서 뼈나 힘줄에 상처를 입혀서는 안 됩니다. 지금도 소중한 것을 받으면 그렇게 할 겁니다. 교환을 하거나 직접 구입한 것과는 달리 선물에는 상대방의 인격이 담겨 있습니다. 따라서 다른 경우보다 훨씬 더 정성스럽게 다루어야 합니다.

여기서부터는 신화적 사고가 개입될 수밖에 없습니다. 영혼은 현실밖에 보지 못하는 눈에는 보이지 않기 때문입니다. 육체로부터 분리된 곰의 영혼은 동물의 정령이 집합하는 장소로 돌아가려고 하는데, 그들을 제대로 돌려보내는 것은 인간만이 할 수 있는 일입니다. 말하자면 곰은 '횡사橫死'한 셈이므로, 그 영혼은 난폭해져 있는 상태입니다. 그들을 진정시켜서 돌려보내기 위해 인간은 진심을 담아 영혼에게 말을 겁니다. "당신의 두개골을 이렇게 예쁘게 장식해주었어요. 당신은 무척 아름다워요. 당당하게 가슴을 펴고 곰의 영혼이 사는 마을로 돌아가세요. 그리고 인간세계에 있을 때 손님으로서 얼마나 훌륭한 대접을 받았는지 다른 곰의 영혼에게 이야기해주세요. 그렇게 하면 당신 친구들이 기꺼이 다시 손님으로 와줄 테니까요."

이와 같이 곰 사냥이라는 행위 전체가 현실의 행위 레벨과 '시적인 층'과의 합주로 연주되고 있다는 걸 알 수 있을 겁니다. 현실에 일어나고 있는 것은 그저 단순한 곰 살해에 불과하지만, 대칭성 사회의 사람들은 세계의 전체성 안으로 끌어들여서 곰 살해의 의미를 이해하고자 합니다. 신화적 사고에서의 '전체성'은 현대의 에콜로지에서 말하는 '전체성'과 동일한 것이 아닙니다. 에콜로지는 인간은 인간, 곰은 곰, 그 위에서 모두 모여 서로 공생하고 있다는 의미의 '전체성'이지만, 대칭성 사회의 사람들은 인간과 곰(을 비롯한 모든 동물들)이 서로의 존재를 유동적으로 왕래할 수 있는 유동적인 생명의 레벨까지 내려가서 거기서 '전체성'을 사고하고자 하기 때문입니다.

세계는 원래 이런 '시詩'로 가득 차 있습니다. 그보다는 '시'가 만들어지듯이 이 세계가 끊임없이 만들어지고 있다는 표현이 더욱 적절할 듯합니다. 우리 인류의 마음도 '시'와 동일한 구조를 갖고 탄생했습니다. 언어의 본성은 '시'이며, 발생 초기의 교환 행위는 증여의 형태를 취하고 있었습니다. 그렇다면 태초에 존재한 것은 틀림없이 순수한 사랑이었을 겁니다.

결투의 매너

수렵이 현실적 사고와 신화적 사고의 합주로 진행되는 것이 대칭성 사회의 사냥이라고 한다면, 그 점은 동물을 사냥하고 있을 때의 행동양식에도 커다란 영향을 미치게 됩니다. 현재의 사냥꾼들은 일상생활과 단절된 곳에서 사냥행위를 하고 싶다는 생각은 하지 않습니다. 가능하면 쾌적한 문명적 환경을 유지한 상태에서 동물을 만나고, 성능이 뛰어난 무기를 사용해서 동물들을 잡았으면 하고 생각하는 사냥꾼이 대부분일 겁니다.

하지만 예전의 사냥꾼들은 일상의 연장선상에서 사냥이 가능하리라고는 생각해본 적도 없었습니다. 그들에게 있어 인간의 생활은 '문화'에 의해 이루어지지만, 사냥의 경우는 문화를 버리고 거대한 '자연' 속으로 깊숙이 들어가야 하는 위험한 일이었습니다.

숲으로 들어가는 것은 어부가 바다로 나가는 것과 마찬가지로 몸 주위에 유동하는 힘이 소용돌이치는 걸 실감할 수 있습니다. 바다를 건너서 항해하기 위해서는 좋은 해도海圖와 엄격한 자기관리가 필요합니다. 그와 마찬가지로 산이나 숲 속으로 들어간 사냥꾼은 선배로부터 직접 전수받은 현실의 행동에 도움이 되는 지식과 단어의 사용법에서 무기 사용에 이르기까지 세세하게 정해져 있는 '매너'를 지켜야 합니다. 그렇지 않으면 '자연'의 힘을 자신의 몸에 체현한 곰 같은 동물하고는 제대로 대항조차 할 수 없는 것으로 생각했습니다.

사냥꾼은 자신의 집을 떠난 순간부터 특별한 '사냥 언어'를 사용하기 시작합니다. 시베리아의 사냥꾼은 '사냥하러 가자'고 말하는 대신 '집 뒤로 가자'라는 식으로 조심스럽게 제안을 하며, 사냥하는 장소는 '상당히 먼 길을 가야 하는 할머니'라는 식의 우회적인 표현을 해야만 합니다. 그밖에도 숲은 '나뭇가지가 없는 나무들'이며, 밀가루는 '재', 냄비는 '깨진 조각', 밥공기는 '둥근 것', 총은 '흰 학', 화약은 '검은 밀가루'입니다. (E. Lot-Falck, *Les Rites de Chasse chez les Peuples Siberiens*)

수렵중에 왜 이런 우회적인 표현을 해야 하는 걸까요? 함부로 사냥을 화제로 삼았다가 동물이 그 이야기를 듣게 되면(대개 쥐가 스파이 역할을 해서 곰을 비롯한 동물에게 보고하는 것으로 여겨진다) 도망쳐버리기 때문이라는 것이 일반적인 견해인 듯합니다.

그러나 진정한 이유는 다른 데 있다고 생각합니다. 일상생활에서는 '언어'와 '사물'이 타성에 의해 밀착되어버리는 경향이 있습니다. 그렇게 되면 '자연'과는 상이한 '문화'의 원리를 체현한다고 하는 언어의 본질이 사라져버립니다. 그렇기 때문에 '문화'적 행위를 계속하면서 유동적인 힘의 영역으로 들어가고 있다는 걸 표현하기 위해서, '언어'와 '사물'이 극단적으로 분리된 상태에서 언어활동을 해 보일 필요가 있는 거겠지요. 밥공기를 그냥 '밥공기'라고 하면 '언어'는 '사물'에 부착되어버리지만 그것을 '둥근 것'이라고 하면 '언어'와 '사물' 사이에 우회도로 같은 매개 상태가 형성됩니다.

'아름다운 행동'이 요구된다

그렇기 때문에 수렵중에 사냥꾼이 취해야 하는 행동은 모든 면에서 '매개된 상태'를 형성하고자 애쓰게 됩니다. 동물을 죽였다 하더라도 조심성 없이 운반하거나 해체하거나 해서는 절대 안 됩니다. 번잡할 정도로 세세하게 정해진 절차에 따라 거의 제의를 지내듯 신중을 기해 동물을 해체해야만 합니다. 예전의 강의에 등장했던 톰슨 인디언의 아내가 된 야생 암염소는 인간 남편을 향해서 앞으로 사냥꾼이 동물을 해체할 때 지켜야 할 규칙을 다음과 같이 정해놓았습니다.

> 인간들은 야생 염소의 해체를 시작하기 전에 얼굴을 검게 칠하도록 하세요. 혀와 폐와 심장 위에는 특별히 고른 깃털을 얹으세요. 그리고 다른 부위는 집에서 불 위에 얹어서 말리세요. 그것이 종종 우리 야생 염소들의 치료법으로 사용됩니다. 뼈와 내장은 조심스럽게 모아서 물 속에 가라앉히세요 …… 야생 염소의 머리를 조

리할 때는 얼굴 부분을 빨갛게 칠하고 깃털을 덮어 코를 불 쪽으로 향하도록 놓으세요 …… 머리 부분을 구울 때는 인간은 철저하게 침묵을 지켜야 합니다. (C. Lévi-Strauss, *Histoire de Lynx*, 1991)

동물에 대한 이런 세심한 배려는 특히 동물을 죽이는 장면에서 클라이맥스를 맞습니다. 이때 인간에게는 최고의 경의와 성실함을 갖춘 태도가 요구됩니다. 동물과 인간은 완전히 대등한 존재가 되어, 인간끼리의 결투에서와 똑같은 '아름다운 행동'이 요구되었던 겁니다.

공격을 할 때 어떤 '속임수'도 써서는 안 됩니다. 그럴 경우 사냥꾼은 생각지도 않았던 동물을 만난 척해야 합니다.

가장 바람직한 것은 우연히, 그야말로 예기치 않게 상대방을 만난 척하는 것이다. 상대방과 대면했을 때, 사냥꾼은 생각지도 않은 일을 당해 무척 놀란 척을 한다. 자신의 발자국 소리를 들었다면 너는 전혀 다른 방향으로 갔을 텐데, 나는 '아저씨'나 '할아버지'를 공격할 생각은 꿈에도 하지 않았는데 하는 식으로……. 혹은 동물 쪽에서 자진해서 인간 앞으로 다가와서 치명적인 일격을 받기를 원한다는 식으로 생각하기도 했다. (E. Lot-Falck, 앞의 책)

굴 속에 있는 곰을 공격할 경우, 잠들어 있는 곰을 죽이는 것도 엄격하게 금지되어 있었습니다. 우선 곰을 깨우고 난 후에 공격해야 합니다. 동물을 공격하기 전에 사냥꾼이 끊임없이 변명하는 광경도 종종 볼 수 있었습니다. 동물이 지금 자신에게 가해지고 있는 공격을 납득해주어서 서로의 '양해' 하에 죽는 것이 바람직했기 때문입니다. 어디까지나 대등하게 대결해 납득이 이루어진 상태에서 동물이 운명을 받아들일 수 있도록 계속 설득하는 겁니다. 이 얼마나 세심한 배려가 느껴지고 비겁한 점이라고는 전혀 없는 결투 매너인가요?

그런 세심한 배려는 특히 무기의 사용에서 분명하게 나타납니다. 특히 곰 같은 동물에게 맞설 때는 떳떳하지 못한 무기를 사용해서는 안 됩니다. 신식 무기에 대해서는 어느 것에나 의혹의 눈길을 보냈습니다. 근대에 들어선 이후에도 유독 곰에 대해서는 총의 사용을 금지하는 사냥꾼들이 많았습니다. 전통적인 활이나 화살의 사용을 권했으며, 때로는 쇠로 만든 화살촉마저 금지해 신석기 시대처럼 돌로 된 화살촉을 사용해야 한다고 하는 사람도 있었습니다. 그런 무기에는 '마음'이 있기 때문에, 사냥꾼과의 사이에 매우 강력한 공감에 의한 유대관계가 형성됩니다. 무기가 생명이 있는 물체와 같다면, 동물들도 그것을 납득하고 받아들여줄 거라고 생각한 것이겠지요.

여하튼 옛날에는 사냥이 위엄을 갖춘 일종의 결투였던 셈입니다. 왜냐하면 언어의 원초적인 형태가 시였으며 교환의 시작이 증여였던 것과 마찬가지로, 순수한 상태에서는 모든 싸움이 결투에 의해 정화되어가기 때문입니다.

Nakazawa Shinichi
Cahier Sauvage Series

IV

해안의 결투

Nakazawa Shinichi
Cahier Sauvage Series

인간과 동물의 새로운 관계

여기서 잠시 눈을 육지에서 바다로 옮겨보기로 합시다. 북방의 해역에서 바다의 수렵민들이 가장 두려워했던 동물은 고래가 아니라 사실은 범고래(오르카Orca)였습니다. 범고래는 날카로운 칼날 같은 모양의 지느러미로 해면을 가르듯이 헤엄쳐서 먹잇감에 접근합니다. 체격이 큰 고래조차도 그 모습을 보면 너무 두려워서 허둥대며 도망친다고 합니다. 아무르 강 하구 근처나 강 건너편의 사할린 섬에 사는 우리치족이나 니브히족은, 범고래에 의해 해안으로 쫓겨나 모래사장으로 도망쳐 올라온 고래를 신이 내려주신 선물로 여겼다고 합니다.

범고래의 생태를 둘러싸고 흥미로운 신화가 많이 전해집니다. 신화는 인간과 동물 사이의 관계에 대해 이제까지 이야기한 적이 없는 새로운 문제를 거론하고 있습니다. 새로운 문제란 기술의 발달에 의해 인간과 동물 사이에 오랫동안 유지되어왔던 대칭적 관계가 붕괴됨으로 해서 발생하는 위험과 관련이 있습니다. 신화적 사고는 여기서 새로운 현실에 접촉하기 시작하고 있습니다. 그리고 이제까지와는 다른 대응을 강요당하고 있습니다.

범고래 여자

우리치 사람들이 전하는 다음의 신화는 범고래와 인간의 결혼에 대한 이야기입니다. 이 신화에 나오는 범고래와의 결혼은 여느 신화

바다에서 가장 무서운 동물 범고래 (사진 제공 PPS)

속의 곰이나 야생 염소와의 결혼의 경우와는 상당히 그 의미가 다릅니다.

옛날 어느 해안에 두 형제가 살고 있었다. 서로 사이가 나빠, 형은 동생을 싫어했다. 어느 날 형은 동생에게 섬으로 사라나초草를 캐러 가자고 제안을 했다. 그러나 형은 그 무인도에 동생을 버려두고 혼자서 돌아와버렸다. 동생은 홀로 남아 통곡을 했다. 밤이 되어 그는 꿈을 꾸었다. 누군가가 옆에 있는 집으로 그를 불러들였다. 잠에서 깬 그는 꿈속의 목소리가 들려온 방향으로 걷기 시작했다. 그 집에 도착해서 들어가보니 한 여자가 있었다. 그는 여자의 위로를 받았다. 두 사람은 부부처럼 지내기 시작했다.

아내는 매일 밤 어디론가 외출을 했다. 놀러 가는 것일 뿐이니까 그 동안 집 밖으로 나가서는 안 된다고 그에게 일러두었다. 돌아올 때는 아내의 손에 새로운 물고기가 들려 있었다.

남편은 아내에게 어떤 놀이를 하러 가느냐고 물었다. 아내는 단지 '어부놀이'를 하는 것뿐이며, 그들이 잡은 고기를 갖고 온다고 했다. 혹시라도 남편이 그 놀이를 보게 되면 그들의 일을 망치게 되니까 절대로 와서는 안 된다고 하는 것이었다.

참다 못한 남편은 어느 날 밤 아내의 뒤를 밟아 해안으로 간다. 해안에는 많은 젊은이들이 검(로호)을 갖고 장난을 치며 짐승을 죽이고 있었다. 그 무리에 아내도 있었다. 남편이 보고 있는 걸 눈치채자 모두 물 속으로 몸을 감추어 범고래가 되었다.

잠시 후에 아내가 말했다. '물의 사람'들이 화가 나 있다는 것이었다. 그리고 자신들이 하고 있는 짐승 살해를 그가 망쳤으며, 그렇게 해서 그 사람들을 적으로 만들고 말았다는 것이었다.

'근해近海의 사람들'이라고 불리는 범고래 인간들이 남편의 행동에 화가 나서 재판에 불러내려 하고 있다는 걸 아내가 남편에게 알렸다. 어쩌면 '근해의 사람들'이 당신을 죽일지도 모른다고 아내가 말하자, 남편은 울음을 터뜨리며 도와달라고 애원했다. 아내는 이렇게 지시했다. "섬의 후미진 곳으로 가면 그곳에 바다 속에서 솟아오른 듯한 돌탑이 있을 거예요. 거기에 머리를 집어넣어 우리 아버지가 있는 곳으로 내려가도록 하세요. 아버지는 '원해遠海의 사람들'의 수장이니까 뭔가 좋은 방법을 가르쳐줄 거예요."

남편이 장인의 집에 도착해 사정을 이야기하자, 장인은 그에게 책 한 권을 주며 이렇게 말했다. "그놈들은 인정을 베풀 줄도 용서할 줄도 모르니까 틀림없이 자네를 죽이려고 할 거네. 그때는 이『신의 책(에렌테)』을 그들에게 보이면서 목숨을 부지하고 싶다고 말하게. 모두 모인 곳에서 이것을 건네주고, 자네는 곧바로 도망쳐야 하네."

'근해의 사람들'의 재판은 예상대로 엄격했다. 최후의 진술을 할 기회를 얻은 남편은 장인이 가르쳐준 대로 애원하며 자신의 목숨을 대신해서 『신의 책』을 건네주고 재빨리 밖으로 나갔다. 그들이 책을 펴자 불이 타오르기 시작해, '근해의 사람들' 전원이 죽고 말았다. (Zolotalef, 1939년. 오기와라 신코荻原眞子, 『북방 제민족의 세계관北方諸民族の世界観』, 소후칸草風館, 1996년)

우선 이 신화가 '새집 뒤지기' 신화군의 한 변형이라는 것은 금세 눈치 채셨을 겁니다(『신화, 인류 최고의 철학』 및 「보론」 참조). '새집 뒤지기' 신화에서는 주인공은 그를 싫어하는 아버지나 장인, 형제들에 의해 절벽의 중턱, 혹은 높은 나무에 있는 곰의 굴이나 새집으로 보내집니다. 주인공은 수직방향으로 오르락내리락하며 목적지에 이르게 되는데, 거기서 사다리를 놓치거나 나무가 느닷없이 쑥 자라거나 해서 혼자 남겨지곤 했습니다.

이 신화에서는 주인공의 이동방향이 수직에서 수평으로 바뀌어 있습니다. 섬에 사라나초를 캐러 간 그는 형에 의해 무인도에 버려지게 되고, 거기서 범고래 여자를 만나 결혼합니다. 여기서도 주인공은 인간과는 다른 동물사회의 생태를 생생하게 체험합니다. 그러나 인간사회로 나갔다가 큰 부상을 입고 돌아오거나, 인간한테 받은 많은 선물을 짊어지고 돌아오는 곰의 경우와는 달리, 범고래들은 짐승의 살육을 마치 놀이를 하듯 즐기고 있는 사람들이라는 걸 알 수가 있습니다.

투우와 수렵

범고래는 '로호'라고 불리는 예리한 검을 들고, 짐승의 살육에 취해 있는 듯합니다. 범고래의 날카롭고 뾰족한 지느러미는 종종 검에 비유되곤 합니다. 그 날카로운 이빨도 다른 동물들에게 공포의 대상이 되어왔습니다. 범고래는 한마디로 바다 속을 헤엄쳐다니는 검인 셈입니다. 범고래가 그 검을 휘두르기만 해도 동물들은 쓰러져갑니다. 범고래들은 그 모습을 마치 장난하듯이 즐기는 겁니다.

　그러나 범고래들은 자신들의 행위를 인간에게 보이기 싫어합니다. 인간이 보게 되면 자신들의 일을 망치게 된다는 겁니다. 이런 경계심은 예리한 칼에 의한 수렵이 지난 시간에 이야기한 '수렵의 윤리'에 저촉된다는 것을 범고래들이 의식하고 있음으로 해서 비롯된 것입니다. 카무이(아이누 말로 신을 의미─옮긴이)로서의 곰으로 상징되는 무서운 '자연'의 힘의 세계에 발을 들여놓은 사냥꾼은 행동이나 언어 사용에 세심한 주의를 기울이며, 이 '자연'의 힘과 대항하고자 합니다. 그리고 곰과 마주치더라도 활이나 총 같은 무기나 너무 예리한 흉기를 사용하지 않습니다. 가능하면 원시적인 도구로 곰을 죽이려고 함으로써 위대한 동물에 대한 경의를 표합니다. 하지만 범고래들의 수렵은 그런 '자연에 대한 배려'를 명백하게 일탈하고 있습니다.

　스페인 등에서 행해지는 투우와 범고래가 즐기는 이 해변의 놀이를 비교해봅시다. 투우사는 육체의 힘으로는 자신과 비교도 안 될 만큼 강력한 소에게 거의 맨손으로 대항합니다. 일부러 소를 흥분시켜 공격해오도록 유도합니다. 흥분한 소는 엄청난 기세로 투우사를 향해 덤벼드는데, 투우사는 그때마다 일종의 의식에 가까운 우아한 동작으로 그 공격을 피합니다. 고도로 양식화된 행동과 미친 듯이 울부짖는 '자연'의 움직임이 절묘한 거리를 두고 서로 접근하면서 격돌을 피해 춤을 추고 있는 셈입니다.

투우사는 '죽음'의 문턱에 몇 번씩 접근하는 거라고 할 수도 있을 겁니다. 뛰어난 초현실주의 시인이자 인류학자인 미셸 레리스 Michel Leiris는 그 점에 대해 다음과 같이 표현하고 있습니다.

> 연속되는 파세(투우사가 소를 이리저리 움직이게 하는 행위—옮긴이)에 있어서의—일종의 친밀한 춤으로 맺어진—인간과 동물의 근친관계, 왕복운동의 리듬(성교를 할 때의 움직임처럼 교대로 이루어지는 접근과 이탈의 연속). 일종의 삽입이라고 해야 할 최후의 일격(정해져 있는 표현에 의하면 검은 '손가락이 젖을 때까지' 상처에 꽂혀 있는 것이 바람직하다)에 의한 이 사랑의 퍼레이드의 종막終幕.
> 충족을 향한 그 긴장의 고조(소를 향한 접근) 이후 절정에 달하고(소는 꼼짝도 안 하고 있는 인간의 배를 뿔로 문지르며 붉은 천 속으로 빨려 들어간다), 마지막으로 두 연기자의 분리, 친밀한 접촉 후의 헤어짐, 위축, 분열이 이루어진다. (Michel Leiris, *Miroir de la Tauromachie*)

투우사의 행동은 구석기 시대 이후의 사냥꾼과 비슷한 사상을 따르고 있다고 해도 좋을 겁니다. 어떤 경우든 자신을 압도할지도 모를 '자연'으로부터 온 상대방의 깊숙한 곳까지 뛰어들어갑니다. 그 위험하기 짝이 없는 장소에서 억제와 배려에 의해 양식화된 행동을 함으로써, 요컨대 대칭적인 관계하에 우아함을 갖춘 한 판의 싸움을 벌이려고 하고 있습니다. 투우가 구석기의 동굴유적이 많이 남아 있는 이베리아 반도에서 발달한 데에는 깊은 의미가 숨어 있을지도 모릅니다. 왜냐하면 투우를 구성하고 있는 행동원리의 구석구석까지 수렵문화의 윤리나 감정의 형태가 아직도 남아 침투되어 있기 때문입니다.

이런 대칭성에 대한 배려만이 수렵이나 투우라는 행위를 윤리적으로 정당화시켜줄 겁니다. 그렇지 않으면 아무리 이유를 둘러댄다 해도 다른 생명을 빼앗는다는 행위에 따르게 마련인 심리적인 중압감으로부터 인간은 자유로울 수 없겠지요. 전쟁행위를 하는 전사들에게도 마찬가지일 겁니다. 옛날의 기사도나 무사도를 봐도 알 수 있듯이, 전사들은 피투성이의 전장에서도 자신을 지키는 데 온 신경을 곤두세우고 있었습니다. 그들 역시 '자연'의 힘 속으로 들어가 다른 생명과 싸우는 것을 자신의 직업으로 삼은 사람들로서, 사냥꾼과 동일한 행동원리를 따랐습니다. 그들 역시 '대칭성의 전사'들이었다고 할 수 있겠지요.

장난삼아 사냥을 해서는 안 된다

그런데 바다의 동물 범고래가 너무 예리한 무기를 손에 넣었기 때문에, 세계의 균형 있는 운행에 필요한 대칭성이 파괴될 위험을 피할 도리가 없게 되었습니다. 이에 대해 이 신화는 경고하고 있습니다.

어떤 동물보다도 강력한 존재가 되어버린(고래조차 두려워하니 말입니다) 범고래는 해변으로 나와서 마치 춤을 추듯이 다른 짐승을 죽일 수가 있었습니다. 그것이 위험한 행동이기도 하다는 것을 범고래는 잘 알고 있었습니다. 그래서 인간의 눈에 띄지 않도록 은밀히 감추려고 했던 겁니다.

 그들은 '근해의 사람들'이라고 불리며 '원해의 사람들'과 구별되어 있습니다. 범고래 아내의 아버지는 '원해의 사람들'의 수장으로서, 해변에 나와서 살육놀이를 하는 사람들과 구별되어 있으므로, 이 점에서 보면 범고래는 바다에 사는 '인간'들 중에서도 젊은 세대에 속하는 듯합니다. 아내의 아버지는 남편이 살아남기 위해서는 『신의 책(에렌테)』을 사용할 수밖에 없다고 가르쳐줍니다. 이 책은 러시아인 선교사가 이 부근으로 갖고 들어온 성서를 의미하는 듯합니다. 남편이 자신의 목숨의 대가로 이 성서를 범고래에게 주면, 성서를 펴는 순간 불이 타오르기 시작해 '근해의 사람들' 전부를 태워서 몰살시킨 것으로 되어 있습니다.

 여기에는 신화적 사고가 직면한 위기가 이중의 의미로 나타나 있습니다. 우선 이 신화의 배후에는 신기할 정도로 잘 드는 칼이 이 세계에 주어짐으로써 인간과 동물 사이에 형성되어온 대칭성이 무너지기 시작한 역사적 사실이 범고래의 모습을 통해 표현되어 있습니다. 여기에 언급되어 있는 예리한 칼은 아무래도 일본도日本刀를 의미하는 듯합니다. 중세 이후 일본과 아무르 강 유역이나 사할린 섬 사이의 교역은 더욱 활발해졌습니다. 때마침 이 지역에도 동란의 시대로 접어든 일본열도로부터 잘 만들어진 칼이나 갑옷과 같은 무기가 대량으로 흘러들어 왔습니다.

추크치족이 일본제 갑옷을 흉내내서 만든 무구武具 (W. Bogoras, *The Chukchee*, 1909)

외부로부터 들어온 발달된 무기는 사냥꾼들의 세계에도 커다란 변화를 일으킨 듯합니다. 신석기 시대 이후의 수렵세계의 윤리에서는 곰 같은 중요한 동물을 지나치게 기술적으로 발달된 예리한 무기로 공격하는 것은 엄격하게 금지하고 있었습니다. 그래야만 인간과 동물 사이에 신중하고 세심한 배려에 의해 유지되어오던 대칭성의 파괴를 막을 수 있기 때문입니다.

일단 대칭성이 무너져버리면, 인간은 '자연'으로부터 일방적으로 빼앗기만 하는 착취자가 되고 맙니다. 그렇게 되면 동물들도 인간에게 더 이상 이제까지와 같은 정감 어린 시선을 보내지 않을 겁니다. 인간으로부터는 빼앗기기만 할 뿐 보상은 받을 수 없게 된 '자연'은 더 이상 가슴을 열고 인간을 맞이해주지 않게 되겠지요. 결국 인간은 이 세계에서 가장 강한 대신에 가장 고독한 임금님이 되고 말 겁니다. 대칭성의 사회를 살아가던 사람들은 고독으로 인해 괴로워할 바에야 자신이 갖고 있는 강력한 무기를 동물들 앞에서는 버려도 괜찮다고 생각할 정도로 우아했습니다.

그러나 결정적인 상황은 이미 벌어지고 말았습니다. 발달된 기술에 의해 전승의 윤리를 짓밟더라도 이 세계에 압도적인 비대칭관계를 도입하고야 말겠다는 사람들('근해의 사람들'은 실제로 그렇게 하려고 했습니다)이 출현했습니다. 도대체 신화적 사고는 이런 사태에 어떻게 대처를 해야 한다고 하는 걸까요?

우리치 사람들은 여기서 성서의 힘에 호소하고 있습니다. 신화적 사고는 만 몇천 년 동안의 오랜 기간에 걸쳐 이 세계에 미묘한 대칭성의 관계를 유지하기 위한 사상적인 무기로서의 역할을 계속해왔지만, 유감스럽게도 그것은 너무 따뜻한 마음을 가진 무기였습니다. 신화적 사고는 도리에 어긋나는 행동을 제지할 힘이 없다는 것을 깨달았던 겁니다. 성서라는 책에 무슨 내용이 적혀 있는가 하는 것은 이 경우 조금도 중요하지 않습니다. 오로지 그 책이 총이나 러시아제국의 권력이나 다른 기술문명 등과 더불어 외부 세계로부터 들어왔다는 점만이 의미를 가질 뿐입니다.

기술이 초래한 파괴력에는 성서로 대항할 수밖에 없다, 성서에는 정의의 신의 불이 악을 태워 죽인다는 내용이 나와 있다고 한다, 그렇다면 대칭성을 파괴하는 기술이 초래한 악을 파멸시키기 위해서는 그 성서를 범고래들 앞에서 펴 보이는 게 좋겠다, 악은 겁화劫火 속에서 완전히 타버릴 것이다. 바로 이것이 신화적 사고가 도달한 하나의 결론이었습니다. 여기에는 신화적 사고와 그것에 의해 유지되던 대칭성의 사회가 직면한 위기가 긴박감 있게 표현되어 있습니다.

저주받은 아이

대칭성의 사회에 위험을 초래한 것은 잘 드는 예리한 검이었습니다. 쇠로 만든 검은 이 신화에서 고도의 기술을 상징하고 있습니다. 그러면 신화적 사고는 이 고도의 기술의 본질에 대해 어떻게 생각했던 걸까요? 신화가 생각해낸 '기술철학'은 신화적 사고가 자신있어하는 '에티올로지(만물의 기원에 대한 설명)'에 의해 다음과 같이 설명되어 있습니다. 이것도 우리치족의 신화인데, 먼저 여기서는 이해를 돕기 위해 신화의 전반부만을 소개하겠습니다.

> 마을에 한 남자가 있었다. 어느 날 그는 사냥을 하러 갔다. 큰사슴을 잡고 싶었다. 해안을 걷고 있는데 해변에 살아 있는 물고기가 보였다. 가자미였다. 그는 그 가자미와 충분히 관계를 가진 다음에 바다로 던져서 돌려보냈다. 다음날도 한 번 더 왔다. 가자미는 같은 곳에 있었다. 또다시 관계를 가진 다음 돌려보냈다.
> 오랜 세월이 흐른 뒤에 그는 꿈을 꾸었다. 꿈에 그 가자미가 나타나 이렇게 말했다. "나는 당신이 있는 곳으로 갈 수 없지만, 당신의 아기는 당신에게 보낼게요. 내일 와주세요. 아기가 있을 거예요." 다음날 아침 일찍 일어나서 전에 물고기와 만났던 장소로 갔다. 정말 그곳에 남자아이가 있었다. 그는 아이를 데리고 자신의

집으로 돌아가서 키웠다.

그 남자아이는 성장을 했다. 그 사이 아버지는 죽었고, 소년은 혼자가 되었다. 스스로 사냥을 하러 가게 되었다. 어느 날 해안에 많은 사람들이 모여 놀고 있는 모습이 보였다. 사람들은 담배 한 개비를 돌려가며 피우고 있었다. 그는 숲에 숨어서 낚시바늘을 만든 다음 그 근처로 몰래 다가갔다.

살며시 살펴보니 해안에서는 범고래들이 놀고 있었다. 그는 사람들 쪽으로 다가갔다. 그러자 사람들이 모두 물 속으로 사라져버렸다. 범고래 한 마리만이 곧바로 가버리지 않고 돌아와서 세 번 뒤돌아보고 나서야 마침내 사라졌다. 그는 범고래들이 놀고 있던 장소로 가보았다. 거기서 로호(검)를 발견했다. 그는 그것을 갖고 집으로 돌아왔다. 그는 사냥하러 갈 때 그 검을 들고 나가 곰을 죽이고, 곰의 얼굴에 상처를 냈으며, 코를 잘랐다. (Shternberg, 오기와라 신코, 『북방 제민족의 세계관』)

우리는 이 신화에서 범고래를 만나서 검을 손에 넣은 자가 인간과 가자미 사이에서 태어난 아이라는 점에 주목할 필요가 있습니다. 근처에 사는 니브히족의 신화에서는 주인공 남자가 물고기를 잡으러 나갔다가 해안에서 '물의 어머니'인 물고기를 발견하고, 그 물고기와 관계를 가져 아이를 얻습니다. 이 아이는 어디선가 손에 넣은 '일본도'로 곰을 무자비하게 살상합니다.

최초의 인간이 루이 마을에서 태어났다. 어느 날 그는 물고기를 잡으러 나갔다가 Tamk-o(물의 어머니인 물고기)를 잡았다. 그는 그것과 관계를 가진 후에 산 채로 바다에 풀어주었다. 다음날 또다시 물의 어머니인 물고기를 잡아서 관계를 가진 후 바다에 풀어 주었다. 남자는 몇 번이나 그렇게 했지만, 그 사실을 아무에게도 말하지 않았다. 여름이 되자 물의 어머니인 물고기는 남자아이를 낳아……(Shternberg, 앞의 책)

이런 이유 때문에 물고기와의 사이에 태어난 아이들은 인간과 곰 사이에 태어난 아이와는 어딘가 다른 듯합니다. 곰은 털가죽을 벗으면 인간이 된다고 생각할 정도로 양자 사이에는 많은 공통점이 있으며, 상호간에 인간적인 애정도 싹틉니다. 그 결합에 의해 태어난 아이는 인간과 곰이 만드는 세계 속에서 자연스럽게 자신이 머물 장소를 발견할 수가 있습니다.

기술력에 대한 차단장치

하지만 인간과 물고기 사이에 태어난 아이는 어디서도 자신이 안주할 장소를 발견할 수가 없습니다. 그 행동이 어딘지 모르게 무자비하고, 동물에 대한 동정심 같은 건 털끝만큼도 없는 듯합니다. 니브히족의 신화에서는 그 점에 대해 이렇게 표현하고 있습니다. "그는 물고기를 무척 많이 잡았다. 가을에 덫을 놓으면 50마리의 담비도 잡을 수 있었다. 산으로 곰을 찾으러 가서 곰 세 마리를 잡기도 했다. 1년이 지나자 아이는 완전히 어른이 되어 항상 일본도를 갖고 다녔다…… 칼 하나만으로 30마리의 곰을 죽였다. 오직 칼 한 자루만 사용할 뿐, 활도 창도 절대로 갖고 다니지 않았다."

이 아이의 성격을 이루고 있는 비정상적이고 무자비한 면은 그의 아버지와 어머니가 관계를 가질 때 이미 결정된 것이 아닐까요? 해안에서 물고기를 발견한 아버지가 물고기의 몸을 한 어머니와 강제로 관계를 가진 결과인 것입니다. 물고기는 물고기 껍질을 벗긴다 해도 인간이 되지 않습니다. 인간과 물고기 사이에는 높은 벽이 있어 서로 자유로운 변신을 막고 있는 듯합니다. 그렇기 때문에 인간과 가자미가 '충분히 관계를 가진' 결과 태어난 아이는 인간세계나 물고기세계, 그리고 양자를 결합시킨 세계 그 어디에도 안주할 장소를 찾을 수가 없습니다. 그는 '저주받은 부분'이 따라다닐 수밖에 없는 운명을 타고난 것입니다.

이런 이유에서 신화적 사고는 이 아이와 범고래와 칼을 연결시키고자 합니다. 범고래도 일본도도 너무 강해서 환경세계의 균형을 깨뜨릴 위험을 은밀히 숨기고 있습니다. 물론 범고래는 그렇게 보일 뿐, 실제로는 자연계의 일원으로서의 지위를 일탈하는 일은 없습니다. 범고래는 자신이 아무리 강력해도 전체의 균형을 깨뜨리지 않는 자연의 지혜를 갖추고 있기 때문입니다.

하지만 칼을 사용하는 것은 인간입니다. 인간이 그 엄청난 위력을 마음대로 발휘하면, 지나치게 강력한 기술력을 자랑하는 칼은 동물들을 부르르 떨게 만들 정도의 파괴력을 휘두르게 될 겁니다. 오랫동안 인간은 비록 그런 기술력이 주어졌다 해도 자연을 상대로 그 힘을 마음대로 휘두르거나 하는 걸 스스로에게 금해왔습니다. 특히 신성한 동물이며, 인간의 선조이기도 한 것으로 알려져 있는 자연계 최고의 친구인 곰을 향해 그런 폭력을 휘두르는 것은 결코 용납될 수 없는 일이었습니다.

대칭성 사회에서는 지혜의 힘이 동물이나 식물을 향해 무자비하게 기술력을 휘두르는 것을 저지해왔습니다. 그리고 신화가 그 지혜의 전달자 역할을 했습니다. 하지만 이제는 이 세계에 기술력에 대한 신화의 차단장치가 풀려버렸다는 것을 인정해야만 하는 상황에 처해 있습니다. 누가 이 차단장치를 처음으로 푼 걸까요? 인간이 해안으로 올라가서 쉬고 있던 '물의 어머니'인 물고기를 강제로 범해서 태어난 비정상적인 아이가 최초로 신화의 차단장치를 풀었습니다. 일본도의 위력은 엄청나, 곰들은 계속 쓰러져 갔습니다.

곰들은 그런 어처구니없는 사태에 어떻게 대처한 걸까요? 신화의 후반부에서 그 답을 찾아보기로 하겠습니다.

해안의 결투

우리치 사람들의 신화는 이렇게 이어집니다.

어느 가을의 일이다. (인간과 가자미 사이에 태어난 아이인) 남자는 땔감을 찾으러 갔다가 길을 잃었다. 아무리 걸어도 어디가 어딘지 도저히 갈피를 잡을 수가 없었다. 한참을 헤매도 어디로 가야 할지 알 수가 없어졌다. 그러던 중 곰의 굴을 발견했다. "길을 찾을 수가 없으니 이제 죽을 수밖에 없겠군" 하고 생각했다. 굴 안을 들여다보니 곰이 자고 있었다. 곰이 "자, 들어와서 나와 함께 누워라" 하고 말했다. 날은 점점 어두워져갔다. 곰과 함께 자는 건 내키지 않았지만 들어가서 곰 옆에 누웠다. 금세 잠이 들었다. 그러자 갑자기 굴이 인간의 집으로 변했다. 사람들이 그 집으로 모여들었다. 나무바닥은 사람들로 가득 찼다. 하나같이 얼굴에 상처투성이의 칼자국이 나 있었다. 잠이 깼을 때는 곰과 둘이서만 누워 있었다. 한 번 더 잠이 들자, 꿈속에서 많은 사람들이 모여 앉아서 담배를 서로 돌려가며 피우고 있었다.

봄이 되었다. 그러자 노인(곰)이 말했다. "집으로 돌아가고 싶으냐? 마을로 돌아가면 곧바로 마을 근처에 고래가 나타날 것이다. 그리 가거라. 우리가 한 남자를 보내겠다. 너는 검을 집에 두고 증인 두 명을 데리고 가라. 어째서 너는 얼굴에 상처를 내거나 하는 그런 짓을 한 거냐?"

남자는 잠이 깨서 곰의 굴 밖으로 나왔다. 그리고 곰도 나와서 함께 걷기 시작했다. 곰은 마을까지 같이 왔다가 숲으로 돌아갔다. 사람들은 "아니, 어디 갔었던 거냐? 다들 네가 죽은 걸로 생각했다"라고 말했다. "나갔다가 길을 잃어서 곰의 굴에 들어갔다가 곰과 나란히 누워 잠을 잤다"라며 그 동안 있었던 일을 전부 이야기했다.

다음날 아침 두 남자에게 부탁해서 해안으로 갔다. 죽은 고래를 작은 곰이 먹고 있었다. 인간들을 보더니 작은 곰은 숲으로 도망쳤다. 그러자 큰곰이 나타났다. 남자는 그 곰과 맞붙어 싸우면서 주먹으로 얼굴을 때렸다. 곰은 숲 쪽으로 달아났지만, 숲의 한구석에서 죽고 말았다. 그리고 남자도 죽었다. 둘 다 죽었다. 두 명의 증인은 마을로 돌아가 모든 걸 이야기했다. (Zolotalef, 1939년. 오기와라 신코, 앞의 책)

이 이야기에는 몇 종류의 이본이 있는데 대개 비슷한 내용으로 이루어져 있습니다. 곰의 굴에 들어간 주인공이 곰과 함께 겨울 한철을 함께 보내면서 결혼이 이루어지거나 우애가 돈독해지거나 하는 내용의 다른 수많은 신화들과 비교해볼 때, 이 신화의 내용은 참으로 특이한 편입니다. 곰들은 안면에 심한 상처를 입은 상태입니다. 얼굴에 칼이나 손도끼로 상처를 내는 것은 곰에 대한 최대의 모욕을 나타내는 행위여서, 대부분의 수렵사회에서는 엄격하게 금지되어 있었습니다. 얼굴에 상처를 입고 살해된 곰은 영혼의 세계로 제대로 돌아갈 수 없다고 믿어졌기 때문입니다.

하지만 예리한 일본도를 손에 넣은 '가자미와의 사이에 태어난 남자'는 그런 코드를 짓밟고 계속 곰을 쓰러뜨렸습니다. 남자는 상처를 입은 곰들에게 둘러싸여서 잠을 잔 셈인데, 곰들은 그런 남자도 적대시하기는커녕 정정당당하게 결투를 신청하고, 아무런 해도 입히지 않은 채 그를 마을로 돌려보냅니다.

이 얼마나 신사적인 행위인가요? 곰들은 복수를 하지 않습니다. 복수를 하게 되면, '가자미와의 사이에 태어난 남자'와 일본도에 의해 야기된 비대칭의 구조를 곰 쪽에서도 인정한 셈이 되고 말기 때문이겠지요. 곰들이 진심으로 바라는 것은 전체의 상황에 또다시 대칭성이 회복되는 것뿐입니다.

사냥꾼이 곰에게 경의를 표하며 칼이나 활 같은 무기를 사용하지 않고 정정당당하게 맞섰다면, 곰들도 먹이사슬의 이치에 따라 고기나 털가죽을 인간에게 기꺼이 내주는 걸 허용했을 겁니다. 곰들은 그런 대칭성이 회복되기를 바라고 있는 겁니다. 곰은 인간에게 명령을 합니다. 집에 칼을 두고 결투장소로 오라는 겁니다. 인간이 먼저 곰을 모욕했으므로 이것은 지당한 제안이라고 할 수 있습니다.

비극의 결말

결투는 봄에 모래밭에서 벌어지게 되어 있었습니다. 그날 해안에는 고래가 파도에 밀려 올라와 있었습니다. 그 모래밭에서 인간과 곰이 대결을 했던 겁니다.

모래밭에 표착한 고래에는 깊은 의미가 숨어 있습니다. 지나치게 강력한 무기인 일본도를 손에 넣은 인간은 결정적으로 곰을 비롯한 동물들의 세계와의 대칭적인 관계를 무너뜨렸습니다. 인간과 동물 사이에는 공감과 우애로 가득 찬 모든 커뮤니케이션이 완전히 단절되었습니다. 동물들은 영혼의 세계로 돌아가서도 얼굴에 생긴 아픈 상처 때문에 고통스러워하며, 두 번 다시 인간들에게 가까이 접근하고 싶지 않다고 생각할 겁니다. 그때까지는 멋진 사냥 매너에 의해 인간에게 살해된 곰들은 자신의 집으로 돌아가서도 즐거운 대접을 받았던 체험을 모두에게 들려주었습니다. 그리고 인간사회에 고기와 털가죽을 선물하러 다녀오자는 의견도 내놓았습니다. 그런 커뮤니케이션이 단절되어버린 셈입니다.

비대칭의 관계는 자발적인 커뮤니케이션의 흐름을 방해하거나 끊어버립니다. 대칭성의 관계가 존재하는 곳에는 강제나 의무에 의해서가 아니라 자기가 가진 좋은 것을 상대방에게 서로 주고 싶어하는, 대범하고 자유로운 커뮤니케이션을 바라는 마음이 생기게 마련입니다. 하지만 일단 비대칭성의 폭력이 도입되어 대칭성의 관계가 무너져버리면, 신기하게도 그런 너그러운 마음은 순식간에 흔적도 없이 사라져버립니다. 상대방이 소유하고 있는 것을 갖고 싶을 때는, 상대방에게 강요하거나 의무를 부과해서 또는 억지로 빼앗아야만

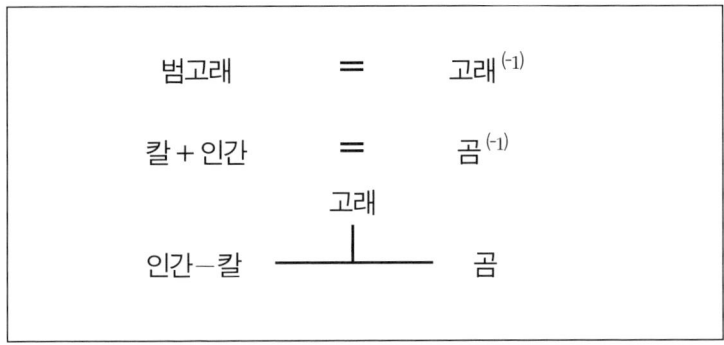

범고래와 고래와 인간의 관계 [(-1)은 적대자를 나타낸다]

합니다.

　고도의 기술을 도입한 인간이 잘난 척하며 동물이나 식물을 상대로 그 기술을 휘두르게 되었을 때, 인간과 자연 사이의 소통은 단절되고 맙니다. 이런 사태를 신화적으로 표현하면, 곰도 사슴도 여우도 더 이상 인간의 말을 사용하지 않으며, 새도 지저귀지 않고, 꽃들도 말없이 자신들의 세계에 틀어박혀버리는 셈입니다.

　인간에 의해 상처를 입었으면서도 곰들은 해안에서의 정정당당한 결투(칼은 집에 두고 와야만 합니다)를 신청합니다. 결투는 인간과 곰 사이의 상실된 대칭성의 관계를 회복시키기 위한 대안입니다. 모래밭에는 고래가 쓰러져 있습니다. 이 고래야말로 바로 상실된 대칭성을 회복하기 위해서 자연이 준비한 최고의 '중개자' 입니다. 이른 봄 동면에서 깨어난 곰들이 아직 뻣뻣한 몸을 끌고 해안으로 나가보면, 거기에는 커다란 고래가 표착해 있는 경우가 종종 있었습니다. 허기졌던 곰들은 무척 기뻐하며 그 고래 곁으로 달려갑니다. 해안에 표착한 고래는 인간에게도 더없이 고마운 신의 선물이었습니다.

신화의 예언

결국 어느 쪽이 먼저 고래를 발견하는가 하는 것이 문제입니다. 표착한 고래는 인간과 곰 둘 다 끌어들여, 같은 장소에서 양자를 만나게 하는 존재입니다. 그런데 오늘 아침에는 곰이 먼저 해안으로 와서 고래를 발견했습니다. 그곳에서 인간을 기다렸다가 결투를 벌입니다. 여기에는 분명 하나의 사고 시스템이 작동하고 있습니다.

범고래가 '근해의 사람들'로 불렸다는 점을 상기해봅시다. 아내의 아버지는 '원해의 사람들'로서 범고래와 대립하고 있습니다. 이 점을 만灣 안에 주로 서식하는 범고래와 만 밖을 떠돌아다니는 고래와의 대립을 연상시킵니다. 근해에 접근한 고래를 범고래가 몰아내서 잡으므로, 고래는 범고래의 적대자(정반대의 존재)로서 '원해의 사람들'인 것입니다. 그리고 곰은 범고래가 인간에게 가져다준 칼에 의해 모욕을 당하고 상처를 입으므로, 칼을 가진 인간과 곰은 범고래를 중개로 해서 서로 대립하고 있는 셈입니다.

곰이 결투를 제안한 것은 세계에 비대칭을 초래한 이런 관계를 전부 부정한 상태에서 결투의 장에 임하고자 하는 것이었습니다. 인간이 범고래로부터 받은 칼의 사용을 스스로에게 금하면 모든 가치의 역전이 일어나, 해안에 표착한 고래(=범고래와 정반대의 존재)를 '중개자'로 해서 인간과 곰이 대등한 입장에서 대결할 수 있게 됩니다. 신화에 등장하는 사소한 에피소드에도 이처럼 중요한 의미가 담겨 있습니다.

그러나 결투는 결투일 뿐, 양자 사이에 두 번 다시 커뮤니케이션이 회복되는 일은 없을 겁니다. 인간이 이기든 곰이 이기든, 커뮤니케이션은 회복되지 않습니다. 마주본다는 것은 대칭적이지만, 이 결투는 사냥 현장에서 사냥꾼과 곰이 대치하는 것과는 근본적인 차이가 있습니다. 곰은 이제 더 이상 인간에게 호의를 보이기 위해서, 또한 자신의 고기나 털가죽을 선물하기 위해서, 한순간의 고통을 참으며 인간 앞에 나타나려고 하지 않게 되었습니다.

곰은 '물의 어머니인 물고기'와 인간이 관계를 가짐으로써 태어난 비정상적인 아이를 지상으로부터 소멸시키기 위해서, 즉 범고래의 수중에 보관되어 있던 가공할 기술에 의해 만들어진 제품인 칼을 손에 넣어 인간과 동물과의 관계에 결정적인 비대칭을 끌어들인 이 비정상적인 아이의 존재를 없애버리기 위해서, 이를테면 자폭에 가까운 결투에 임하고 있는 셈입니다(니브히족의 신화에는 이렇게 표현되어 있습니다. "곰이 공격해오면 물의 어머니의 아들은 재빨리 물러서서 칼을 뽑으려고 했지만 칼이 말을 듣지 않았다. 그래서 있는 힘을 다해 덤벼들어 곰의 목을 조르기 시작했다. 그리고 서로 상대방의 숨통을 끊어버렸다. 곰은 그의 몸 위에 올라탄 채로 죽었고, 물의 어머니의 아들은 곰 아래에 깔린 채로 죽었다").

고도의 무기나 개발기술이 자연의 세계에 초래한 비극적인 비대칭의 상황을 제거하기 위해서 무력으로는 인간에게 도저히 상대가 안 되는 곰이 선택할 수 있는 유일한 길은 자폭밖에 없었습니다. 그 정도의 희생을 치러도 이미 싹튼 불행의 원인인 비대칭을 제거할 수는 없었습니다. 이 신화에는 오늘날의 세계가 빠져 있는 딜레마가 그대로 표현되어 있는 셈입니다. 우리는 신화의 예언력을 다시 한 번 음미해볼 필요가 있습니다.

신화와 철학

신화에 의하면, 이런 신화들을 통해서 북방의 수렵민들은 일종의 '기술론技術論'을 이야기합니다. 철제 무기의 사용이 확산되면, 아직 돌을 무기로 사용하던 시대에는 일어나지 않았던 사태가 인간과 자연의 관계에 발생합니다. 인간과 자연 사이에 형성되어 있던 대칭성(그것은 처음부터 존재하는 것이 아니라 인간의 노력에 의해 만들어지는 것입니다)에 결정적인 붕괴가 일어나, 돌이킬 수 없는 비대칭관계가 주위를 완전히 뒤덮어가게 됩니다.

그렇게 되면 그때까지 인간과 자연 상호간에 싹터 있던 '증여관계'가 붕괴되어, 자연이 인간에게 자발적으로 부를 가져다주지 않게 되고 맙니다. 그 이후로 인간은 자연을 '개발'하거나 자연에 '도발'하지 않으면 생존에 필요한 부를 손에 넣을 수 없게 되었습니다.

'물의 어머니인 물고기'와 인간의 관계가 그것을 상징하고 있습니다. 인간은 수중세계의 어머니를 '개발'하는 요령에 의해 아이를 만든 셈인데, 이 아이는 철을 만드는 기술에 의한 제품을 사용해서 자연을 향해 난폭한 공격을 가했습니다. 외경심을 갖고 자연을 대하는 것이 아니라 '도발'에 의해 상대방의 기분을 혼란시키거나(느닷없이 얼굴을 칼로 긋는다), '개발'에 의해 상대방의 의지나 소망을 짓밟는(필요 이상의 대량 학살을 자행한다) 등의 행위를 태연하게 저지르는 인간으로 성장해버렸습니다.

근대의 기술은 자연과 우애로 가득 찬 커뮤니케이션을 실현하는 것이 아니라 '도발'에 의해 자연이 내장하고 있는 부를 손에 넣으려 한다고 수렵민은 생각했는데, 그들의 이런 '기술론'은 20세기의 독일 철학자 하이데거Martin Heidegger의 '기술론'을 상기시킵니다.

하이데거는 근대 기술의 본질을 밝히기 위해서 고대 그리스인들이 기술(테크놀로지)을 어떻게 생각했는가 하는 의문으로부터 시작했습니다. 영어의 테크놀로지Technology는 그리스어의 '테크네techne'와 '로고스logos'가 결합한 것으로, '포이에시스Poiesis'라는 말과 대비되는 의미를 갖고 있었습니다. '포이에시스'는 자연스럽게 꽃이 피기 시작하듯 자연이 안에 숨기고 있는 풍부한 어떤 것을 밖으로 꺼내게 되는 것을 의미합니다. 그런 '풍부한 어떤 것'과 마주치게 된 인간은 마치 자연이 주는 선물인 것처럼 조금도 무리하지 않고 그것을 손에 넣을 수가 있습니다.

그와는 달리 '테크네'는 자연 속에 숨어 있는 '풍부한 어떤 것'을 '도발'에 의해 일으켜 세운 다음 밖으로 끌어내려 하는 행위를 의미합니다. 바위산을 깨서 철광석을 캐내거나, 철광석에 고열을 가해 순도가 높은 철을 만들려는 행위 같은 것이 '테크네'의 전형이라 할 수 있습니다. 어떤 경우든 자연의 내부에 숨겨져 있는 풍부한 어떤 것을 밖으로 끌어낸다는 의미에서는 마찬가지라 할 수 있지만, 방법은 근본적으로 다릅니다. '포이에시스'는 자발적이며 증여의 성격이 강하지만, '테크네'는 도발적이고 상대방에게 의미를 부과한다는 점에서 교환적인 성격이 강합니다.

하이데거는 근대에 들어서 기술이 단숨에 '테크네'로서의 성격을 강화하여 자연을 커뮤니케이션의 상대가 아니라 '개발'을 위한 대상물로 보게 된 것에 강한 위기감을 표명했습니다. 과학적 이해나 산업개발을 위한 대상물에 대해서는, 자연은 입을 다문 채 인간을 향해 스스로를 열어주지 않습니다. 폐쇄된 상태의 상대를 향해 과학이나 산업은 온갖 형태의 '도발'이나 '공격' 수단을 사용해서 상대를 열고자 노력했습니다(해안에서 가자미와 관계를 가진 인간이 사용했던 방법이 생각납니다). 그러나 하이데거는 그런 과학적 인식이나 산업적인 이익을 위해 조명을 받게 된 것은 자연이 내장하고 있는 진정한 부 가운데 극히 일부분에 지나지 않는다고 생각했습니다.

   20세기 독일의 위대한 철학자가 고도로 발달하고 있는 기술사회의 한가운데서 사고한 것과 곰이나 연어, 고래를 상대하며 원시적인 수준의 기술밖에 갖지 못한 채 혹독한 자연환경 속에서 생활하던 사냥꾼들이 신화를 통해 사고한 것이 이토록 깊은 레벨에서 서로 공명하고 있다는 사실에 우리는 상당한 놀라움을 느낍니다. 오늘날의 학문은 신화와 철학을 엄격하게 구별해 철학의 지적인 우위를 주장하기를 좋아합니다. 하지만 어쩌면 그것은 무지에 근거한 하나의 편견에 불과한 것이 아닐까 하는 생각이 들 정도로, 이런 신화의 인식에서는 깊은 진실이 느껴집니다.

Nakazawa Shinichi
Cahier Sauvage Series

V

왕이 되지 않은 수장

Nakazawa Shinichi
Cahier Sauvage Series

곰으로서의 샤먼

어릴 적에 크리스마스 선물로 삼촌한테 받은 곰 인형을 무척 소중히 여겼습니다. 그 봉제인형 곰의 부드러운 털의 감촉을 지금도 생생하게 기억합니다. 불안할 때나 슬퍼서 견딜 수가 없을 때면 항상 그 곰을 끌어안거나 어루만지거나 했는데, 신기하게도 그 털을 만지는 것만으로도 불안이나 슬픔이 가라앉는 걸 느꼈습니다.

테디베어는 지금도 대단한 히트 상품입니다. 동물 인형에는 여러 종류가 있지만, 불안한 아이의 마음을 달래주는 능력이 있어서 곰을 능가하는 동물은 없을 거라는 것이 제가 체험에 근거해 내린 결론입니다. 봉제인형만이 아닙니다. 러시아의 민화에 등장하는 현자처럼 지혜로운 곰이나 아메리카 인디언의 신화에 등장하는 곰을 보고 있으면, 곰에게는 엄청난 치유능력이 감춰져 있다는 것을 느낄 수 있습니다.

실제로도 곰에게는 병을 낫게 하는 힘이 있다고 믿었습니다. 옛날 사람들은 병에 걸리는 것을 마음이나 몸의 균형에 이상이 생기는 것으로 이해했습니다. 그런 때는 자연이 갖고 있는 치유능력에 도움을 청했습니다. 식물로부터 채취한 약을 먹거나, 따뜻한 온천에 몸을 담그거나, 혹은 땅에 몸을 갖다대거나 해서 균형을 회복하고자 하는 겁니다. 자연에는 이상이 생긴 균형을 회복시킬 수 있는 위대한 치유능력이 있으며, 특히 곰은 그런 능력을 풍부하게 갖추고 있는 것으로 여겼습니다. 곰 인형은 어쩌면 아주 오래 전부터 존재해온 이런 감각과 사고와 연결되어 있는지도 모르겠습니다.

곰은 자연계의 위대한 치유자였습니다. 그렇기 때문에 곰은 샤먼이며, 샤먼은 곧 곰이라고 생각하기도 했습니다. 예전에 북방세계에는 샤먼이라고 불리는 특별한 능력을 가진 사람들이 많이 활약했습니다. 어릴 적부터 병약했거나, 정신적으로 불안정했거나, 제6감의 능력이 뛰어나거나, 여하튼 범상치 않은 아이가 샤먼에게 발탁되어 제자가 됩니다.

　샤먼이 되기 위한 훈련은 매우 혹독했다고 합니다. 특별한 정신기술을 사용해서 망자의 나라로 내려가기도 하고, 동물들의 왕국을 방문할 수 있어야 하니까요. 샤먼은 과거와 현재, 미래의 시간이 서로 하나로 연결되어 있는 시공으로 나아가 앞으로 인간세계에서 무슨 일이 일어날지 예언합니다. 그리고 병의 원인을 알아내기 위해 생명 활동을 관장하고 있는 수호의 정령들이 있는 보이지 않는 영역으로 내려가 치료법을 알아옵니다.

　샤먼은 그런 곰과 매우 유사한 존재로 여겨졌습니다. 겨울 동안에 곰은 대지에 판 구덩이나 동굴에서 기나긴 겨울잠을 잡니다. 많은 꿈도 꿉니다. 꿈은 종종 미래의 일을 알려준다고 합니다. 자고 있는 동물의 의식이 그때 과거와 현재, 미래가 하나로 연결된 '드림 타임(꿈속의 시간)' 속에 들어가 있기 때문입니다. 곰은 겨울잠을 자는 동안 그런 '꿈속의 시간'에서 놀고 있다는 겁니다. 그야말로 곰은 동물세계의 샤먼인 셈입니다.

　곰은 고독을 사랑하는 동물입니다. 이 점도 샤먼과 매우 비슷합니다. 샤먼이 될 사람은 무리에 섞여 수다스럽게 이야기를 하거나, 정치가처럼 연설을 하거나, 가족생활을 즐기거나 하는 걸 좋아하지 않습니다. 사람들로부터 멀리 떨어져서 생활하기를 좋아하고, 인생을 즐기기보다는 오히려 스스로 고통스런 체험을 떠맡으려고 하는 고독과 고난을 사랑하는 기이한 사람들이었습니다. 눈에 보이지 않는 세계의 일은 샤먼에게만 보입니다. 그들은 현실세계의 힘이나 지식이 아닌, 현실세계에서의 무력함으로 인해 열리게 되는 지혜가 더 중요하다고 생각했습니다.

이니시에이션의 방법

샤먼이 되기 위한 시련(이니시에이션)은 곰의 행동양식과 매우 유사한 절차를 따릅니다. 샤먼 지망생은 곰처럼 아무것도 먹지 않고 '겨울잠'을 자야 합니다. 20세기 초엽에 그린란드를 중심으로 이누이트들과 생활과 모험을 함께하고, 그들의 생활습관이나 수렵기술, 신화를 통해 표현되는 사상 등을 상세히 연구해서 멋진 문장으로 기록한 덴마크인 인류학자 라스무센Knud Johan Victor Rasmussen은 이누이트의 뛰어난 샤먼인 이그주가르주크로부터 들은 이야기를 다음과 같이 보고하고 있습니다..

> 샤먼이 되려고 했을 때, 나는 인간에게 있어 가장 위험한 두 가지 고통을 견디고자 했다. 즉 굶주림과 추위의 고통이 그것이다. 처음 닷새 동안은 아무것도 먹지도 마시지도 않았다. 엿새째 되던 날 뜨거운 물을 딱 한 모금 마시는 것이 허용되었다. 그로부터 또다시 보름 동안 단식을 하고, 16일째에 뜨거운 물을 딱 한 모금 마셨다. 그로부터 또다시 열흘 동안 단식을 한 후에야 마침내 먹는 것이 허용되었다. 조금도 부정타지 않은 음식만 먹어야 했다. 이

런 정갈한 음식만으로 다섯 달을 지냈다. 그 과정이 끝나면 그로부터 다섯 달 동안은 뭐든지 먹어도 괜찮았다. 그러나 그후에 몸과 마음을 깨끗이 해야 하는 인간에게는 가장 위험한 음식으로서 금지되어 있던 고기가 들어간 음식을 억지로 먹어야 했다.

내 선생님은 아내의 아버지인 페르카나크였다. 페르카나크는 나를 훈련시키기 위해 작은 얼음집을 지었다. 그 얼음집은 겨우 쭈그리고 앉을 수 있을 정도로 무척 작았다. 추위를 견뎌내기 위한 모피 침구는 없었고, 겨우 방석으로 사용할 아주 작은 카리부(북아메리카에 사는 사슴—옮긴이) 가죽만 받았다. 내가 할 일은 그곳에 가만히 앉아 있는 것이다. 얼음집이 지어진 곳은 사람들이 살고 있는 곳으로부터 상당히 떨어진 장소였다. 페르카나크는 썰매를 타고 가서 얼음집을 짓기에 적당한 장소에 도착하자 썰매를 멈추고 얼음집을 짓기 시작했다. 얼음집이 완성될 때까지 나는 혼자서 꼼짝 않고 눈 위에 앉아 있어야 했다. 그곳에 머무는 자는 주위에 발자국을 남겨서는 안 되기 때문에, 페르카나크는 상당히 나이가 많음에도 불구하고 나를 업어서 얼음집으로 데리고 들어가야 했다.

훈련은 한겨울에 이루어졌다. 그런데도 나에게는 몸을 따뜻하게 하기 위한 것이 아무것도 없었다. 심지어는 움직이는 것조차도 허용되지 않았다. 몸을 눕힐 수도 없었기 때문에 완전히 지쳐서 이제 죽어버리는 게 아닌가 하는 생각도 들었다. 그렇게 지낸 30일째에 드디어 나를 도와줄 정령이 나타났다. 귀엽고 아름다운 정령이었다.

새 달이 하늘에 떠올랐다. 그 크기는 우리가 마을을 떠날 때와 비슷했다. 그러자 페르카나크가 작은 썰매를 타고 와서 얼음집에서 상당히 떨어진 곳에 멈췄다. 그러나 이미 나는 완전히 힘이 빠진 상태여서 일어설 힘도 없었다. 겨우 일어선다 해도 두 발로 서 있을 수 없을 것 같았다. 페르카나크는 나를 얼음집에서 끌어내 썰매가 있는 곳까지 끌고 가서 썰매에 묶어 집까지 데리고 갔다. 그러자 그야말로 완전히 쇠약해져, 손과 발, 몸의 혈관까지도 전혀 보이지 않았다. 오랫동안 오그라든 장을 펴기 위해 소량의 음식밖에 먹을 수 없었다. 그리고 나서 몸을 정화시키기 위해 먹을 것을 받았다.

마침내 원래 상태로 회복되었을 무렵에야 마을의 샤먼이 되어 있다는 걸 알았다. 이웃 마을이나 멀리 떨어진 마을에서까지 아픈 사람을 낫게 해달라거나, 여행을 떠나기 전에 어떤 길로 가야 할지를 점쳐 달라거나 하며 묻는 사람들이 점점 많이 찾아왔다. 어느 날 나는 마을 사람들을 불러모아 내가 해야 할 일을 알렸다. 나는 사람들이 모여 사는 곳에 있는 텐트와 얼음집을 버리고, 인적이 없는 곳에서 혼자 살기로 했다. 뒤에 남아 있는 사람들은 쉬지 않고 노래를 불러야만 했다. 기분 좋게 그리고 행복하게 살아가기 위해서는 그렇게 해야만 하는 것이다.

'지혜를 구하기' 위한 옛날의 방식은 이런 식으로 매우 힘들고 고생스러웠다. (Knud Rasmussen, *Intellectual Culture of the Caribou Eskimos, Iglulik and Caribou Eskimo Texts*, 1930)

홍미로운 것은 여기에 소개되어 있는 방법이 시베리아나 아메리카 인디언의 세계와 같이 문화나 사회의 구조가 다른 장소에서도 거의 같은 방식으로 행해졌다는 점입니다. 뿐만 아니라 불교나 이슬람의 신비주의적인 전통이 행해지고 있는 곳에서도 이와 동일한 방법을 답습하고 있습니다. 저도 티베트 불교도 밑에서 이와 유사한 훈련을 체험한 적이 있으므로, 여기에 소개되어 있는 것이 사실이라는 것을 보증합니다. 이 보편성은 도대체 어디에서 오는 걸까요? 나는 그것이 아주 오래 전, 즉 아마도 구석기 시대 이후의 전통으로부터 비롯된 것일 거라고 추측하는데, 여러분은 어떻게 생각하십니까?

힘의 원천과의 접촉이 가능했던 샤먼

샤먼 지망생은 동면 중의 곰과 마찬가지로 거의 아무것도 먹지 않고(때로는 곰이 손에 묻은 꿀을 핥듯이 소량의 '정갈한' 식사만 허용된다), 굶주림과 추위를 견뎌야 합니다. 살아 있는지 죽었는지조차 분명하지 않은 정신상태로 자신을 도와줄 정령을 기다립니다. '꿈속에서' 기다리는 거라고 해도 좋겠지요. 그는 꿈을 꾸는 듯한 상태에서 더할 나위 없이 아름다운 모습을 보게 됩니다. 그리고 그것을 보았다는 걸 실감할 때부터 샤먼 지망생은 진정한 샤먼이 될 수 있다고 합니다. 곰과 동일한 능력을 갖춤으로써 샤먼이 되었다고 해도 좋겠지요.

샤먼은 '곰으로의 변신'이 가능한 인간입니다. 실제로 샤먼은 온몸에 곰의 털가죽을 걸치고 사람들 앞에서 춤을 출 때도 있었습니다.

이때 샤먼은 동물의 정령의 영역에 들어가 있는 셈입니다. 그것은 일반적인 사고는 따라갈 수도 따라잡을 수도 없는 힘과 속도로 이루어져 있는 영역이므로, 일상생활에서는 매우 위험한 영역이라고도 할 수 있습니다.

곰의 털가죽을 입은 샤먼 [George Catlin 그림]
(David Rockwell, *Giving Voice to Bear*, Roberts Rinehart)

그러나 그 영역으로 들어가지 않으면 병의 원인을 파악할 수도 없고, 미래에 일어나게 될 일을 예측할 수도 없다고 생각한 사람들은, 샤먼에게 이 위험하기 짝이 없는 일을 의뢰하였습니다. 샤먼도 사람들의 소망에 부응해 고통을 참으며 자신의 일을 수행했습니다. 고독을 사랑하고 자신의 한계로부터 벗어나고자 하는 도전을 스스로에게 부과했습니다. 고통을 잘 참아내 난관을 극복한 샤먼에게는 어딘가 숭고한 자기희생의 정신이 느껴질 정도입니다.

금속 제품을 몸에 걸친 샤먼 (피어즈 비데프스키, 『샤먼의 세계』)

샤먼의 특별한 힘은 보통 사람은 다가갈 수도 없는 '자연의 힘의 원천'과 직접 몸으로 접촉할 수 있음으로 해서 주어진 것입니다. 이런 샤먼의 능력을 상징적으로 표현하기 위해 자주 금속이 사용되었는데, 여기에는 매우 큰 의미가 담겨 있다고 생각합니다. 샤먼은 의례용 상의에 많은 금속을 매달거나 꿰매어 붙이거나 합니다. 격렬한 몸짓으로 춤을 추거나 하면 그 금속이 서로 부딪쳐서 큰 소리로 딸랑거립니다. 게다가 금속은 거울처럼 빛을 반사하므로, 그 빛이 춤추고 있는 샤먼의 몸에서 나오는 것처럼 보이기도 하겠지요. 이런 생각이 더욱 발전하면, 샤먼의 전신은 금속으로 되어 있어 열에도 추위에도 끄떡없다고 할 정도로 과장된 표현으로 변하기도 합니다.

북동아시아에 퉁구스라는 사람들이 있습니다. 예전에는 강력한 국가를 가질 정도로 강력한 힘을 가진 민족이었으며, 샤머니즘이 매우 발달해 있었습니다. 그들에게는 샤먼의 기원을 이야기하는 다음과 같은 신화가 전승되고 있습니다.

위험한 것과의 접촉을 시작한다

샤먼이 되기 위해 혹독한 훈련을 받고 있는 지망생은 며칠씩 먹지도 마시지도 않으면서 고통을 견디는 사이에 점차 의식상태에 변화가 나타나, 이전에는 보이지 않았던 세계를 볼 수 있게 됩니다. 그런 의식 속에서 그는 점점 지하의 세계로 낙하합니다. 거기에는 곰처럼 생긴 무서운 괴물이 있어, 샤먼을 잡아 여덟 토막을 내고 부글부글 끓는 큰 냄비 속에 토막 난 몸을 던져넣어 녹여버립니다.

괴물은 녹은 쇠처럼 된 그의 몸을 꺼내더니 모루 위에 얹어서 대장장이가 하듯이 꽝꽝 두드리기 시작해 뭔가를 만들려고 합니다. 그리고 샤먼은 의식이 깨어났을 때 자신의 몸이 번쩍번쩍 빛나는 금속으로 개조되어 있는 것을 발견하게 됩니다. "자, 이것으로 너는 이제 어엿한 샤먼이다." 괴물은 그렇게 말하고는 사라집니다. 이렇게 해서 현실세계로 돌아온 샤먼 지망생은 드디어 훌륭한 샤먼이 된 셈입니다. 사람들 눈에는 보이지 않지만, 뛰어난 샤먼의 몸은 금속으로 이루어져 있다는 의식을 갖고 있기 때문에 보통 사람이 들어갈 수 없는 영역에도 간단히 들어갈 수 있다는 겁니다.

이런 식이므로 보통 사람의 한계를 초월해가는 샤먼의 능력이란 곧 매우 위험한 대상과의 접촉의 시작을 의미한다는 것을 이해하셨을 겁니다. 샤먼은 '곰으로 변하기'도 합니다. 그럼으로 해서 샤먼은 곰과 마찬가지로 자연 속에 깊숙이 숨겨져 있는 힘의 원천과 접촉할 수 있게 되지만, 동시에 물질의 고에너지 상태에도 이미 발을 들여놓은 상태입니다. 금속은 자연 그대로의 상태에서는 암석 속에 조잡하게 섞여 있을 뿐이지만, 달구거나 두드리거나 해서 높은 에너지를 가하는 순간부터는 유동체가 되어 흐르기 시작해서 자유로운 형태로의 변형이 가능해집니다. 이런 이유 때문인지 시베리아나 코카사스를 비롯한 여러 지역에서 샤먼은 종종 대장장이로도 불려왔습니다.

인간은 기술을 사용해서 이런 상태를 인공적으로 만들어낼 수 있지만, 금속을 녹여서 그것에 변형을 가해 칼 같은 무기를 만드는 것도 가능해졌습니다. 그때 인간과 곰 사이의 관계, 나아가 인간과의 사이에 구축되어왔던 대칭적 관계에 심각한 위기가 발생합니다. 이것은 지난 강의에서 소개한 아무르 강 유역의 사람들에게 전승되던 신화에 잘 표현되어 있었습니다. 즉 칼을 손에 넣음으로 해서 자연에 대한 경의를 상실하고, 마음대로 자연을 파괴하기 시작한 인간에게 동물의 정령의 수장인 곰이 도전장을 던졌다는 내용의 신화 말입니다.

샤먼의 힘을 해방시키는 데 따르는 위험

샤먼은 이처럼 매우 복잡하며, 모순을 내포하고 있는 존재입니다. 그들은 '곰으로 변하는' 능력을 갖춤으로 해서 자연의 힘의 원천과 접촉할 수 있지만, 거기에서 한 발짝만 밖으로 내딛어도 위험한 존재로 돌변해버립니다. 동물세계와의 미묘한 대칭관계를 조정해주던 훌륭한 의사가 무자비한 기술을 익힘으로 해서, 오히려 자연과의 대칭관계를 파괴하는 위험한 존재가 될 수도 있다는 것이겠지요.

오늘날과 같은 세계를 이루어낸 것은 기술의 힘입니다. 그리고 그것을 파괴할 수 있는 것 역시 기술의 힘입니다. 오늘날 세계가 막강한 기술력을 갖게 된 것은 바람직한 일이지만, 문제는 그것을 조절할 수 없는 상태에 이르렀다는 데 있습니다. 인류에게 이런 커다란 문제가 발생하는 경계선과 같은 장소에 샤먼은 서 있는 셈입니다. 샤먼은 자연의 힘(권력)의 비밀을 잘 알고 있습니다. 그렇기 때문에 샤먼은 사람들의 생활로부터 떨어져 있을 필요가 있었던 겁니다. 병에 걸리거나 미래의 일을 알고 싶을 때는 그들 곁으로 찾아가더라도, 일상생활은 별도의 원리에 의해 해나가지 않으면 샤먼이 몸에 지니고 있는 위험한 힘이 인간사회의 내부로 침입해 와서 위기를 초래할 수도 있었기 때문입니다.

현생인류가 뉴런조직을 진화시켜 유동적인 지성이 자유로이 흘러갈 수 있는 회로를 만든 덕택에 언어나 신화적 사고를 발달시킬 수 있었다는 이야기를 언젠가 했을 겁니다. 바로 그 유동적 지성 부분이 샤머니즘으로 표출되어, 그 주위에 종교적 사고를 낳기 시작했습니다. 일상적인 사고에도, 그리고 신화적 사고에도 억누를 수 없는 가공할 힘으로 가득 차서 자유자재로 모습과 형태를 변용시켜가는 유동적 지성이 이렇게 해서 독립적인 요소로서 뇌 밖으로 표출된 셈입니다.

대칭성 사회의 사람들은 그 점에 위험을 느꼈습니다. 현생인류의 시대에 샤먼 같은 존재가 탄생하게 된 것은 필연이라 할 수 있습니다. 유동적 지성을 발생시키는 뇌의 조직은 필연적으로 샤먼 같은 존재를 낳게 되는데, 그럼으로써 자연계의 일원으로서 본래는 지구상에서 하찮은 위치에 있던 인간에게 엄청난 능력을 부여한다는 점에 대해, 대칭성 사회를 살아가던 사람들은 불길한 느낌의 위험을 직감했던 거겠지요.

그래서 그들은 '지혜'를 갖고 자신의 내면에 숨어 있는 이 위험한 힘을 조절하고 싶다는 생각을 했습니다. '역사'라는 것이 시작되기까지 2만 년 이상의 오랜 세월 동안 그런 '지혜'의 역할은 효과적이었습니다. 샤먼과 같은 타입의 사람들이 인류에게 새로운 영역, 새로운 가능성의 세계를 열어주고 있다는 점을 충분히 이해했음에도 불구하고, 대칭성 사회의 '지혜'는 아직 샤먼을 사회의 내부로 흡수해버리거나, 현실 사회에서 권력을 부여하거나 함으로써, 샤먼이 접촉하고 있는 자연 속 깊숙한 곳에 숨어 있는 비밀스런 힘을 현실 속에 풀어주는 것을 경계했던 겁니다.

    능력이 아무리 뛰어나다 해도, 샤먼은 그런 사회에서는 항상 주변에 존재할 뿐 사회적인 권력의 중심에 접근할 수는 없었습니다. 그러면 대칭성 사회의 '지혜'로 뽑혀 사회의 중심부에 있었던 것은 도대체 어떤 사람들이었을까요? '수장首長/leader/chief'이라고 불리던 사람들이 그에 해당합니다.

수장의 조건

샤먼과 수장은 여러 면에서 대립되는 존재입니다. 어딘지 모르게 신비로운 분위기를 풍기는 샤먼은 사람들의 일반적인 삶으로부터 떨어져서 인간 능력의 한계를 뛰어넘으려고 하는 사람들입니다. 인간의 한계를 벗어난다는 것은 곧 자연 속 깊숙한 곳에 숨어 있는 힘에 접근하는 걸 의미하므로, 샤먼을 지탱해주는 힘의 원천은 자연 속에 있다고 할 수 있습니다.

    그에 비해서 수장이라는 존재에게는 그런 신비가 별로 없습니다. 사람들과 함께 생활하면서 모두가 안고 있는 문제를 어떻게든 해결하려고 하는 것은 바로 수장입니다. 샤먼은 '자연의 권력'의 도움을 받지만, 수장은 오히려 '자연'에 대립하는 '문화'의 원리에 의존합니다. 따라서 샤먼이나 전사처럼 유동성이 넘치는 힘의 영역으로 들어가는 걸 피하고, '문화'를 이루고 있는 규칙이나 양식良識에 따라서 사회의 평화를 유지하고자 합니다.

    나중에 상세하게 이야기하겠지만, 수장은 '왕'이 아닙니다. 왕에게는 권력이 있습니다. 왕은 군대를 움직여서 전쟁을 할 수 있으며 스스로 뛰어난 전사로서 전장으로 향하기도 합니다. 그러나 수장과 전쟁 지도자가 동일인물인 경우는 거의 없습니다. 왕의 권력은 대부분 절대적이어서, 때때로 아무리 이성이 반대하거나 대항해도 왕은 그 말에 귀 기울이지 않고 불합리한 명령이라도 실행하곤 합니다. 하지만 그런 것은 수장에게는 절대 불가능합니다. 대칭성 사회의 수장에게는 그렇게 할 수 있는 권력이 전혀 없기 때문입니다.

같은 사회의 지도자이면서도 수장과 왕은 완전히 대조적인 모습을 보입니다. 우선 수장의 특징이나 조건을 좀더 상세하게 조사해 보기로 하겠습니다.

미국의 문화인류학자 로위Robert H. Lowie는 1948년에 쓴 논문에서 남북아메리카의 인디언 사회를 관찰한 결과를 근거로 수장이 갖는 특징을 세 가지로 요약했습니다. 그후로 활발히 진행된 그의 연구의 출발점이 된 것이므로, 이 논문부터 검토해가기로 하겠습니다.

① 수장은 '평화를 가져다주는 자' 이다. 수장은 집단의 긴장을 완화시키는 자인데, 그 점은 평화시와 전시의 권력이 대개의 경우 분리되어 있다는 데서 알 수 있다.
② 수장은 재물에 애착을 가져서는 안 된다. 수장에게는 '피통치자' 의 끊임없는 요구를 물리치는 건 불가능하다. 인색하다는 것은 스스로를 부정하는 것과 마찬가지다.
③ 말솜씨가 뛰어난 자만이 수장의 지위를 얻을 수 있다.

여기에는 '정치' 라는 것의 근원이 제시되어 있습니다. 이것을 통해 우리는 국가나 정부라는 것을 갖지 않은 사람들의 사회(그것이 바로 우리가 말하는 대칭성의 사회입니다만)의 정치적 리더가 갖추어야 할 점이 무엇인지를 알 수가 있습니다. 즉 달변에다가 인색하지 않으며, 분쟁을 해결하여 사회에 평화를 가져다주는 존재로서 상당히 고귀한 인격을 갖추어야 했던 겁니다. 지금부터 세 가지 특징에 대해 좀더 상세하게 살펴봅시다.

'교섭과 조정을 주관하는 사람'=수장은 장군과 어떻게 다른가?

①의 특징을 살펴보면, 수장은 부족 내에서 분쟁이 일어났을 때 혹은 다른 부족과의 사이에 싸움이나 분쟁이 일어나서 긴장이 감돌 때, 대립하고 있는 사람들 사이에 끼어들어 긴장을 완화시키고 분쟁이 살인이나 전쟁과 같은 최악의 사태에 이르는 걸 막는 역할을 합니다. 모두의 감정이 격앙되어 있을 때는 머리를 식혀 다시 한 번 원인을 생각해보자고 제안합니다. 모든 것이 뒤엉켜서 풀리지 않게 되었을 때는, 옛날 사람들은 이런 식으로 해결을 했다는 힌트를 주어 당사자들이 서로 냉정을 되찾아 자유롭게 자신의 주장을 펼 수 있는 기회를 제공하기 위한 자리를 마련하기도 합니다. 여하튼 수장이라는 존재는 힘이나 감정의 흐름에 몸을 맡기는 것이 아니라 도리에 따라서 분쟁이나 혼란을 해결하고자 애를 씁니다.

　인류학 연구의 발달로 신석기 시대의 사고법을 최근까지 유지해오던 사회에 대한 정확한 정보를 얻을 수 있게 된 이후 '정치'가 어떤 식으로 이루어졌는지를 잘 알 수 있게 되었습니다. 그때까지는 많은 사람들이 그런 사회의 정치에는 불합리하고 비합리적인 것이 횡행했으며, 주술사나 점술가의 신탁에 의해 모든 결정이 이루어졌을 거라고 생각했습니다. 그러나 실제로는 의외다 싶을 정도로 '민주적'인 정치가 행해졌다는 사실을 알게 되었습니다.

사고를 할 때도 현실의 생활 속에서도 대칭성을 유지하고자 했던 사람들의 사회의 리더는 수장으로 불렸는데, 그들은 대개의 경우 정치권력 같은 걸 갖고 있지 않았습니다. 따라서 그들은 사람들에게 강제를 행하는 것이 아니라, 오히려 '전원 일치'를 원칙으로 참을성 있게 교섭해가면서 사회로부터 힘이나 긴장의 편중을 제거하고자 노력했습니다. 수장에게 일종의 '위신威信'이라는 게 있었던 것은 분명합니다. 하지만 그것은 수장이 어떤 힘을 행사할 수 있기 때문이 아니라 이해관계를 떠나서 공정한 입장에 설 수 있는 '올바른 마음'의 소유자이기 때문에 주어지는 것입니다.

수장은 분쟁이 발생해도 결코 상대방에게 '폭력을 휘두르지 않고' 논의만으로 모든 것을 해결할 수 있어야 합니다. 게다가 수장은 재판관도 아닙니다. 판사나 재판관처럼 쌍방의 주장을 듣고 판정을 내리는 것이 아니라 어떻게든 양자가 타협할 수 있도록 해결책을 찾아내서 "이쯤 해서 타협을 하는 게 어떤가?" 하고 제안하는 것이 수장의 역할입니다. 재가裁可를 내릴 수 있기 위해서는 정의의 관념과 연결된 권력을 배경으로 하고 있어야 하는데(우리 사회의 재판관은 그런 권력을 배경으로 해서 판결을 내리고 있습니다) 수장에게는 그런 권력이 없습니다. 수장은 판결이나 재가에 의해서가 아니라 교섭이나 조정에 의해 평화를 실현하고자 노력할 수밖에 없습니다.

그러나 수장의 노력이 항상 성공하는 것만은 아닙니다. 때때로 고양된 긴장은 유혈의 복수로 흘러가버립니다. 그런 상황에서는 수장이 손쓸 방법이 없습니다. 강제로 저지할 수 있는 권력이 수장에게 부여되어 있지 않기 때문입니다. 최악의 경우에는 부족간에 전쟁이 발발하고 마는데, 그때 재미있는 현상이 일어납니다. 수장이 아닌 다른 인물이 전쟁의 리더로 뽑혀 남자들을 이끌고 전장으로 나가는 겁니다. 평상시의 리더는 수장이지만, 전시의 리더는 수장의 정치원칙과는 다른 원칙에 의해 활동하는 별도의 인물이 선발됩니다. 두 형태의 리더가 완전히 분리되어 있는 것이 이 사회에서는 일반적이었습니다.

전사의 리더, 그것을 편의상 '장군'으로 부르기로 하겠습니다. 장군은 모든 면에서 수장과 대조적입니다. 참을성 있게 진행해오던 교섭이 결렬되었을 때 불려나가는 장군은 막힘없는 말솜씨보다는 실질적인 용기와 판단력에 의해 평가받았습니다. 그리고 '문화'를 구성하는 언어의 원리보다 '자연'의 힘과 맞서 싸우는 사냥꾼과 마찬가지로, 유동적인 힘을 다루기 위해 기술의 원리를 더 중시합니다. 평화시의 수장에게 중요한 것은 안정이나 질서를 유지하는 것이지만, 전시의 장군에게는 힘과 속도가 서로 부딪치는 카오스를 어떻게 조절할 것인가가 중요합니다. 그렇기 때문에 장군은 전사들에 대해 수장이 절대로 행사하지 않았던 형태의 강제력을 발휘하는 경우도 있는 겁니다.

수장과 장군은 대조적인 존재입니다. 따라서 수장이 시도하던 교섭이 결렬되어 전쟁이 일어나고 만 경우에는 수장은 일단 뒤로 물러나고, 그를 대신해서 전쟁이 전문인 장군이 전면으로 나와서 전쟁을 지휘합니다. 그러나 전쟁이 끝나면 곧바로 장군은 임무로부터 해방되어 뒤로 물러나고, 또다시 평화시의 수장이 본래의 장소로 돌아옵니다.

간혹 인디언 사회에서 동일인물이 평화시에는 수장의 역할을 하고, 전시에는 장군의 역할을 하는 경우도 있었습니다. 하지만 그런 경우라 할지라도 평화가 돌아온 후에도 여전히 군사행동을 할 때와 같은 강제력을 휘두르거나 권위를 주장하거나 하는 것은 장로들을 중심으로 한 회의의 권위에 의해 엄격하게 통제되는 것이 일반적이었습니다. 대칭성의 사회에서는 보통 두 형태의 리더는 확연히 분리되어 있었습니다. 이렇게 해서 평화가 유지되는 한, 사회는 수장의 행동양식에 대표되는 '이성'에 의해 운영되는 겁니다.

아낌없이 베푸는 마음

②의 특징을 살펴보겠습니다. 수장이 되면 사람들이 갖고 싶어하는 것을 아까워하지 않고 선뜻 내줄 수 있어야 합니다. 만약 조금이라도 인색한 면을 보이면 수장의 위신은 순식간에 땅에 떨어지고 만다고 합니다.

이것은 어떤 의미에서는 수장에게 있어서 매우 무서운 일입니다. 수장이 된다는 것이 곧 가난뱅이가 된다는 걸 의미하기 때문입니다. 남아메리카의 인디언을 연구해온 인류학자들이 한결같이 말하는 바에 의하면, 수장이 되는 것은 그렇게 좋은 일이 아니었으며, 더구나 실속이라곤 조금도 없었습니다. 한 인류학자는 그 점에 대해 이런 식으로 기술하고 있습니다.

> 아까워하지 않고 남이 원하는 것을 전부 내주는 것은 수장의 역할이다. 부족에 따라서는 금세 수장을 알아볼 수가 있다. 수장은 다른 누구보다도 소유물이 적으며 볼품없는 장신구밖에 갖고 있지 않기 때문이다. 그 이외의 것은 전부 남에게 선물로 줘버리는 것이다. (Francis Huxeley, *Aimable Sauvage*. Pierre Clastres, *La Société contre l'État*)

레비 스트로스의 『슬픈 열대』에도 이런 내용이 있습니다. "새로운 수장의 인기의 정도를 결정하는 데는 그가 얼마나 인심이 좋은가가 중요한 역할을 한다." 수장이 임무를 수행하는 것은 결코 쉬운 일이 아니었던 듯해, 때로는 부족 사람들이 집요하게 졸라대는 바람에 결국 참지 못한 수장이 이렇게 외쳤습니다. "다 털려버렸다. 남에게 주는 것도 이젠 끝장이다. 누군가가 나 대신에 인심을 써야 할 것이다."

우리가 알고 있는 '정치가'라는 존재와 이 수장이라는 존재가 서로 얼마나 다른지 충분히 이해하셨을 겁니다. 자신의 돈벌이에 욕심을 부리거나 인색하거나 하는 것과 수장의 권위는 절대로 양립할 수 없습니다. 수장은 오로지 타인이 원하는 것을 나누어주며 믿기 힘들 정도로 인심을 씁니다. 따라서 수장의 권위를 이용해서 부를 축적한다는 건 꿈도 꾸지 못합니다.

수장의 의무로 되어 있는 이 '베풀기'라는 특징은 '탐욕'에 대립되는 '문화'적인 성격을 갖습니다. 원하는 것을 손에 넣으면 게걸

스럽게 먹거나 하는 식의 탐욕은 이런 사회에서는 일반적으로 동물의 특징에 해당되었습니다. 동물이 테이블 매너라는 것을 알 리 만무합니다. 냠냠 쩝쩝거리는 소리를 내며 배가 터질 때까지 먹어댈 뿐입니다. 하지만 '문화'를 가진 인간은 그래서는 안 됩니다.

인간에게는 어느 사회에나 테이블 매너라는 것이 있었습니다. 그런 매너의 리스트를 보면, 어느 것이나 '매개된 행동'이라고 해도 좋을 듯한 행동을 사람들에게 요구하고 있다는 걸 알 수 있습니다. 달성해야 하는 목적은 같은데, 느닷없이 목적지를 향해 쏜살같이 달려가지 않고 중간에 충분히 매개된 상태를 삽입해 천천히 목적지로 향하는 식의 식사를 하는 겁니다. 하지만 동물은 그렇게 하지 않습니다. 오로지 배를 채운다는 목적을 향해 곧장 달려갑니다. 이런 식으로 자신의 탐욕을 억제하고 '매개된 행동'에 따라 철저하게 매너를 지킬 수 있는 것이 '문화적'이라는 것을 증명해주는 셈입니다.

'베풀기'는 이런 '문화적 행동'의 최고봉에 해당합니다. 수장은 자신의 탐욕을 억제하고 부족 사람들의 욕망에 부응할 수 있어야 하는데, 여기에는 수장이라는 존재는 항상 '문화'의 원리를 체현할 수 있어야 한다는 생각이 반영되어 있는 셈입니다. 반면에 샤먼이나 전사는 '자연'의 영역을 향해 적극적으로 접근해가고자 하는 사람들입니다. 여기에는 수장과 샤먼/전사의 근본적인 차이가 나타나 있으며, 동시에 수장과 왕/권력자와의 성격의 차이도 분명하게 나타나 있습니다.

수장은 노래하고 춤을 춘다

③의 특징을 보면, 수장은 말솜씨는 물론 노래와 춤에도 뛰어나야 합니다. 수장의 정치권력의 기반은 그야말로 말 잘하고, 노래 잘 부르고, 춤 잘 추는 데 있다고 해도 과언이 아닙니다.

대부분의 부족에서는 매일같이 새벽이나 저녁 무렵이 되면 수장이 사람들 앞에 서서 뭔가 '유익한 이야기'를 들려주며 모두를 즐겁게 할 의무가 있었습니다. 전통을 지키며 살고, 자존심을 갖고 행동하고, 싸우지 않고 착실하고 성실한 마음을 갖고 모두 평화롭게 살아가야 한다는 내용의 이야기를 장황하게 늘어놓아야 하는 겁니다. 초등학교나 중학교 조회 시간의 교장선생님의 지루한 이야기를 연상하면 쉽게 이해할 수 있을 겁니다. 듣고 있는 사람들이 지겹지 않도록 재미있게 이야기하는 것이 얼마나 어려운 일인지는 충분히 상상이 갈 겁니다.

그렇기 때문에 때로는 수장은 자신의 이야기에 귀 기울이는 사람이 전혀 없는 '황야'에서 설교하는 신부를 연상시켰다고 어떤 인류학자가 썼을 정도입니다. 리더가 열심히 이야기하고 있는데 아무도 전혀 듣고 있는 것 같지 않는 그런 고독한 상황을 견디며, 수장은 무관심과 싸우며 이야기를 계속하는 광경도 목격된 적이 있습니다. 예나 지금이나 인간은 똑같은 것 같군요.

그렇기는 하지만 '유익한 이야기' '교훈적인 이야기'를 듣고 싶다는 인류의 욕구는 참으로 뿌리깊은 것입니다. 수장은 그런 가치 있는 이야기를 할 의무도 있었던 겁니다. 매우 드문 경우지만 여성 수장이 있었다는 보고도 있는데, 그 여성은 부친으로부터 이야기를 잘

할 수 있는 테크닉을 충분히 배운 결과 수장으로 선발되었다고 합니다. 평화나 조화, 성실과 같은 것은 생활의 여러 면에서 대칭성을 유지하고자 하는 사회에서는 모두가 바라던 '가치'이며, 매일같이 그것을 되새겨줄 사람이 필요했습니다. 단지 좀더 요령 있게 이야기해주었으면 하는 바람은 있었던 것이지요.

능숙한 말솜씨에 노래와 춤이 따르면 더 이상 대적할 상대는 없습니다. 실제로 대부분의 사회에서는 리더로 선발된 것은 노래도 잘 부르고 춤도 뛰어난 사람들이었습니다. 인디언의 수장은 종종 아름다운 깃털 장식을 달고 의관을 제대로 갖춘 뒤 사람들 앞에 서서 멋진 목소리로 신을 향해 노래를 부르고 몸을 흔들며 춤을 춥니다. 이렇게 노래와 춤으로 모두에게 깊은 감명을 준 후에 서서히 이야기를 시작합니다. 부족 사람들에게 올바른 생활방식으로 여겨지던 모든 가치가 음악이나 춤과 함께 표현되는 셈입니다. 이보다 더 '문화적'인 행위가 과연 있을까요?

현대에도 이런 경우는 쉽게 찾아볼 수 있습니다. 사회의 권위 같은 건 거의 인정하지 않는 듯 행동하는 폭주족 젊은이들조차도 노래는 물론 춤 실력까지 상당한 록싱어가 콘서트에서 교훈적인 이야기를 하면, 일제히 물을 끼얹은 듯이 조용해지면서 '노래하는 수장'의 이야기에 귀 기울이는 감동적인 광경을 목격할 수 있습니다. 샤먼 스타일의 반항적인 록 뮤지션이 수장과 같은 리더로 변신해서 좋은 목소리로 멋진 교훈을 들려주기 시작하면 누구보다도 설득력을 갖고 젊은이들의 관심을 끌어들일 수가 있습니다. 젊은이들은 그런 때 사회적인 권력에 의해 왜곡되지 않은, 순수한 상태의 '가치'의 출현을 느끼는 게 아닐까요?

록 음악의 영향력 확대에는 여러 의미가 숨어 있지만, 거기에는 정치권력의 현대적인 형태와는 다르며, 음악과 춤과 출현하는 다른 종류의 권위의 부활을 원하는 사람들의 소망도 투영되어 있다는 점을 잊어서는 안 될 겁니다. 존 레논John Winston Lennon 같은 사람이 그 대표적인 예인 셈이지요. 국가를 갖지 않은 사회가 이상으로 삼았던 권위에 대한 생각이 의외의 곳에서 부활했다는 것을 실감하지 않을 수 없습니다.

이렇게 생각하면 현대 젊은이들의 문화에 가장 영향력을 갖는 것이 뮤지션이라는 점에도 상당히 깊은 의미가 있습니다. 한 사회에 있어 가장 중요한 '가치'는 노래와 춤과 함께 출현하는 것이기를 바라는 인류의 아주 오랜 소망이 담겨 있는 셈이 아닐까요? 전쟁이나 테러가 일어났을 때 성실한 뮤지션들이 반드시 평화나 반전, 조화의 회복을 호소하며 자선 콘서트를 열고 싶어하는 데에도 이런 인류학적 소망이 나타나 있다고 할 수 있습니다. 그런 때 뮤지션들이 자주 입에 담는 '음악은 평화를 위해서'라는 상투적인 말도 이렇게 보면 그리 무시할 수만은 없습니다.

수장은 왕이 되어서는 안 된다

수장이라는 존재는 말솜씨에 의해 평화를 유지시켰으며, 노래나 춤으로 모두를 즐겁게 하면서 조화로운 사회를 만들려고 하는 존재였습니다. 그렇기 때문에 수장은 샤먼이나 장군과는 대조적인 역할을 담당했습니다. 그런 사회에서는 수장이 장군의 자리에 머무르거나,

군사력이나 신비한 권력(이 권력을 갖고 있는 것이 샤먼입니다)을 겸비한 수장이 되는 것을 절대로 용납하지 않았습니다. 즉 대칭성 사회에 있어서 수장은 결코 '왕'이 될 수 없었습니다.

이런 점은 다음에 소개하는 아메리카 인디언의 수장 제로니모를 둘러싼 비극적인 이야기에 잘 나타나 있습니다. 제로니모는 인디언들에게 있어서 가장 힘겨운 고난의 시대인 19세기 후반을 살았던 수장 중의 한 사람이었습니다.

제로니모는 아파치족의 젊은 전사였습니다. 뛰어난 자질을 제외하고는 여느 젊은이와 비슷한 삶을 살던 전사의 한 명에 불과했습니다. 그러나 멕시코군이 습격해와서 부족의 여성과 아이를 학살하는 사건이 발생하자 그의 인생은 돌변합니다. 이 습격으로 인해 제로니모의 가족도 몰살당하고 말았습니다. 화가 난 아파치군의 여러 부족은 연맹을 결성해 학살에 대한 복수를 결정하였습니다. 그리고 제로니모에게 전쟁의 지휘권을 맡겼습니다.

제로니모는 이때 천재적인 군사지휘자로서의 능력을 처음으로 보였습니다. 멕시코군 수비대는 아파치 동맹군의 공격으로 순식간에 전멸당하고, 전쟁은 아파치군의 대승리로 끝났습니다. 전쟁을 승리로 이끈 제로니모의 권위는 그야말로 나는 새도 떨어뜨릴 정도였습니다. 그때 그의 내면에 뭔가 미묘한 변화가 일기 시작했습니다. 아파치 사람들은 복수전이 대승리로 끝났으니 그걸로 목적은 이루었다고 생각했습니다. 하지만 제로니모 안에 불타고 있던 개인적인 복수심은 그 정도로는 가라앉지 않았던 겁니다.

그는 멕시코군과 멕시코인에 대한 더욱 강도 높은 보복을 주장하며, 모든 아파치족 전사들에 대한 지휘권을 자신에게 달라고 요구

제로니모 (Edward S. Curtis, *The North American Indian*, 1997, TASCHEN)

했습니다. 즉 제로니모는 아파치족 전체를 멕시코에 맞서서 끊임없이 전쟁을 하는 '전쟁기계'로 변모시키려 하면서 그 지휘권을 요구했던 겁니다. 멕시코나 미국의 대통령에게는 그런 권한이 주어져 있었습니다. 제로니모는 인디언 사회에도 그와 유사한 권한을 가진 새로운 유형의 수장이 나타나지 않으면, 인디언 전체가 직면하고 있는 위기에 적극적으로 대처할 수 없다고 생각한 것 같습니다. 이때 제로니모는 수장이기를 뛰어넘어 '왕'이 되고자 했던 셈입니다.

　아파치의 여러 부족은 제로니모의 이런 생각을 알고 그 자리에서 거부합니다. 그들의 사회에는 '왕'이나 대통령과 같은 존재가 출현해서는 안 되기 때문입니다. 복수전을 위해서 각지로부터 모여들었던 아파치 사람들은 하나둘씩 군대의 진영을 떠났습니다. 그래도 포기하지 않은 제로니모는 소수의 동지들을 설득해서 멕시코군에 대한 공격을 계속하려고 했습니다. 그러나 그것은 '사적私的'인 원한에 의한 싸움으로서 아파치족의 '공적公的'인 의지에 의해서는 인정받을 수 없는 것이 되었습니다.

　이 사건의 기록을 읽으면 온갖 생각이 밀려옵니다. 만약 이때 제로니모의 생각을 아파치족이 인정했다면, 그리하여 인디언의 역사가 시작된 이래 최대의 심각한 위기에 직면한 그들의 사회에 처음으로 부족 차원을 뛰어넘은 군사지휘권을 가진 수장인 '왕'이 탄생했다면, 이후의 북아메리카 역사는 크게 달라졌을 겁니다. 아메리카 대륙의 선주민인 인디언의 생존권이 지금과 같이 무참하게 파괴되는 일은 없었을지도 모릅니다. 그러나 그 대신 인디언 사회는 1만 년이 넘는 기나긴 세월 속에서 그들의 문명의 버팀목 역할을 해온 대칭성의 원리(이 원리는 그 성격상 자발적으로는 국가라는 것을 만들지 않습니다)를 포기하고 다른 것으로의 변모를 시작하게 되었겠지요.

Nakazawa Shinichi
Cahier Sauvage Series

VI

환태평양의 신화학으로 I

Nakazawa Shinichi
Cahier Sauvage Series

'소수민족'의 공통점

지금으로부터 10년 전쯤의 일입니다. 저는 중국의 남서부에 있는 윈난雲南 지방을 여행하고 있었습니다. 그 부근은 이족과 나시족, 리수족 등 이른바 '소수민족'으로 불리는 많은 사람들이 살고 있는 지역으로, 어디를 가도 형형색색의 특색 있는 민족의상을 입은 아름다운 아가씨들이 일을 하거나 모여서 수다를 떨거나 노래를 부르거나 하는 모습을 볼 수가 있습니다.

이 사람들은 지금은 중국 남단의 산악지대에 살고 있지만, 원래는 양쯔 강揚子江에 가까운 평원에서 생활했던 듯합니다. 그리고 조몬 시대繩文時代(새끼줄 무늬의 토기를 사용하던 일본의 신석기 시대의 한 시기—옮긴이)에 일본열도에 살고 있던 사람들과 물질문화에 있어서도 신화와 같은 정신적인 문화에 있어서도 긴밀한 관계를 맺고 있었습니다. 사실 중국에 살고 있는 이 '소수민족'은 미얀마의 산악지대에 있는 사람들이나 티베트족하고도 예전에는 매우 가까운 장소에서 함께 생활한 적도 있었습니다. 이런 점들을 살펴보면, 히말라야 산맥의 산기슭에서 출발해 윈난 지방을 빠져나가 양쯔 강 유역을 거쳐서 일본열도로까지 이어지는, 커다란 초승달 모양을 한 '소수민족'의 띠가 펼쳐지는 모습을 상상할 수가 있습니다.

이 '소수민족'들에게는 공통점이 있습니다. 그것은 자발적으로 국가라는 것을 만들지 않은 사람들이라는 점입니다. 이 부근에서 최초로 국가의 형태를 갖춘 것은 후에 한漢민족으로 불리게 된 사람들로, 양쯔 강과 황허黃河 유역에 살고 있었습니다. 한민족이 세운 국가는 주변 민족들에게도 차츰 영향을 미쳐, 정복을 당해 한민족에 동화되어버리는가 하면, 민족 내부에서 국가라는 것을 만들어 한민족 국가의 위성국가가 되는 경우도 있었습니다. 일본인의 경우는 바로 후자에 해당합니다.

태평양을 에워싼 고리

그런데 원난의 '소수민족'의 세계를 여행하는 동안, 나는 어떤 이미지의 포로가 되어버렸습니다. 커다란 도넛 모양의 고리가 태평양을 에워싸며 퍼져가는 이미지입니다.

좀더 정확하게 말하면, 남미 대륙의 남쪽 끝에서 출발한 그 고리는 북미 대륙을 거침없이 북상해 베링 해협을 건너서 동북아시아로 이어져갑니다. 대륙 쪽에서는 아무르 강 유역 근처에서 일단 그 고리가 끊어져 보이지 않게 되지만, 그 대신 사할린 섬과 홋카이도를 통과해서 일본열도로 들어가 또다시 중국의 남서부에서 모습을 드러냅니다.

자발적으로 국가라는 것을 만들려고 하지 않았던 사람들의 고리가 태평양을 에워싸고 있는 이미지입니다. 이 고리는 수천 년 전까지는 좀더 분명하게 이어져 있었는데, 한민족이 황허 유역에 국가를 만든 이후로는 주변의 광경이 점점 변화되어 갔습니다. 하지만 그와는 달리 북아메리카의 인디언이나 남아메리카의 아마존 유역의 인디언들은 국가를 만들려는 시도를 하지 않은 채, 1492년 유럽의 도래라는 사건을 맞이하게 되었던 겁니다.

일본열도에서 살아온 사람들은 눈에는 보이지 않는 이 환태평

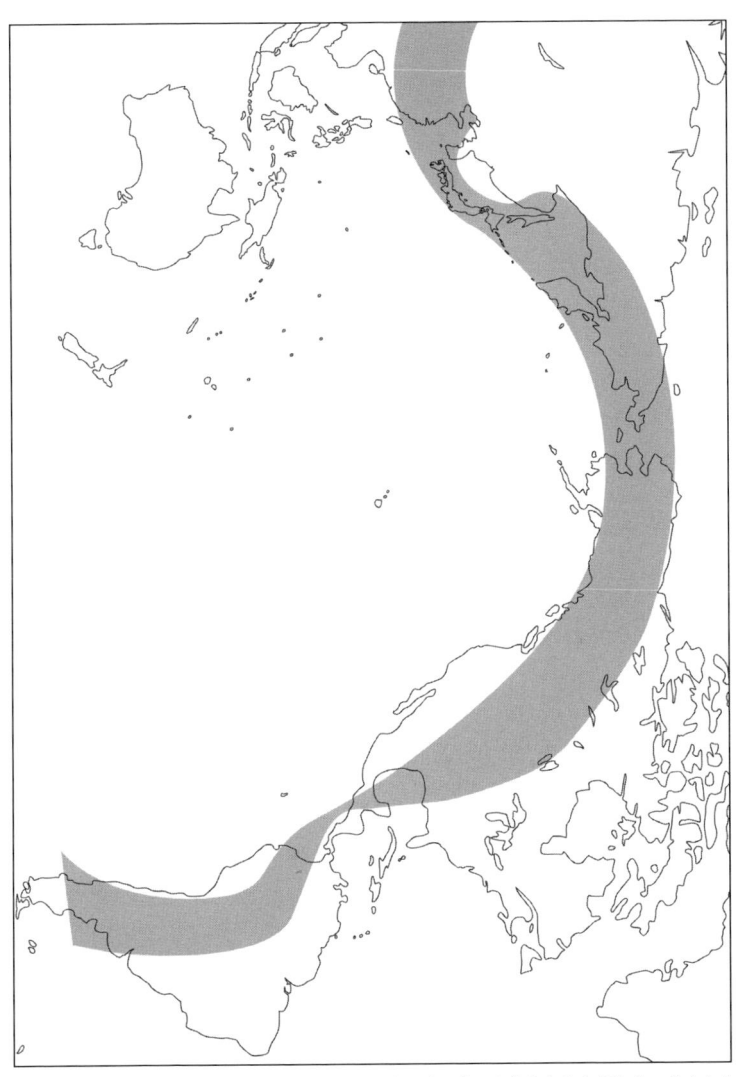

몽골족(국가를 만들려고 하지 않았던 사람들)의 고리 이미지
(약간 무리를 해서 도넛 모양으로 그려놓았다)

양을 이어주는 커다란 고리 안에서 자신들의 문화를 형성해왔습니다. 일본인의 정신적 토대는 사실 지금도 보이지 않는 이 고리와 깊이 연결되어 있습니다. 이 고리 안에 있으면서, 일본열도에는 '조몬'이라고 불리는 신석기 문화가 형성되었습니다. 사실은 그때 형성된 사고나 감정은 형태만 바뀌었을 뿐 현재까지 계속 살아 있습니다. 특히 조몬 문화의 흔적을 뚜렷이 남긴 채 역사를 이루어온 동부 일본에서는, 우리가 조금만 관심을 가진다면 그 고리의 실재를 지금도 뚜렷이 느낄 수가 있습니다.

자신들의 정신세계의 뿌리가 머나먼 아메리카 인디언들의 감수성이나 사고방식 등과 저변에서 이어져 있음을 깨닫는 경우가 많은 것도 그런 이유 때문입니다. 기술과 경제의 대국으로 발전한 일본인의 마음속 깊숙한 부분에는 '야생의 사고'가 변장을 한 채 아직 활동을 계속하고 있습니다. 자연에 대한 감각이나 인간관계를 맺는 방식 등에서 직감적으로 그걸 알 수 있습니다. 하지만 그 직감을 객관적으로도 확실해지도록 입증해주는 연구는 아직 충분히 이루어진 적이 없습니다.

그래서 오늘은 이 '환태평양의 고리'라는 생각이 결코 공상이 아니라 확실한 근거를 가진 것이라는 점을 여러분에게 이해시켜드리기 위해서 상당히 오랜 시간에 걸쳐 충분히 이야기해보고자 합니다. 무대는 북으로 뻗어가는 세계. 미야자와 겐지의 창조의 원천이 되었던 세계입니다. (이 장과 다음 장은 다른 장과는 달리 주오대학中央大學이 아니라 도호쿠예술공과대학東北藝術工科大學에서 강의한 내용이다)

'동북'이라는 개념의 확대

저는 일본인의 정신성 안에 있으면서 여전히 환태평양 고리와의 연결을 실감할 수 있는 부분 내지는 장소를 일단 '동북' 이라고 부르고자 합니다. '동북' 이라는 개념은 여러 가지 의미를 내포하고 있습니다. 이 말은 단순히 지리상의 특정 장소를 가리키는 것이 아니라 정신의 토폴로지Topology와 관련이 있습니다. 토폴로지는 구체적인 공간이나 도형의 성질을 조사하는 것이 아니라 그것을 끌어당기거나 펴거나 해도 변하지 않는 성질을 조사하는 학문입니다. 마찬가지로 '동북' 이라는 것은 구체적인 현실의 표면으로부터는 보이지 않게 되어버린 상태일지도 모르지만, 거기서 생활하고 있는 사람들의 사고나 감정의 심층에 여전히 존재하며 변하지 않은 부분과 관련이 있습니다. 이렇듯 변하지 않은 부분이 지금도 살아 있기 때문에, '동북' 적인 요소가 남아 있는 장소에서는 보통과는 약간 다른 '야생의 사고' 와 '현대' 가 묘한 결합을 함으로써 독특한 감수성이나 사고법이 발달되어왔던 것입니다.

제가 생각하는 '동북' 이란 일본의 동북지방에서 홋카이도와 사할린 섬까지, 그리고 아무르 강 유역에서 동시베리아에 걸친 지역, 나아가서는 알류산 열도에서 북미 대륙의 '북서해안부' 로 불리는 지역으로까지 확산되는 넓은 영역을 포함합니다. 북미 대륙의 북서해안부로 불리는 지역은 캐나다의 밴쿠버 섬을 중심으로 남북으로 퍼져 있으며, 거기에는 아주 오래 전부터(아마도 수천 년에 걸쳐서) 틀링깃족, 하이다족, 콰키우틀족, 살리시족 등이 살고 있었습니다(34쪽 참조).

저는 이 광활한 영역 전체를 '동북' 이라는 하나의 단어로 부르자는 약간 대담한 제안을 하고자 합니다. 그 이유는 여러 가지입니다. 그중 하나로 이 지역에 틀림없이 공통의 토대에 의해 발달했을 것으로 생각되는 문화가 다양하게 전개된 점을 들 수 있습니다. 이 지역에는 역사적인 관련이 실제로 존재했던 셈입니다. 또 다른 이유는 이 지역에 살았던 사람들이 자신의 내부로부터 국가라는 것을 만들어도 될 만한 조건을 이미 충분히 갖추고 있었음에도 불구하고 국가와 비非국가의 미묘한 경계선상에 계속 머물러 있음으로써, 국가의 형성을 거의 의식적으로 거부해왔다는 점과 관련이 있습니다.

그렇기 때문에 이 지역에서 이루어지던 사고의 경향을 자세히 관찰해봄으로 해서, 국가라는 것이 어디서부터 발생하게 되었는지를 알 수 있지 않을까 하는 기대를 가질 수가 있습니다. 이제까지 국가의 발생에 대해 여러 설이 제시되어왔지만, 우리가 지금 하려는 것처럼 신화적 사고의 분석에 의해 접근하려는 시도는 아마도 지금까지 없었을 거라고 생각합니다.

우리의 '동북'은 태평양을 사이에 두고 있는 일본열도와 아메리카 북서해안을 하나로 연결합니다. 이런 생각이 참으로 터무니없이 느껴질지도 모르지만, 사실 최근에 이루어지는 고고학 연구는 오히려 이 생각을 지지하고 있습니다. 1만 년 이상 지속된 일본열도의 조몬 문화와 아메리카 대륙의 캘리포니아 인디언의 문화 사이에는 뭔가 깊은 관계가 있었던 듯합니다. 거의 비슷한 형태의 '조몬 토기'가 두 지역에서 모두 발견된 점에 의해서도 알 수 있으며, 무엇보다도 북서해안 일대의 생업 형태가 조몬 문화와 매우 유사하다는 점으로도 확인할 수 있습니다.

두 지역 모두 수렵과 어로漁撈를 주된 생업으로 삼았습니다. 그리고 수렵과 어로의 문화 속에서 곰과 연어가 매우 중요한 동물이었습니다. 곰과 연어가 조몬 사회에서 매우 커다란 의미를 갖고 있었을 것으로 알려져 있습니다. 또한 조몬 문화의 직접적인 후예라 할 수 있는 아이누족의 문화나 동북의 마타기(일본 동북지방의 산간지역에 사는 사냥꾼들—옮긴이)들의 문화에서도 곰과 연어의 수렵은 매우 중요했습니다. 그곳에서 이루어진 수렵의 형태, 동물을 해체할 때의 매너, 고기의 보존방법, 사냥할 때 치르는 의례의 형태, 곰과 연어에 관련된 신화나 전설 등이 북미 대륙의 북서해안 인디언들에게서 거의 같은 형태로 발견됩니다.

　이 같은 사실은 19세기의 인류학자들도 확신했던 것이지만, 20세기에는 점점 고고학이나 인류학의 연구에 의해 입증되었습니다. 아직은 이 문제에 대해 확실히 이야기할 수 없는 단계지만, 앞으로 늦어도 10년 안에는 좀더 결정적인 증거가 나타날 것 같은 예감이 듭니다. 그뿐 아니라 좀더 새로운 곳을 파헤치는 고고학 연구는 대개 가마쿠라 시대鎌倉時代(1185년부터 1333년까지에 해당하는 시기—옮긴이) 무렵에 아이누 문화(이때쯤 해서 오늘날 알려져 있는 '아이누 문화'라는 것이 형성되었습니다)가 알류산 열도를 넘어 멀리 북서해안 인디언의 문화에 중요한 흔적을 남겼다는 사실을 밝히고 있는 중입니다. 그래서 저는 자신을 갖고 우리의 '동북'이라는 개념을 제안하려고 생각했던 겁니다.

이주의 역사에는 여러 층의 지층이 있다

　그렇다 해도 왜 아메리카 인디언의 세계 전체를 일괄해서 '동북'이라고 하지 않고, 특별히 아메리카 북서해안만을 지정해서 '동북'이라는 개념 속에 포함시키려고 하는 걸까요? 그 이유는 아메리카 선주민(네이티브 아메리칸)인 인디언이 원래는 어디에서 온 사람들이었는가 하는 점과 관련이 깊습니다.

　아메리카 선주민은 지금으로부터 만 몇천 년 전에 베링 해협을 건너서 아메리카 대륙으로 들어온 아시아인들이었다는 의견이 일반적입니다. 원래 그들의 고향은 아마도 바이칼 호의 동쪽 부근일 것입니다. 그들은 혹한을 견뎌야 하는 생활에 잘 적응하여 시베리아의 추코트 반도에 도착해, 당시에는 얼어붙어서 하나로 이어져 있던 아메리카 대륙을 바라보며 베링 해협 근처에서 오랫동안 머물러 있었습니다.

　그들이 아메리카 대륙으로 들어갈 수 없었던 까닭은, 캐나다의 대삼림지대에 해당하는 일대가 두꺼운 빙하로 뒤덮여 더 이상 전진할 수가 없었기 때문입니다.

　하지만 이 빙상氷床이 만 몇천 년 전에 천천히 녹기 시작해, 캐나다의 서쪽 평야지대에 거대한 얼음판 사이로 얼음이 없는 긴 통로가 생겼습니다. 그리고 맘모스를 쫓던 몽골족 사냥꾼들이 그 통로를 따라 처음으로 아메리카 대륙으로 들어갈 수가 있었습니다. 빙하의 벽을 좌우로 둘러보면서 통로를 빠져나간 사람들은 녹지가 풍부한 평야지대로 나아갔습니다. 아메리카 선주민의 가장 오래된 층을 형성한 주인공은, 이런 경로로 이루어진 최초의 이주에 의해 아메리카 대륙으로 건너간 몽골족이었습니다.

    그로부터 수천 년이 흐른 뒤 북미 대륙의 평원지대에는 아시아에서 가져온 문화를 더욱 독자적인 형태로 발전시킨 인디언 문화가 발달하였습니다. 물론 맘모스를 쫓아왔다가 북아메리카에 머무르지 않고 그대로 남미 대륙으로 들어간 사람들도 그곳에서 또 다른 문화를 발달시키고 있었습니다. 그 무렵의 일입니다. 지금까지 두꺼운 얼음에 갇혀 있던 태평양 연안의 빙하도 완전히 녹기 시작해 복잡한 만을 가진 피오르드가 완성되었습니다. 다음 차례의 이주자 그룹은 해안을 따라 생긴 이 통로를 통해 들어오게 됩니다.

    이 사람들은 훨씬 전에 아메리카 대륙으로 들어간 인디언과는 털의 색이 약간 다른 민족이었던 것 같습니다. 그들의 고향은 바이칼호 주변이었는데, 그후 아무르 강 유역에서 오랫동안 생활하는 동안에 사회의 구조나 신화의 형태 등이 독자적인 방향으로 발달했습니다. '북서해안 인디언'으로 불리며, 평야지대에 살던 인디언들과는 색깔이 다른 문화를 갖게 되었던 겁니다. 평야지대의 문화와 피오르드 해안지대의 문화는 점점 뒤섞여 서로 혼합되기도 했는데, 그래도 밴쿠버 섬의 콰키우틀족 등은 자신들의 전통에 매우 충실해 인디언 문화 속에서도 민족 고유의 성격을 지켜왔습니다.

    아무르 강 유역에 발달한 문화는 사할린 섬이나 홋카이도를 통해 일본열도의 조몬 문화하고도 깊은 교류가 있었습니다. 그렇기 때문에 19세기 이후부터 북서해안 인디언의 문화와 조몬 문화 사이에 뭔가 긴밀한 관련이 있는 게 아닐까 하고 생각하게 된 겁니다. 물론 지금 단계에서 정확한 것은 알기 힘듭니다. 그러나 일본의 조몬 문화와 아메리카 북서해안 문화를 이어주는 연속적인 면이 존재했던 것만은 분명한 듯해, 그것을 근거로 지금 일단 '동북'이라는 가칭을 붙여본 겁니다.

'동북'이라는 사회사상

이 지역에서는 곰과 연어의 수렵이 생업으로도, 그리고 신화적 사고에 있어서도 가장 중요한 위치를 차지하고 있었다는 것에 대해서는 말씀드렸을 겁니다. 그리고 곰이나 연어를 잡는 방법을 비롯해 동물의 넋을 보내는 제의에서도 그 바탕에 깔려 있는 사고에서 중요한 공통점을 발견할 수가 있습니다. 그밖에도 흥미로운 공통점이 많이 있습니다. 그중 가장 중요한 것은 이 '동북'의 사람들이 국가를 형성할 수 있는 조건을 전부 갖추고 있었음에도 자발적으로는 절대로 그렇게 하지 않았다는 점이라고 생각합니다. 수장은 끝내 왕이 되지 않았으며, 장로회의도 정부가 되지 않았습니다.

일본의 동북지방에 발달한 조몬 사회는 이미 계층화가 충분히 발달된 사회였는데도 말입니다. 마찬가지로 아메리카 북서해안의 인디언 사회도 계층화가 이루어져 귀족도 생기고 노예도 있었습니다. 그야말로 루소가 말한 '불평등사회'였던 셈입니다. 그런 사회라면 수장은 반드시 왕으로 변모하는 것이 역사학의 상식일 겁니다. 그런데도 나라=국가는 탄생하지 않았습니다. 도대체 그 이유가 뭘까요?

이 지역들은 자연환경이 매우 좋은 곳들입니다. 동식물이 매우 풍부했지요. 특히 연어나 송어가 풍부했고, 사슴도 많이 서식하고 있었으며, 무엇보다도 곰도 많이 잡혔습니다. 또한 잡은 동물의 고기를 보존하기 위한 저장기술이 매우 발달했기 때문에, 뛰어난 사냥꾼은 사냥으로 많은 동물을 잡아 다른 사람들보다 더 많은 부를 축적해 우월감을 가질 수도 있었습니다.

부가 축적되면 자연히 사회의 계층화가 이루어집니다. 북서해안 인디언의 사회를 보면 실제로 귀족과 평민, 노예로 구성된 계층화가 완성되어 있었습니다. 부를 충분히 축적할 수 있었던 귀족들, 그다지 풍요롭지 못한 평민들, 그리고 전쟁에 져서 포로가 된 다른 부족의 사람들로 이루어진 노예들, 이 세 계층에 의해서 경제적으로도 풍요로운 세계가 구성되었습니다.

그러면 조몬 사회에 대해서는 어떨까요? 자칫하면 우리는 조몬 사회가 평등사회였을 거라고 생각하기 쉽습니다. 어쨌든 조몬 사회는 나라라는 것이 만들어지지 않았고, 일본의 서쪽 지방에 들어선 야마토 조정(4세기경부터 645년경까지에 해당하는 시기의 조정—옮긴이)으로의 귀속과 복종을 강요당해 일부 사람들은 실제로 노예 취급을 받은 경우도 있었습니다. '조몬 사회는 국가를 갖지 않았다=그들의 사회는 계층화되지 않은 평등사회였다'는 식의 결론에 이르는 것은 자연스런 흐름일지도 모릅니다.

그러나 이제부터 이야기하겠지만, 사회가 계층화되어 있다는 것은 국가가 발생하기 위한 필요조건이기는 해도 결코 충분조건이 되지는 않습니다. 계층화가 진행된 사회가 자발적으로, 혹은 사상이나 윤리에 의해 내부로부터 국가를 만들지 않기 위해서 국가 발생의 현장에서 엄중한 조절이나 관리를 한 경우가 있었던 것은 분명합니다. 이것은 예전부터 와타나베 히토시渡辺仁 등에 의해 주장되어왔는데, 아직 충분히 인정을 받지는 못하고 있습니다.

그러나 아오모리현青森縣의 산나이마루야마三內丸山에 있는 조몬 시대의 뛰어난 유적을 보면서 거기에 평등사회가 펼쳐져 있었다는 식의 상상을 하기는 오히려 어려운 일입니다. 그곳은 자연 자원이 풍부하며, 북서해안 인디언의 사회와 매우 유사한 형태의 계층화된 사회가 발달하였을 거라고 생각하는 편이 인간의 특성에 맞을 것 같습니다. 일본의 동북지방에 전개된 조몬 사회는 계층화되어 있었지만 수장은 결코 왕이 되지 않았으며, 사람들이 필요에 따라 연합을 만드는 경우는 있어도 그것이 나라로 발전하는 경우는 없었다는 것이 제 생각입니다.

이것은 일종의 '동북' 사상이라고 생각합니다. 풍부한 자연환경은 아주 자연스런 형태로 계층화 사회를 만들어가지만, 나라=국가의 탄생 직전 상태에 이르렀으면서도, 대칭성 사회의 '사회사상'을 무엇보다도 중시했던 사람들은 다양한 방법을 동원해 나라가 생기려는 그 경계선에서 절묘한 타이밍으로 방향을 돌려 대칭성 사회로 돌아갑니다. 그러면 그런 대칭성 사회로의 회귀가 실제로는 어떻게 이루어졌는가에 관해서는 다음 장에서 상세하게 살펴보기로 하겠습니다.

Nakazawa Shinichi
Cahier Sauvage Series

VII

환태평양의 신화학으로 II

Nakazawa Shinichi
Cahier Sauvage Series

오리쿠치 시노부의 직감

조몬으로 불리는 일본열도상의 신석기 문화는 그후 그곳에 발달해 간 다양한 문화의 토대를 이루었습니다. 시간을 거슬러 올라갈수록 그 영향은 더욱 더 분명하게 나타나는데, 특히 정신문화에 관해서는 상당한 세월이 흐른 후에도 알 수 있을 정도의 깊은 흔적을 도처에 남겨놓았습니다. 이런 까닭으로 '일본인'이라는 개념이 형성된 이후의 정신문화를 연구할 때도 아메리카 인디언의 세계, 특히 북서해안 인디언의 문화에 대한 지식은 앞으로 더욱 중요해질 것으로 생각됩니다.

그런데 놀랍게도 이 점을 아주 오래 전에 간파한 사람이 있었습니다. 바로 야나기다 구니오柳田國男와 함께 일본의 민속학을 이룩한 오리쿠치 시노부折口信夫입니다. 오리쿠치 시노부는 신이나 영혼에 대한 일본인의 생각이나 제의 등이 본래 어떤 형태를 하고 있었는지를 연구하고 있었습니다. 그때 그는 '고대'라는 개념을 발견했습니다.

이 '고대'라는 개념은 우리의 '동북'과 매우 유사합니다. '고대'라고 해도 그것이 현실적으로는 어떤 역사적인 시간을 의미하는지는 알 수 없지만, 여하튼 '오래된' 것입니다. '고대'는 역사의 기술이 시작되기 훨씬 이전을 의미하는데, 8세기에 편찬된 신화집이나 가마쿠라 시대에 체제가 갖추어진 예술 장르 등에서도 '고대'의 실재를 확실하게 느낄 수가 있습니다. 오리쿠치 시노부가 말하는 '고대'라는 것은 일종의 토포스topos(장소)를 의미합니다. 그 토포스는 조몬 시대 사람들의 마음속까지 연결되어 있습니다. 그렇기 때문에 그가 구상한 '고대 연구'는 이제까지 실현된 민속학이나 인류학을 훌쩍 뛰어넘어 미래의 학문으로 통하는 문의 문턱을 넘고 있는 셈입니다.

오리쿠치 시노부는 '다마'(한자로는 '靈' 혹은 '魂'으로 표기함—옮긴이)라고 하는 영혼을 뜻하는 말에 주목했습니다. 이 말은 신神이나 물物 같은 단어와 관계를 가지면서 의미가 변화된 부분도 있지만, 근본적인 부분은 거의 변하지 않았습니다. 오리쿠치 시노부는 '다마'가 까마득한 옛날에 생겨 아직까지 사용되고 있는 말이며, 일본 열도의 문화와 아메리카 인디언의 문화가 하나로 연결되어 있는 듯한 아주 오래된 인간 본연의 마음까지도 담고 있는 말이라고 생각했습니다.

그에 따르면 일본인의 '제의祭儀'라는 것은 이 '다마'를 흔들어서 활기를 부여하거나 '다마'를 늘리거나 하기 위한 의례의 구조를 바탕으로 점점 여러 형태로 전개되었습니다. 그리고 그때 '겨울'이라고 불리는 시간이 매우 중요한 의미를 띠었다고 합니다.

'겨울'이란 무엇인가?

'겨울'은 동지를 사이에 두고 가을이 끝나갈 무렵부터 초봄에 이르기까지의 기나긴 시간을 의미했다는 것이 오리쿠치 시노부 선생님의 생각이었습니다. 길고 추운 기간을 택해서 '겨울'의 제의를 지내는 것은 까마득한 옛날부터 행해온 관습이었다고 합니다. 나중에 만들어진 달력에서는 이것은 시모쓰키霜月(지금의 11월부터 12월에 걸친 기간)를 중심으로 하는 기간이기 때문에, '겨울'에 해당하는 기간에 행해지는 제의는 '시모쓰키 제의'라고 부르기도 하였습니다.

겨울을 의미하는 일본어 '후유ふゆ'는 '늘어난다(일본어로 늘어난다는 말은 '후에루ふえる'이므로 겨울을 의미하는 '후유'와 비슷한 음을 갖고 있음-옮긴이)'는 의미를 가집니다. 무엇이 늘어나는가 하면, '다마'＝영혼이 늘어나는 겁니다. '다마'는 속이 텅 빈 '화살통' 모양의 용기 속에 가두어둘 수가 있기 때문에, 그것을 음악과 함께 흔들거나 해서 '다마'의 활동을 자극시키면, '다마'는 분열을 일으켜 점점 그 수와 힘을 늘려가게 됩니다. 그러면 세계에는 젊디젊은 힘이 충만해지고 대지에 활기를 불어넣어 인간을 행복하게 하는 힘이 주위에 가득 차게 됩니다. 추운 겨울철은 '다마'를 늘리는 제의가 행해지는 기간이었습니다. 그렇기 때문에 이 계절을 '겨울'이라고 부르게 된 거라고 오리쿠치 시노부는 생각했습니다. 그것은 영혼의 힘이 점점 증식을 일으키기 위한 특별한 시간이었던 셈입니다.

지금의 학자들에게 이런 대담한 생각은 도저히 불가능합니다. 아무리 고전을 이 잡듯이 뒤져도 그런 생각은 어디에도 나와 있지 않습니다. 아무리 해도 그것을 실증할 수가 없기 때문입니다. 그러나 오리쿠치 시노부는 자신의 생각에 상당한 자신을 갖고 있었습니다. 뛰어난 시인이기도 했던 오리쿠치 시노부는 문화의 본질은 '포에지 poésie'라고 생각했습니다. 따라서 현실에 나타나 있는 문화에는 어느 것이나 자신이 표현하고자 하는 '포에지'의 본질이 그대로 표현되어 있지 않다는 점, 즉 현실화되어 있지 않다는 점을 잘 알고 있었던 겁니다.

예전에 있었던 것을 그 자체로서 아무리 연구해도 '포에지'로서의 문화의 본질에 도달할 수는 없을 겁니다. 그보다는 현실 속에 우선 실현되어 있는 것을 잘 보고, 거기서부터 '있었어야 했던 것'을 추출해내는 편이 훨씬 의미 있지 않을까요? 이런 '포에지'의 정신으로 가득 찬 학문을 다시 한 번 소생시켜보지 않겠습니까? 황당무계한 추측이 언젠가 진실로 바뀌는 학문. 인간을 진정한 의미에서 풍요롭게 하는 지성이란 그런 것이어야 한다고 저는 믿고 있습니다.

'꽃 제의'에서 아메리카 인디언의 제의로

그렇다 해도 오리쿠치 시노부의 발상은 놀라울 정도로 참신합니다. 어떻게 그런 생각을 할 수 있었던 걸까요? 그 이유의 하나로는 그가 자주 여행을 했다는 점을 들 수 있습니다. 양산을 한 손에 들고 중절모를 쓰고 양복차림을 한 채, 그는 앞에서 이야기한 '겨울'에 해당하는 기간에 '꽃 제의가 행해지는 지역'인 신슈信州, 미카와三河, 엔슈遠州(나가노현長野縣과 시즈오카현靜岡縣과 아이치현愛知縣) 일대를 돌아다녔다고 합니다.

이 지역에서는 11월부터 1월에 걸친 기나긴 기간 동안 여러 마을들을 릴레이처럼 연결시켜 각양각색의 '꽃 제의'를 합니다. 춤을 추기 위해 특별히 마련된 무대나 마을의 신사神社에 모인 사람들에 의해 밤새 내내 '유다테(물이 펄펄 끓는 솥 주위에서 계속 춤을 추며, 사람들에게 뜨거운 물을 뿌려서 영혼을 정화시키고자 하는 의식)'가 계속됩니다. 새벽이 되면 커다란 가면을 쓴 귀신이 신비로운 분위기 속에 등장해 정화를 시키고 1년 동안의 풍요를 기원한 후 어둠 속으로 사라져갑니다.

그곳에서는 영혼의 정화와 재생의 의례가 거행됩니다. 이 '꽃제의'에는 영혼의 힘, 즉 '다마'가 쇠퇴해가는 동지冬至의 계절에 밤새 거행되는 의식을 통해 신선한 상태로 돌아간 '다마'를 늘려가고자 하는 사상이 표현되어 있습니다.

오리쿠치 시노부는 추운 겨울밤 내내 벌어지는 이 제의를 지켜보면서, 일본열도에 살았던 '고대'의 사람들이 갖고 있던 '다마' 관념의 원형을 발견했다는 확신을 가질 수 있었습니다. 물론 고전에 대한 방대한 지식이 있었기에 가능했겠지만, 그보다는 오래된 형태가 남아 있는 제의의 마당에 실제로 참가해서 현장의 분위기를 직접 체험했기 때문에 확신을 갖고 '다마'에 관한 체계적인 이론을 전개할 수 있었던 것 같습니다.

그러나 오리쿠치 시노부가 독특한 '다마'론論을 착상함에 있어서 중요한 힌트를 준 또 하나의 중요한 자료가 있었다는 사실을 잊어서는 안 됩니다. 그것은 이 강의에서도 이미 몇 번씩 언급해왔던, 아메리카 대륙 북서해안 인디언들의 제의에 대한 프란츠 보아스라는 인류학자의 기록 연구입니다.

독일 태생의 인류학자 보아스는 미국의 인류학을 창설한 인물입니다. 그는 북서해안 인디언의 여러 부족(콰키우틀족, 틀링깃족, 침시아족 등)을 상세하게 조사해서 방대한 기록을 남겼습니다. 또한 이누이트가 사는 지방에도 직접 가서 선구적인 연구를 했습니다. 그는 문장력이 매우 뛰어난 사람이기도 했기 때문에, 이 지역의 인디언 문화에 대해서 엄청나게 많은 책을 썼습니다. 그의 책은 유럽의 사회학자에게 깊은 충격을 주어, 유럽에서 새로운 사회학이 탄생할 수 있는 촉매제 역할을 했을 정도입니다.

보아스를 중심으로 하는 미국 인류학이 일으킨 신선한 바람을 프랑스의 사회학자 마르셀 모스는 매우 진지한 자세로 받아들였습니다. 북서해안의 사람들은 장송葬送 의례를 엄청난 규모로 확대시킨 '포틀라치Potlatch'라는 의례를 지내는 것으로 유명한데, 모스는 그것에 대해서 보아스 등이 남긴 기록을 토대로 20세기 사회학의 최고 걸작인 『증여론』을 씁니다. 또한 이누이트 사람들이 여름과 겨울에 생활형태를 완전히 변화시키며, 겨울에는 얼음집 속에서 떠들썩한 분위기 가운데 영혼의 힘을 증식시키기 위한 제의를 지내는 모습이 보아스 그룹에 의해 상세하게 알려졌습니다. 마르셀 모스는 이를 바탕으로 동계의 제의가 갖는 의미를 밝히는 연구도 했습니다.

이것이 20세기 초에 있었던 일입니다. 오리쿠치 시노부는 보아스 그룹이 진행하던 북서해안 인디언에 대한 조사와, 이에 영향을 받은 프랑스 사회학의 성과가 발표될 때마다 깊은 관심을 가졌습니다. 그는 프랑스어에 능통한 동료 다나베 히사토시田辺寿利 등에게 발표되는 텍스트의 소개와 번역을 부탁해서 잡지에 발표해갔습니다.

오리쿠치 시노부는 매우 놀랐습니다. 아메리카 인디언들이 행하는 겨울 제의의 광경이나 분위기가 지금도 일본 중부지방의 산속에서 성대하게 거행되고 있으며, 자신이 체험해서 잘 알고 있는 제의와 똑같다는 점에 적잖은 충격을 받았습니다. 그런 인디언의 사례는 그의 머릿속에서 구체성이 결여된 하나의 막연한 개념에 명확한 형태를 부여해주는 역할을 했습니다. 여기에는 동일한 정신이 흐르고 있다, 완전히 똑같은 사상과 똑같은 표현법이 태평양을 사이에 두고 행해지고 있다, 북서해안 인디언과 일본열도의 '고대'는 하나로 연결되어 있다. 우리가 이 강의를 통해서 하나의 형태를 부여하고자 하는 이 아이디어의 의의는 이미 오리쿠치 시노부에 의해 정확하게 이해되고 표현되었던 셈입니다.

프란츠 보아스의 업적

오리쿠치 시노부의 '다마' 론의 형성에 아이디어를 제공한 셈인 북서해안 인디언의 '겨울' 제의에 대해서는 프란츠 보아스가 매우 상세한 기록을 남겼습니다. 여기서는 콰키우틀족의 경우를 알아보기로 하겠습니다. (프란츠 보아스, 『콰키우틀 인디언의 사회조직과 비밀결사』, 1895년. 마시코 마치야益子待也, 「콰키우틀족에 있어서의 '겨울 제의' 및 대립되는 신격에 대해서」, 1989년)

  이 지역 사람들은 여름과 겨울의 생활형태에 철저한 변화를 줍니다. 여름 동안은 공동의 영토에서 어로나 수렵, 채집을 합니다. 이런 작업은 기술을 필요로 하는 현실적이고 '세속적인' 활동입니다. 이때 사람들은 '누마이마' 라는 지연地緣집단별로 나뉘어져 각자의 영역 안에서 수렵과 채집 활동을 벌입니다. 넓은 사냥터에서 확대된 가족과 같은 집단이 분산해서 생활하는 셈입니다.

  수렵과 채집 같은 현실적인 활동이 이루어지는 이 계절에는 수장이 리더가 됩니다. 분쟁이 발생했을 때 그것을 중재하거나, 모두가 규율을 지키며 자연과의 사이에 주고받은 무언의 계약을 파기하지 않도록 위엄을 갖추고 지켜봅니다. 이 무언의 '자연과의 계약'을 파기하기는 매우 쉽습니다. 동물들을 모욕하는 행동만으로도 충분합니다. 포획한 동물의 몸을 해체할 때 함부로 다루거나, 고기를 먹다 남기거나, 물고기의 뼈를 쓰레기장에 버리거나 하면, 살해된 동물들의 영혼은 모욕감과 함께 슬픔과 분노를 느낍니다. 그런 후에는 두 번 다시 인간의 손에 걸려들려 하지 않게 되기 때문에, 사람들은 이듬해부터 동물이 잘 잡히지 않게 되는 걸 두려워했습니다. 그런 일이 일어나지 않도록 사람들의 마음을 단단히 단속하는 것이 수장의 역할이었습니다.

연어가 강을 거슬러올라오는 여름에는 이 지역 사람들은 풍부한 연어를 손에 넣을 수 있었습니다. 특히 이 부근에는 훈제를 비롯한 동물 고기의 저장기술이 고도로 발달했기 때문에 겨울 동안의 보존식품을 만들 수가 있었습니다. 인디언들은 겨울 동안 필요한 식료품을 비축하기 위해서 매일같이 바삐 움직였습니다.

겨울이 왔습니다. 여름에는 넓은 영토에서 가족 단위로 분산해서 오두막을 지어서 생활하고 있었지만, 겨울이 되면 모두 일제히 여름의 오두막을 버리고 한 곳으로 모여듭니다. 겨울의 마을이 부활하는 겁니다. 여기에는 공동 제의를 지내기 위한 커다란 건물이 있으며, 겨울의 마을은 그 건물을 중심으로 해서 형성됩니다.

사회구조도 완전히 바뀝니다. 여름에는 가족 중심의 생활이었으나 겨울이 되면 '비밀결사'가 몇 개씩 결성됩니다. 사람들은 각자의 포지션에 따라 그중의 어떤 결사에 속하게 됩니다. 보통 아버지와 아들은 서로 다른 비밀결사의 소속이 되었습니다. 결사의 내부는 입사 시기에 따라 서열이 결정되는 일종의 '학년제'로 이루어졌습니다. 일본의 겨울 제의에 비유하면, '강講(13세기경 이후 불교나 신도 관계 행사를 위해 민중 사이에서 만들어진 결사―옮긴이)'이랄지 '좌座(13

겨울 동안을 위한 보존식을 만드는 모습 [North Olympic Library]

세기경 이후 상인이나 장인 등이 조직한 동업조합—옮긴이)'와 같은 조직이 바로 이 비밀결사에 해당합니다. 비밀결사별로 모임을 가지는데, 제의 때마다 자신의 역할이 정해집니다. '바다표범조組' '갈가마귀조'와 같이 각 집단별로 나뉘어져 제의를 지내는 셈입니다.

겨울이 되면 여름의 수장은 그다지 중요한 역할을 하지 않게 됩니다. 이 제사의 계절에는 각 비밀결사의 리더가 주도권을 갖습니다. 분쟁의 중재나 조정과 같은 것이 사소한 도덕적 배려로 간주될 정도로 겨울철에는 사람들의 마음이 들떠 있게 마련이므로, 단순히 평화로운 시간의 실현 같은 것은 별로 의미를 갖지 않게 됩니다. 겨울은 '성스러운 시간'이었던 셈입니다.

이 지역의 말로 겨울은 '체차이카'입니다. 일본어로 겨울을 의미하는 '후유'는 '영혼의 힘이 늘어난다'는 의미를 갖고 있었는데,

환태평양의 신화학으로 II **197**

이 '체차이카'라는 단어도 이와 유사하게 '의식儀式'이라는 의미와 '영혼의 힘을 발동시킨다'라는 의미를 갖습니다. '체차이카'라고 불린 겨울이라는 기간은 세속의 시간과는 전혀 다른 시간으로, 영혼의 힘이 발동해 증식해가는 '성스러운 시간'으로 여겨졌던 셈입니다.

바다표범 결사의 '하마차' 의례

제의에서는 매우 복잡한 구성의 입회식이 거행됩니다. 각각의 비밀 결사가 그때까지 결사의 비밀에 관여할 수 없었던 젊은이에게 혹독한 입회식의 시련을 부과하고, 그것을 견뎌낸 젊은이만을 결사에 넣어줍니다. 이 시련은 앞에서 소개한 샤먼 지망생이 통과해야 하는 과정과도 매우 유사합니다. 숲 속에서 며칠씩 먹지도 마시지도 자지도 않으며 견뎌야 하고, 그 과정을 통과한 자만이 그때까지 비밀로 되어 있던 신을 칭송하는 노래와 이야기를 배울 수 있습니다.

북서해안 인디언의 세계에서 가장 중요한 의식은 바다표범 결사에서 거행하는 의례라고 합니다. 이 결사는 매우 특수한 결사로, 수많은 결사 중에서도 가장 격이 높다는 평가를 받기도 합니다. 여기서 '하마차' 의식이 거행됩니다.

'하마차'란 '식인'을 의미합니다. 여느 비밀결사와는 달리 여기서는 어엿한 결사원이 된다는 것은 곧 훌륭한 식인이 된다는 걸 의미합니다. 어엿한 한 인간의 상태를 뛰어넘어서, 인간을 먹는 존재가 될 것을 강요당하는 셈입니다.

여기에 20세기 초에 찍은 사진 한 장이 있습니다. '하마차' 과

비밀의 방으로부터 모습을 드러내는 하마차 (Smithsonian Report, 1895)

정의 마지막 의식 장면을 촬영한 것입니다. 벽을 파낸 구멍 반대편에서 젊은이가 춤을 추면서 나오는 모습이 보입니다. 젊은이는 입을 크게 벌리고 "하푸, 하푸, 하푸!(먹고 싶다, 먹고 싶다, 먹고 싶다!)"라며 외치고 있습니다. 그는 이미 식인 행위를 하는 존재입니다. 구멍에서 나온 바다표범 결사원은 완전한 '하마차'가 된 겁니다. 젊은이는 '바후바쿠아라누프쉐'라는 식인 정령의 우두머리에게 잡아먹혔다가 다시 그의 입 속에서 밖을 향해 "하푸 하푸!" 하고 외치며 나옵니다. 그제야 비로소 이 정령과 마찬가지로 '하마차'가 된 것으로 간주합니다. 식인의 정령에게 잡아먹힘으로써 '하마차'의 비밀을 전수받게

1894년에 하마차 의식에 참가한 사람들. 얼굴은 검게 칠해져 있고 머리는 깃털로 뒤덮여 있다.
(Ruth Kirk, *Wisdoms of the Elders*, Douglas & McIntyre)

되고, 그런 후에야 자기 자신이 식인으로 바뀌는 겁니다. 이 순간이 제의의 클라이맥스입니다.

 이 제의의 배후에는 뛰어난 능력을 가진 남성은 식인 기질을 갖추어야 한다는 생각이 자리하고 있는 듯합니다. 평범한 상태를 초월해서 인간을 잡아먹는 존재가 되었을 때 비로소 바다표범 결사의 일원이 된다는 의미는 언뜻 보면 기묘하기까지 합니다. 그러나 그 배후를 자세히 들여다보면, 매우 일관된 논리적 사고(신화논리의 사고)가 흐르고 있다는 것을 깨닫게 됩니다.

여름과 겨울의 역전관계

이런 기이한 사고는 어디에서 비롯된 걸까요? 그것은 마르셀 모스나 오리쿠치 시노부가 주목했던 인디언 사회의 여름과 겨울의 생활 패턴의 차이와 깊은 관련이 있습니다. 인디언 사회에서는 여름과 겨울의 생활 패턴이 완전히 반대 방향을 향하고 있는 역전관계에 있기 때문입니다.

그 점은 동물과의 관계에도 나타납니다. 여름은 수렵의 계절이므로 인간이 동물을 죽입니다. 하지만 겨울에는 관계가 역전되어 인간이 '식인'에게 잡아먹힙니다. '식인'의 수장인 '바후바쿠아라누프쉬웨'는 숲을 거처로 삼고 있는 거대한 '자연'의 주인입니다. 이 괴물에게 잡아먹힌다는 것은 곧 동물의 정령이 거처로 삼고 있는 '자연'에게 잡아먹히는 셈이므로, 겨울철의 권력은 '자연' 속에 깊숙이 숨어 있음을 의미한다고 할 수 있을 겁니다.

인간과 곰을 비롯한 동물 사이에는 완전히 대등한 관계가 성립되어(성립되어야만 하여), 대칭성 사회의 사람들이 동물과 결혼을 하거나 형제나 부자 관계를 맺을 수도 있다고 생각했다는 것을 우리는 잘 알고 있습니다. 인간도 곰이 될 경우가 있으며, 곰도 인간으로 변신할 수 있습니다. 이런 표현을 통해, 인간과 동물 사이에는 대칭적인 관계가 성립되어야 하며, 인간만이 압도적인 우위에 서서 동물의 운명을 좌지우지해도 된다는 법은 없다는 사상이 표현되었습니다.

이런 대칭성 사회의 '에티카ethica(윤리)'가 기묘한 제의를 만들어낸 겁니다. 여름 동안에는 인간이 동물보다도 우위에 서서 수렵을 합니다. 예를 들어 인간은 강가에 어량魚梁을 설치해 많은 연어를 잡을 수 있지만, 인디언은 자신이 다른 생물의 생명을 빼앗고 있다는 걸 확실히 자각하면서 연어잡이를 했습니다. 여름은 인간이 동물을 죽이는 계절인 셈입니다.

그러나 여름의 수렵기가 지난 후에도 비대칭적인 관계를 지속시키는 것은 위험하기도 하고, 또한 옳지 못하다고 그들은 생각했습니다. 인간은 이 우주 속에서 어떤 특권을 부여받은 존재가 절대 아닙니다.

어쩌다가 대뇌를 특수하게 발달시켜서 기술력을 손에 넣을 수 있었다 하더라도, 단지 기술력 때문에 우주 안에서 인간의 위치를 변화시켜서는 안 된다고 인디언들은 생각했습니다. 만약 인간이 동물에 대해 압도적인 우위에 서서 비대칭적인 관계를 확립해버리면, 잠시는 동물이든 뭐든 자연의 부를 얼마든지 간단히 손에 넣을 수 있을 듯이 보입니다. 그러나 얼마 지나지 않아 무지막지한 인간의 행동에 화가 난 자연은 인간에 대한 호의를 잃어 다시는 인간에게 풍요로운 부를 보내주지 않을 게 틀림없다고 인디언은 생각했던 겁니다.

그렇기 때문에 여름 동안만 인간은 동물을 잡아먹습니다. 그러나 겨울의 계절에는 이 관계가 역전되어 이번에는 인간은 동물(자연)에 의해 잡아먹혀야 합니다. 이 얼마나 일관성 있는 사고법인가요? 겨울철에는 자연 권력이 인간사회를 지배하는 겁니다. 바다표범 결사에 새로 들어간 결사원이 '바후바쿠아라누프쉐'에게 잡아먹혀 그와 똑같은 존재가 되려고 하는 까닭도 바로 여기 있습니다. 인간은 '식인'이 됨으로써 강력한 자연 권력을 자신의 내부로 끌어들일 수 있으며, 인간을 부정하는 존재에까지 이르고자 합니다. '초인'의 사상을 주장한 니체 같은 사람에게 꼭 보여주고 싶은 제의입니다.

사상으로서의 '식인'

겨울철에 결성되는 비밀결사에는 그밖에도 흥미로운 특징이 많이 있습니다. 여름 동안 사람들은 사회적 아이덴티티를 갖고 있었습니다. 그것은 가족이라는 단위를 토대로 한 개인의 위치와 관련이 있습니다. 모두가 제각기 어떤 이름을 갖고, 아버지, 어머니는 누구이며, 가계는 어느 계층에 속하고 하는 식의 사회적 위치를 통해서 자신의 정체성에 대한 물음에 일목요연하게 대답하고자 했습니다. 하지만 겨울이 되면 그런 아이덴티티는 흔적도 없이 사라져버립니다. 비밀결사가 전혀 다른 규칙으로 인간관계를 완전히 뒤섞어서 재조정하기 때문입니다.

비밀결사 안에서는 그때까지 자신이 갖고 있던 이름이나 지위를 버려야 합니다. 연령계제제年齡階梯制('연령집단제'라고 부르기도 하는 인류학 용어. 부족사회의 촌락에서 주로 남자를 몇 개의 연령계급으로 나누어 부족의 기능을 분담하는 제도—옮긴이)가 이 결사의 가장 중요한 구성원리이므로, 결사 밖에서 아무리 사회적 지위가 높다 할지라도 아무 소용 없습니다. 그곳에 들어서면 벌거벗은 한 개인에 지나지 않습니다. 결사의 구성원리에 따라 한 명의 신참으로서 밑바닥부터 시작해야만 합니다.

비밀결사에는 개인의 개체성을 부정하는 어떤 힘이 깃들어 있습니다. 결사에 들어가, 지금까지 바깥세계에서 사용했던 이름을 버리고 사회보다도 거대한 힘(권력)을 가진 누군가에게 복종을 할 때, 비로소 결사의 일원이 될 수 있습니다. 비밀결사는 세속적인 사회에서 통하던 그 사람의 지위(여름에는 그것이 가장 중요한 사회의 구성원리였습니다만)를 '먹어치워', 개인을 형태가 없는 '영혼' 상태로 되돌리는 작용을 합니다. 이렇게 알몸이 된 '영혼'들이 만드는 질서가 바로 결사의 구성원리인 연령계제제입니다.

겨울 제의의 공간에서는 '바후바쿠아라누프쉬웨'라는 식인 정령이 들끓는 듯한 흥분 속에서 인간보다 훨씬 강력한 위력을 발휘하여 사회적 에고를 부정하고 파괴해서 먹어치우려고 합니다. 그리고 이 정령에게 먹혀버린 인간은 그때까지 갖고 있던 사회적 에고를 상실해 벌거벗은 '영혼'이 되고 맙니다. 이런 상태에서는 누구나 인간으로서는 상상할 수 없는 엄청난 능력을 발휘하게 됩니다. '식인'이 된 남자에게 더 이상 무서운 존재는 없습니다.

이 제의는 정령에게 잡아먹혀 '식인'이 된 사람에게는 심오한 인식능력이 부여될 거라는 것을 알려주고 있습니다. 사회적 에고를 갖고 행동하는 동안은 평범한 수준의 것에 정신을 빼앗긴 상태이므로, 쓸데없는 것에 신경 쓰거나 타인을 질투하거나 끙끙거리며 고민하거나 할 겁니다. 그러나 이제 '식인'이 된 그는 위력으로 가득 찬 영혼의 세계로부터 새로운 이름과 지위를 획득함으로써 진정한 자유를 얻고, 두려울 게 없는 독수리처럼 당당하게 행동할 수가 있습니다. 사람은 사회적 에고를 버리고 벌거벗은 인간이 되어 스스로와 마주했을 때, 비로소 용기 있는 개체가 될 수 있다는 사상이 이 제의에 표현되어 있는 듯이 보입니다.

몽골족의 '철학'과 거울의 제의

신석기 시대의 종교사상이란 무엇인가 하는 것은 매우 어려운 문제입니다. 저는 북서해안 인디언의 제의에 표현되어 있는 이런 사고방식이야말로 국가의 제의나, 혹은 불교, 기독교와 같은 본격적인 종교가 등장하기 이전에 지구상에 널리 실천되던 종교사상(그것을 '종교'라고 할지 어떨지는 문제입니다만)의 정수를 표현하고 있는 듯이 보입니다. 혹시 여러분은 이런 신석기적 사상이 불교의 사고와 매우 유사하다는 걸 눈치 채셨나요?

우리의 마음은 에고라는 단단한 껍질로 싸여 있으며, 실제 세계를 앞에 두고도 에고라는 필터를 통해 바라보며, 에고로부터 발생하는 욕망이나 질투, 분노에 의해 일그러진 모습밖에 볼 수 없기 때문에 인간의 마음은 항상 번뇌에 사로잡혀 진정한 자유를 맛볼 수 없다는 것이 불교의 기본적인 생각입니다. 불교는 끊임없이 에고를 부정하고 초월하기 위한 방법을 설교해왔습니다. 에고를 무너뜨려 마음을 벌거숭이 상태로 만들어가는 것, 그리고 벌거숭이 마음으로 세계의 실제 모습을 지켜보며 참된 인생을 살라고 가르칩니다.

이런 불교의 사고와 아메리카 인디언의, '거울 제의'의 사상은 정말로 유사합니다. 굳이 둘을 비교하자면, 동일한 사상의 표현으로서는 인디언의 것이 더욱 매력적으로 느껴지는 게 사실입니다. 『이상한 나라의 앨리스』에 등장하는 체셔 고양이처럼 입만 있는 존재인 정령, '바후바쿠아라누프쉐'는, 불교의 수행에서 같으면 나이 든 스님에 해당하겠지요. 그 입은 진리의 길로 들어가고 싶어하는 젊은 이를 꿀꺽 삼켜버립니다. 그리고 사회가 만든 에고의 껍질을 먹어치우고 철저히 부정해, 벌거숭이가 된 '영혼'을 사회로 다시 돌려보냅니다. 젊은이는 더 이상 이제까지의 그가 아닙니다. 자신의 아이덴티티를 파괴하고 스스로 '식인'이 되어 나이 든 스님과 동일한 존재로서 현실 속으로 돌아온 셈입니다.

보아스가 이 자료들을 발표했을 당시에는 미개인의 식인 풍습에 대한 단순한 증거물로만 받아들여 상당히 부당한 취급을 받은 적도 있지만, 이것을 불교사상과 대비해보면 사상으로서의 '식인'이 얼마나 심오한가를 확실히 느낄 수 있습니다. 이 제의는 일종의 실존사상의 표현인 셈입니다. 대승불교의 부동명왕不動明王과 북서해안 인디언의 '바후바쿠아라누프쉬웨'는 사실은 동일한 존재가 아닐까요?

그런 의미에서도 저는 불교를 대칭성의 사상에 근거한 '야생의 사고'가 문명적으로 다듬어진 한 형태로 생각하고 싶은 겁니다. 몽골족의 철학은 '겨울' 제의에 응축되어 표현됩니다. 영혼과 신에 대한 일본인의 사고에 있어서 '겨울' 제의를 중심으로 행해지는 '진혼鎭魂', 즉 영혼에 활력을 불어넣어 소생시키는 주술이야말로 중요했다고 하는 오리쿠치 시노부의 주장에는 이런 생각이 배후에 내재되어 있는 듯한 느낌이 듭니다.

'식인'과 전쟁

제의와 전쟁이 매우 유사한 행위라는 것은 전부터 익히 알려져 있었습니다. 둘 다 일상에서 벗어나 보통 상태에서는 불가능한 힘을 발휘하는 것이며, 파괴와 소비가 거대해지는 점까지도 똑같습니다. 북서해안 인디언의 세계에서는 이 점이 '하마차(식인)'의 개념을 매개로 해서 특히 강렬하게 표현되어 있습니다.

훌륭한 전사란 보다 강력한 '식인'을 의미하기도 합니다. 전사는 전쟁에 나가기 전에 앞에서 소개한 "하푸, 하푸, 하푸"라는 구호를 소리 높여 외치며 평소와는 다른 능력을 자신에게 불어넣고자 합니다. 보아스가 그 모습을 다음과 같이 생생하게 묘사하고 있습니다.

> 전사들은 수장의 방으로 불러갔다. 방 한가운데에 장대 하나가 세워져 있었다. 전사들은 손에 헴록(라틴어로 'conium'이라고도 하는 미나리과의 다년생 식물―옮긴이)으로 만든 꽃다발을 들고 있었다. 이 꽃다발은 살해된 적을 상징한다. 전사들은 '겨울 제의'와 관계 있는 구절을 읊으며 꽃다발을 장대에 건다. "우리는 맹세의 증거로 이 목을 장대에 걸겠다. 위대한 갈가마귀는 인간을 먹고 싶어한다." "전쟁용 카누의 앞머리에 나는 설 것이다. 수장이여, 나는 새로운 세계를 두려워하지 않는다. 이것은 원래 전쟁에서 획득한 적의 목. 맹세의 증거로 이 목을 장대에 걸겠다." "나는 인간을 먹고 싶다. 위대한 식인은 인간을 먹고 싶어하고 있다." 마지막으로 수장이 일어서서 두 개의 꽃다발을 장대에 걸고 '겨울 제의'의 전문 댄서를 흉내내며 이렇게 외친다. "이것은 내 여동생과 조카딸을 위해 벤 목이다." (Franz Boas, *Kwakiutul Ethnography*, 1966)

전쟁과 '겨울 제의'의 밀접한 관계는 분명합니다. 전사는 더 이상 평범한 인간이 아닙니다. 이제 그는 '하마차=식인'과 마찬가지로 표준을 뛰어넘은 존재입니다. 게다가 대개의 경우 전쟁은 여름의 사냥터에서 일어난 분쟁이 원인이 되어 가을부터 겨울에 걸쳐서 치러집니다. 전쟁 때는 특히 다정함에 무감동해진, 그야말로 '하마차'다운 젊은이가 전사가 되고, 특별히 전쟁의 리더를 선출해 적의 부족에게 공격을 가하는 겁니다.

전쟁의 목적은 대부분 자신의 부족 사람, 특히 여성과 아이, 노인에게 가해진 모욕에 보복하는 데 있습니다. 사회에 계층화가 이루어진 이 지역의 사람들은 자신의 위신을 높이고자 하는 욕구가 매우 강했기 때문에 모욕을 당하거나 하면 보복하지 않고는 못 배깁니다. 그러나 깨진 균형을 회복시키는 것이 본래의 목적이므로 보복이 완료되면 그것으로 충분해 대량학살 따위는 절대로 일어나지 않습니다. 이것은 신석기적인 사회의 일반적인 특징입니다. 거기에도 분명히 전쟁은 일어나지만 전면적인 정복전이랄지 학살전은 좀처럼 일어나지 않습니다.

조몬 사회에서도 마찬가지가 아닐까요? 조몬 사회가 전혀 전쟁을 모르는 평화로운 세계였다고 생각하는 것은 픽션에 지나지 않습니다. 전쟁은 '겨울' 제의나 샤머니즘, 수렵과의 관계를 유지하면서, 인간이 인간을 뛰어넘는 힘의 영역으로 들어가는 '성스러운 행위'의 일환으로서 당당하게 치러졌을 겁니다. 일본열도의 경우도 국가의 탄생 이전에는 제한된 사회적·종교적 의의를 가진 '성스러운 행위'로서의 전쟁의 성격이 파괴되는 그런 전쟁은 없었던 것이 아닐까요? 따라서 당연히 학살 같은 것은 절대로 일어나지 않았습니다. 요컨대 신석기적인 사회에서는 전쟁은 아직 '야만'적인 행위가 아니었던 셈입니다.

'겨울'은 위험한 전환점

이렇게 해서 우리 앞에 성격이 다른 네 종류의 '리더'가 등장하게 되었습니다. 첫번째는 수렵의 계절인 여름, 즉 세속적인 계절을 지도하는 '수장'입니다. 수장 타입의 리더는 법률가이자 도덕가이고 경제인이며 정치가의 거울과 같은 인물입니다. 그는 말솜씨와 이성에 의해 사회에 평화를 가져다주고자 하는 존재로서, 위엄과 신뢰를 유지합니다.

두 번째는 겨울에 중심적인 존재가 되는 비밀결사의 리더입니다. 그는 나이 든 스님의 지혜를 체현하는 존재인데, 이때 지혜라는 것은 바로 니체식의 실존철학과 프로이트 심리학, 초현실주의 예술을 아우른 듯한 초월적인 성격이 강한 철학입니다. 뛰어난 비밀결사원이 되기 위해서는 훌륭한 '식인'이 될 수 있어야 합니다. 즉 일상적인 상태에서의 사회적 인격을 부정하고, 잘못 만지다가는 화상을 입을 정도의 '강도強度'의 영역으로 들어가더라도 아무렇지 않을 정도의 강력함을 획득하는 겁니다. 다소 비정상적으로 느껴질 정도인 편이 훌륭한 '식인'으로 평가받게 되겠지요.

세 번째는 전사의 리더입니다. 전사도 비밀결사원과 마찬가지로 '식인'인 편이 이상적이라 할 수 있습니다. 일상생활에는 불필요할 뿐 아니라 위험하기조차 한 '강도=힘'의 영역에서 일을 해야만 합니다. 강한 전사는 평상시에는 어딘지 모르게 거북하게 느껴지는 존재입니다. 어딘지 모르게 냉정하면서 무감동한 면이 여성이나 어린이들에게 두려움을 느끼게 합니다. 그러나 전사의 위신은 바로 힘의 영역과의 접촉한다는 점에서 비롯되므로, 두려움의 대상이 됨으로써 오히려 위신은 높아지는 셈입니다.

두려움의 대상으로 말하자면, 네 번째 리더로서 샤먼을 거론하지 않을 수 없을 겁니다. 샤먼도 일종의 '식인'입니다. 샤먼이 되기 위한 수행을 상기해주십시오. 샤먼은 금식을 참고 추위에 견디며, 의식의 하층에서 유동하고 있는 힘의 영역으로 들어가는 사람이었습니다. 그 힘 덕택에 곰이나 연어와 같은 동물의 영역과도 자유로운 왕래가 가능한 존재입니다. 그럼으로써 샤먼은 사람들의 병을 고치고, 미래에 일어날 일을 예언합니다. 병을 고칠 수 있는지, 예언이 맞는지의 여부가 샤먼의 위신을 결정하지만, 어떤 경우든 샤먼은 이성이 개입할 수 없는 영역의 전문가입니다. 따라서 사람들이 일종의 공포심을 갖고 바라보는 것은 당연합니다.

아메리카 인디언을 비롯한 신석기적인 사회에서는 이 네 종류의 리더를 둘로 나누어 역할을 수행하게끔 합니다. 즉 수장과 비밀결사+전사+샤먼의 리더를 엄격히 구별하는 겁니다. 수장을 제외한 세 유형의 리더에게는 공통점이 있습니다. 그들의 활동이 겨울을 중심으로 이루어지며, 주로 인간의 이성의 한계를 초월한 영역에서 행해지는 활동에 관여한다는 점입니다. 하지만 여름이라는 계절과 세속적인 생활 전반의 지도를 떠맡은 수장만은 이성의 한계 내에서 사회에 평화를 가져다주고자 합니다.

이 점에 대해서는 이렇게 표현을 바꿀 수도 있습니다. 여름이라는 계절에는 인간사회와 동물세계는 '문화'와 '자연'으로 서로 대립합니다. 그때 인간사회는 수장이 지도합니다. 이성적인 수장에게는 권력이 없고, 권력=힘의 원천은 오로지 동물의 세계에만 숨어 있습니다. 하지만 겨울이 되면 이런 구별은 사라지고 말지요. 비밀결사원

겨울의 제의에 모습을 드러낸 가면을 쓴 수많은 신들 (Ruth Kirk, Ibid.)

이나 전사나 샤먼들은 자진해서 '자연'이 몰래 갖고 있는 힘=권력의 원천에 접근하려고 합니다. '문화'에 '자연'이 흘러들어오는 겁니다. 이것에 대한 상징적인 표현이 겨울 제의에 엄청나게 많이 출현하는 가면일 겁니다. 어느 가면이나 동물이나 숲의 정령을 나타냅니다. 인간이 그런 가면을 씀으로써 '자연'과의 이종교배가 이루어지는 셈이지요. 가면을 쓴 결사원은 '자연' 안에 숨어 있던 권력을 인간사회 내부로 갖고 들어가려고 하는 겁니다.

'국가를 갖지 않은 사회의 과도기적 형태'

바로 그가 '왕'이 아닐까요? 인간사회의 내부로 들어온 권력을 체현하는 자, 그것은 바로 왕으로 불리는 존재입니다. 왕은 본래 '자연'

의 것이었던 힘의 원천을 인간인 자신의 수중으로 끌어들여, 사회가 존재하는 한 계속 군림하고자 하는 사람입니다. 대칭성을 수호하는 사회에는 국가는 없습니다. 즉 그 사회에 수장은 있어도 왕 같은 건 없습니다. 하지만 똑같은 대칭성 사회가 '겨울'이 되면 여차하면 '왕'이 될 수도 있는 형태의 '식인' 존재들에게 화려한 활동무대를 넘겨주고 맙니다.

이 '식인'들이 세속적인 시간의 리더인 수장과 합체가 되었을 때, 수장은 어김없이 왕이 될 수 있습니다. 하지만 북서해안 인디언의 경우에도, 조몬 사회의 경우에도, 그리고 많은 '소수민족'의 사회에서도, 수장과 '식인'의 합체는 일어나지 않았습니다. 왕이 등장하면 나라=국가가 발생합니다. 이런 사회들은 풍부한 비축 경제를 실현하고 계층성을 발달시켜 언제든 국가가 탄생할 수 있는 만반의 조건을 갖추고 있으면서도, 결코 자발적으로는 국가를 만들지 않았던 셈입니다. '국가를 갖지 않은 사회의 과도기적 형태'가 바로 여기에 있다고 할 수 있습니다.

'겨울'은 얼마나 위대하고 그리고 위험한 계절인가요? 이 계절에 인간은 자신을 삼켜서 먹어치우는 초월적인 힘의 실재를 체험했습니다. 이 계절에 행해지는 다양한 제의를 통해 대칭성 사회의 사람들은 자신들이 갖고 있는 가장 심오한 철학을 표현하고자 했습니다. 불교가 나중에 '공空'으로 부르게 되는 초월적인 영역을 이미 그들은 가면을 쓰고 노래하며 춤을 추는 '식인'의 모습으로 표현했던 겁니다.

그러나 수증기와 땀과 열기로 가득 차 있는 실내에서 계속해서 나타나는 '식인'이라는 존재들이 한 발짝만 앞으로 내딛으면 왕으로 변모해버린다는 것 정도는 이미 그들도 예민한 정치적 감각에 의해 직감하고 있었습니다. 왕의 등장은 사회를 지탱하고 있는 대칭성의 원리가 순식간에 무너지는 것을 의미합니다. 바로 그렇기 때문에 그들은 수장과 '식인'을 엄격하게 분리시켜 위험한 합체가 발생하지 않도록 세심한 주의를 기울였던 겁니다.

20세기의 역사는 가장 심오한 철학으로부터 가장 위험한 정치적 존재가 출현했을 때 얼마나 끔찍한 일이 일어나는지를 입증해주었습니다(그 유명한 프라이부르크대학 총장 취임연설에서 하이데거는 그런 위험성에 대해 지적했습니다). 다양한 종류의 '식인'이 없었다면 인류의 사상은 결국 평범한 수준을 벗어날 수 없었을 겁니다. 그랬다면 소크라테스도 헤겔도 니체도 하이데거도 존재하지 않았겠지요. 그러나 평범한 수준을 벗어난 곳에는 위험이 도사리고 있습니다. 대칭성 사회의 사람들은 그 점을 간파하고 있었습니다. 샤먼의 입장에서 보면 수장 같은 존재가 얼마나 평범하게 느껴졌을까요? 하지만 인간 사회에서는 이처럼 이성의 한계 안에 꼼짝 않고 머물러 있는 수장이야말로 중요한 존재입니다.

심연과 안전 사이에 절묘한 균형을 이루는 것, 수장과 '식인'을 분리하는 것, 바로 이것이 대칭성 사회에 갖추어져 있던 최대의 지혜이며, 인간이 국가를 갖는 순간부터 잃어버려 다시는 되찾을 수 없게 된 지혜입니다.

Nakazawa Shinichi
Cahier Sauvage Series

VIII

'식인'으로서의 왕―나라의 발생

Nakazawa Shinichi
Cahier Sauvage Series

'야생의 사고'와 '초월의 사고'

이 강의는 어두운 동굴 속에서 곰에게 제사를 지내던 후기 구석기 시대의 인간(이 사람들이 이미 우리와 똑같은 뇌 구조를 갖고 있는 현생인류였다는 점을 잊지 말아주세요)이 갖고 있던 '초월'을 둘러싼 사고로부터 이야기하기 시작해 마침내 왕과 나라의 발생 현장에 도달하였습니다.

북반구에 서식하는 최강의 동물 곰이 발휘하는 위력은 인간의 힘을 훨씬 능가합니다. 그렇기 때문에 곰은 자연 속에 깊숙이 숨어 있는 능력=권력의 상징으로 대우받았습니다. 많은 신화 속에서 곰은 인간과 가장 친한 자연계의 친구로, 또한 무서운 '식인'의 신으로 묘사되었습니다. 인간의 힘을 훨씬 뛰어넘은 존재, 즉 인간을 초월한 존재는 신화에서 '식인'의 개념으로 표현되었던 겁니다.

신석기 혁명을 거친 인간들은 그때까지 축적되어왔던 사고의 단편들을 대규모로 조직화해서 신화나 의례를 멋진 형태로 가다듬었습니다. 그때 구석기적인 '초월=식인'이라는 주제도 그 안에 섞이면서 한층 복잡하게 발달한 것으로 생각됩니다.

'식인'은 구체적인 형태를 지닌 대상을 삼켜서 파괴함으로써 추상적인 유동체로 바꾸어버리는 능력을 가진 존재를 표현한 원시적인 개념입니다. 분명 표현이 원시적인 것은 사실입니다. 하지만 인간은 이런 개념에 의해 자신들의 뇌 안에 일어난 혁명적인 변화의 본질을 나타내려 한 거라고 생각하면, 거기에는 매우 중요한 것이 담겨 있었던 셈이 됩니다.

인지고고학의 연구에 따르면, 현생인류의 뇌에는 특화된 기능

샤먼의 주술 도구 [American Museum of Natural History]
곰이 사람을 잡아먹고, 곰을 낳고 있다. (David Rockwell, *Giving Voice to Bear*, Roberts Rinehart)

을 가진 영역 사이를 자유로이 움직여갈 수 있는 유동적 지성을 발생시키는 뉴런의 새로운 조직화가 일어남으로써 지금 우리가 갖고 있는 것과 같은 능력(상징능력)이 획득되었다고 합니다.

그럼으로써 서로 다른 영역에 속해 있는 것을 중첩시켜서 이해하는 '암유暗喩'나 '환유換喩'의 능력이 생기고, 그것을 조합해 '언어'나 '상징'을 사용할 수 있게 된 셈입니다. 그때 동시에 유동적 지성 자체에 주목한 사고는 거기에서 뭔가 엄청나게 강력한 '초월적' 존재를 직감했을 겁니다. 유동적 지성은 구체적으로 어떤 형태가 정해져 있지 않아 사고에 의해 포착할 수도 없기 때문입니다.

전자의 능력으로부터는 상징 표현을 조합해 사고하는 '야생의 사고'가 탄생했습니다. 그러나 후자의 '초월적인 존재'에 대한 주목으로부터는 그것과는 다른 관심이 발생하겠지요. 그것은 형태를 가진 것을 먹어치우는 것이 가능한 존재입니다. 구체적인 세계를 초월해서 어떤 사고에 의해서도 억제할 수 없는 힘을 갖고 있습니다.

절묘한 균형

인류의 지적 능력은 이렇게 해서 '야생의 사고'와 초월을 둘러싼 '종교적 사고'를 동시에 발생시킬 가능성을 갖게 됩니다. 그것은 마치 자연계에서 곰이 인간의 가장 좋은 친구임과 동시에(곰의 사회와 인간사회를 중첩시켜서 사고하는 능력), 인간을 먹어치워서 파괴하는, 자연 속 깊숙이 숨겨져 있는 권력을 나타내는 '식인' 동물이기도 했다는 점에 대응하고 있습니다. 대칭성 사회의 지혜는 이처럼 두 방향으로 분열되어 뻗어나가고자 하는 사고의 경향에 균형을 부여해, 뇌의 활동이 어느 한쪽으로 치우쳐 폭주하지 않도록 계속 주의를 기울이는 배려를 해왔습니다.

대칭성 사회의 지혜가 실현시킨 균형은 절묘하다고 할 수 있습니다. 그것은 인간의 뇌 안에 초월적인 '초인'의 씨가 뿌려져 있다는 걸 알면서도 그 씨의 발육이 가능한 공간과 시간에 대해 엄격하게 제한을 가하고자 했습니다. 우리가 앞에서 들었던 예로 말한다면, 그것은 '겨울'이라는 시간과 제의가 행해지는 공간의 내부에 한정되어 있었습니다. 유동적 지성이 여는 '초인'에 대한 가능성은 여러 종류의 가면이 나타내는 '식인' 정령을 통해서 인간을 향해 입을 크게 벌린 채로 있습니다. 하지만 '겨울'의 종말과 함께 그 흥분된 시간과 공간은 자취를 감추도록 정해져 있었습니다.

이때 '식인'이 인간세계로 들여온 자연의 권력은 제의 기간 중에 인간세계를 초현실적인 예술적 흥분으로 가득 메운 후에는 세속적인 사회 안에 절대로 침입해서는 안 되도록 정해져 있었습니다. 권력은 정중한 대접을 받으며 다시 원래 자리인 숲 속으로 돌려보내지게 됩니다.

마찬가지로 전사도 몸에 익힌 특별한 능력을 사회의 중심부에서는 발휘할 수 없었습니다. 전쟁의 리더는 특별한 전쟁의 시공간에서만 권력을 부여받은 자이며, 샤먼도 수장의 이성적 관리하에서만 초능력의 발휘가 가능합니다(시베리아에서는 수장과 샤먼의 대립을 수장 타입의 '하얀 샤먼'과 한계를 뛰어넘어 암흑의 영역으로 접근해가는 '검은 샤먼'의 대립으로 표현하는 경우가 종종 발견됩니다).

이처럼 대칭성 사회에서는, 인간은 이성의 표현인 '문화' 속에서 살아가는 동물이며, 권력은 이성을 초월하는 것으로서 '자연'의 영역에 속하는 것이어야 했습니다. 그런 구조에서는 왕도 국가도 발생할 수 없습니다.

'왕'의 출현

사회와 우주 사이에 균형을 유지하게 하는 이런 구조에 어느 순간 이변이 일어났습니다. 아마도 한계에 달해 있던 계층제를 유지해오던 신석기 사회의 어딘가에서 일어난 이변일 겁니다.

그때 '자연'의 소유였던 권력=권능이 어떤 특별한 인간에게 속하는 것이라는 주장이 제기됩니다. 그때까지는 '식인'과 같은 초월적인 존재는 '자연' 속에 깊숙이 파묻혀 있다가 겨울철이라는 특별한 시간에만 비밀결사원의 몸을 통해 인간 앞에 모습을 드러낼 수 있었는데, 이후로는 특정 인간의 신체로서 항상 사회 안에 존재하게 되는 셈입니다. 수장과 '식인'의 합체가 일어난 셈이라고 할 수 있을 겁니다. 바로 왕의 출현입니다.

이 순간 대칭성 사회('차가운 사회' 혹은 '역사를 갖지 않은 사회' '국가에 맞서는 사회'라고 불리는 경우도 있습니다)를 지탱하고 있던 윤리 구조에 붕괴가 일어납니다. 겨울 제의를 지내는 기간중에는 개인은 사회적 아이덴티티를 일시적으로 상실해, 인간보다도 훨씬 커다란 권력에, 좀더 정확히 말하면 엄청나게 큰 '입'에 잡아먹히게 됩니다. 제의를 위해 특별히 지정된 시공간을 벗어나면, 곧 수장이 지도하는 '문화'의 세계가 돌아옵니다. 이런 식으로 시공간을 옮겨다님으로써 사회는 자신을 둘러싼 환경과의 사이에 대칭성을 실현하고자 하는 겁니다(여름에는 인간이 동물을 사냥하고, 겨울에는 '식인'이 인간을 사냥하도록 하는 것이 곧 대칭성의 실현이지요).

하지만 '식인'으로 상징되는 자연 권력을 스스로 몸 안에 체현하고 있다고 주장하는 왕이 출현하면, 겨울 제의에서 보았던 '개체성의 부정'이라는 것이 일상 속에서도 행해지게 됩니다. 그 동안 가족이나 지연, 친족과의 관계 네트워크 속에서 주어진 위치에 의해 자신의 입지를 확인하던 개인은, 이제 그런 구체적인 인간관계에 의해 이루어지는 사회보다는 크나큰 권력, 즉 사회를 초월한 권력(이것을 나라라고 합시다)하에서 개체성을 상실하고 나라에 소속되는 백성으로 변화해갑니다.

'식인' = '자연' 권력 → 개체성을 먹다 → 자신도 '식인'이 되다
왕 = 사회에 내재화된 → 개체성을 먹다 → 나라의 백성이 되다
　　　'자연' 권력

왕은 사회 속에 상주하는 '식인'입니다. 이 새로운 유형의 '식인'에게 잡아먹힌 사람은 스스로는 이해할 수도 제어할 수도 없는 힘에 의해 나라의 일원으로 변신합니다. 겨울의 제의에 등장한 '식인'들은 제의가 끝나는 대로 숲 속으로 돌려보낼 수도 있었던 반면, 왕이라 불리는 이 새로운 '식인'은 일단 나라의 일원이 된 인간은 절대로 자기 밖으로 토해내려고 하지 않습니다.

또한 겨울 제의에서는 '식인'이 삼켜버린 사람은 스스로도 '식인'이 되어 사회 밖으로 나갈 수 있는 존재가 되지만, 왕의 권력이 삼

켜서 먹어버린 사람은 사회 밖으로 나갈 수 없습니다. 바로 여기에 '식인' 정령과 왕의 차이가 있는 겁니다. 이런 차이는 인간을 잡아먹는 왕의 '입'은 사회의 내부에 고정되어 있다는 점에서 비롯됩니다. 그렇기 때문에 왕에게 잡아먹혀 나라의 백성이 된 사람은, 그 순간 자신의 자율적인 힘의 일부를 상실하게 됩니다.

이렇게 해서 출현하게 된 왕은 같은 사회의 주변을 떠도는 샤먼과 전사의 기능을 자신의 권력의 내부로 수용하게 되겠지요. 샤먼도 전사도 보통 사람은 도저히 감당할 수 없는 강도의 힘이 가득 차 있는 영역으로 들어가 활동하는 사람들입니다. 그들 역시 '식인'의 일종이므로 사회의 중심부로 진출한 왕과는 가까운 사이입니다. 이렇게 해서 '식인'+샤먼+전사는 그때까지 사회의 지도자였던 수장의 지위마저 빼앗아, 결국 '사회의 내부로 들어오게 된 자연권력=왕권'을 체현하는 존재로서 왕이 등장합니다.

스사노오 신화의 새로운 해석

왕의 권력이 발생하는 과정은 이와 같이 상당히 복잡한 논리의 코스를 거치지 않으면 이해할 수 없습니다. 하지만 신화적 사고는 그 복잡한 과정을 참으로 명쾌하게 충분히 표현해낼 수 있습니다. 일본 신화 가운데 가장 인상적인 에피소드인 스사노오노미코토에 의한 야마타노오로치(머리가 여덟 개에 꼬리가 여덟 개 달린 이무기를 의미―옮긴이) 퇴치 신화를 예로 들 수 있습니다.

스사노오는 태양여신(아마테라스라고 하며 거울로 상징된다)의 남동생입니다. 그는 무척 난폭했기 때문에 망자의 영역인 저승으로 추방당하게 되는데, 도중에 이즈모出雲의 히노카와肥川라는 강의 상류에서 그 지역의 수장인 아시나즈치와 테나즈치 부부가 슬퍼하고 있는 모습을 목격합니다. 이유를 묻자 그 지역에 사는 이무기가 매년 제물을 요구하는데, 금년에는 자신들의 딸 이나다히메가 그 끔찍한 희생자로 뽑히고 말았다는 겁니다. 스사노오는 잠시 궁리를 하더니 일어나 몸소 이무기를 찾아갑니다. 이무기에게 술을 잔뜩 먹여 취하게 한 다음 칼을 들고 덤벼들어 격렬한 싸움 끝에 쓰러뜨립니다. 쓰러진 이무기의 몸 안에서 매우 멋진 검(쿠사나기노쓰루기草薙の劍 : 일본 황실의 세 가지 신기神器 중의 하나인 검―옮긴이)이 나왔습니다. 검과 수장의 딸을 손에 넣은 스사노오는 이즈모에 거처를 정하고 왕이 됩니다.

이 신화에는 왕권 탄생을 가능케 한 논리가 간결하게 표현되어 있습니다. 그 지역의 수장 아시나즈치 부부는 이무기를 두려워합니다. 이 이무기는 자연 속에 숨겨져 있는 힘을 의미하며, 매년 인간을 잡아먹기 위해 제의에 나타나는 '식인'입니다. 스사노오는 매우 난폭했기 때문에 전사와 마찬가지로 '식인' 행위를 하는 존재와 친화성이 있습니다. 그렇기 때문에 사회 밖의 권력에 대해서는 무력한 수장과는 달리 정면으로 맞서 싸울 수 있는 겁니다.

스사노오는 격렬한 싸움을 통해서 '식인'이었던 이무기를 쓰러뜨릴 수 있었습니다. 그러자 이무기의 소유였던 '식인'의 특성은 스사노오의 소유로 바뀌게 되어, 그는 사회 안에 있으면서 자연 권력을 체현하는 새로운 유형의 인물이 될 수 있는 겁니다. 이때 수장이 그에게 딸을 바침으로 해서 결혼이 이루어집니다. 고대인의 사고에서는 먹는 것과 섹스는 것은 같은 의미를 가집니다. 스사노오는 수장의 딸을 성적으로 먹음으로 해서, 이중적 의미에서 '식인'으로서의 왕의 특질을 드러내고 있습니다.

그런데 여기서 눈여겨봐야 하는 부분이 있습니다. 스사노오가 쓰러뜨린 이무기의 배에서 아주 잘 드는 멋진 검이 나왔다는 부분이 아주 중요합니다. 이 검이야말로 바로 사회의 내부로 들어오게 된 자연 권력 그 자체를 상징하는 것이기 때문입니다. 여기서 제4장에서 소개한 니브히족이나 우리치족의 신화를 상기해주십시오. 그 신화에는 바닷가에서 놀고 있는 범고래의 등지느러미가 변화한, 무서울 정도로 잘 드는 칼을 손에 넣은 남자에 대한 이야기가 있었습니다. 범고래는 북쪽의 바다에서는 최강의 동물로서 육지의 곰과 좋은 대조를 이룹니다. 고래조차 두려워하는 범고래의 등지느러미가 모습을 바꾼 셈인 칼에는, 평소 같으면 자연 속에 깊숙이 숨어 있어야 하는 권력=능력의 정수가 들어 있다고 할 수 있겠지요.

인간과 물고기 사이에 태어난 남자는 그 칼을 손에 넣자 닥치는 대로 곰에게 칼을 휘둘렀습니다. 그런 칼이 인간의 손에 들어오기 이전까지는 인간과 곰 사이에 대칭적인 관계가 유지되었습니다. 인간은 곰에 대해 경의를 표했으며, 절대로 그렇게 지나치게 강력한 무기로 곰을 쓰러뜨리거나 하지 않았습니다. 하지만 사회의 주변에 있던 남자(인간 남자가 물고기를 강간해서 태어난 아이이므로 샤먼과 비슷한 장소에 있었던 셈입니다)가 칼을 손에 넣자마자, 인간과 동물 세계의 관계는 돌변하고 맙니다. 그때까지는 육지에서는 곰이 자연의 권력의 대표자였습니다. 그와 동일한 성격의 힘을 바다의 동물 범고래를 경유해서 손에 넣은 남자는 자연 권력을 사회 안으로 끌어들이는 데 성공했을 뿐 아니라, 곰을 모욕해서 무력화하려고까지 했습니다.

　이 신화에서는 곰과 남자의 결투 결과, 둘 다 죽고 맙니다. 그러나 이무기의 뱃속에서 나온 검은 스사노오의 손에 들어가 그를 왕으로 만듭니다. 이때 검은 사회의 내부로 자연의 권력이 들어가게 되는 과정을 보여주는 것으로서 왕권의 상징이 됩니다.

'식인'으로서의 왕의 본질

태양여신(아마테라스)이 체현하고 있는 왕권의 상징이 거울이었다는 점과 검은 좋은 대조를 이룹니다. 거울은 왕권의 초월성을 상징하지만, 검은 그런 초월성이 어떻게 자연의 손에서 인간의 손으로 옮겨가게 되었는가 하는 역동적인 과정을 상징하고 있습니다. 왕권의 상징으로서의 검에는 '식인' 왕의 본질이 분명하게 표현되어 있습니다.

　일단 유동체가 된 금속으로부터 검이라는 무기가 나오게 됩니다. 검의 등장이 왕권의 출현에 결정적인 역할을 했던 것으로 여겨지고 있지만, 여기에는 일반적인 통념과는 다른 의미가 깊숙이 감추어져 있는 것이 아닐까요? 무서운 살상력을 가진 무기, '식인'으로서의 왕, 그로부터 탄생한 나라라는 조직체, 이 모든 것이 '유동하는 것'과 관련이 있으며, 우리 현생인류의 뇌의 내부에 시작된 유동적 지성의 활동과도 밀접한 관련을 갖고 있습니다.

　유동적 지성에는 부드러운 '야생의 사고'를 무너뜨리는 힘이 숨겨져 있습니다. 그 점을 간파한 사람들은 인간과 자연 사이에 유지되어야 할 대칭성의 균형을 지키기 위해서, 속도와 힘을 몰래 갖고 있는 유동적 지성의 활동영역에 엄격한 제한을 가해야 한다고 생각했을 겁니다. 그렇기 때문에 권력은 자연의 것으로 해두고, '식인'은 숲에 사는 정령들의 특허로 놓아두었던 겁니다.

그러나 석기 제작 능력을 갖춘 인간이라면 언젠가는 금속으로 된 검을 만들 것이며, 일단 검이 등장하고 나면 대칭성 사회를 지탱해왔던 윤리의 구조에 심각한 변화가 초래되겠지요. '식인'의 원리가 가공할 위력을 지닌 검을 손에 넣었을 때 왕과 나라가 탄생합니다. 스사노오 신화는 그 과정을 기가 막힐 정도로 정확하게 묘사하고 있습니다.

아무래도 현생인류의 뇌에 발생한 유동적 지성이 모든 열쇠를 쥐고 있는 듯합니다. 유동적 지성이 활동함으로써 비로소 인류는 지금과 같은 인류가 된 셈이지만, 그 활동에 의해 우리는 지구상에서 가장 위험한 존재가 되고 말았습니다.

대칭성 사회의 사람들은 신화적 사고에 의해 마치 그런 위험을 예지하고 있었다는 듯, 이 유동적 지성의 활동을 순화시켜 밖으로 끄집어내는 것에는 단호하게 반대했습니다. 지혜가 그것을 용납하지 않았던 겁니다. 그러나 지혜는 들꽃과 같은 것입니다. 위험한 길에 이미 발을 들여놓은 자들은 가녀린 들꽃을 무참히 짓밟아버리겠지요.

야만의 탄생

'야만'은 그렇게 탄생하였습니다. 동물들에게는 조금도 야만스런 면이 없습니다. 게다가 그런 동물들과 가능한 한 대칭적인 관계를 유지하고자 했던, 그리고 신화에 의해 철학을 하던 사람들도 전혀 야만스럽지 않았습니다. 동물을 죽일 때도 상대방의 존엄을 해치지 않도록 세심한 주의를 기울였으며, 필요 이상의 동물을 죽이는 것도 금지되어 있었기 때문입니다.

또한 그들의 사회생활에도 야만스런 부분은 없었습니다. 프랑스의 철학자 폴 발레리Paul Valéry는 '아나키즘Anarchism(국가를 부정하는 사상)'을 정의하면서 "자신의 이성이 납득할 수 없는 명령이나 규율에 복종하기를 거부하는 태도"라고 했습니다. 대칭성 사회의 사람들이야말로 바로 이 '아나키즘'의 실천자라고 할 수 있을 겁니다.

그들 사회의 세속적인 시간의 리더인 수장은 산뜻한 말솜씨로 사람이 지켜야 할 덕스러운 삶에 대해 이야기하고, 절대로 야만스런 행동을 해서는 안 된다며 매일 아침 훈시 때마다 부족 사람들을 고무시킵니다. 수장은 같은 부족 사람들에 대해 강제력을 갖고 있지 않습니다. 모든 결정은 장로회의에서 이루어집니다. 재판 같은 것에 의해 자의적인 결정을 내리는 것도 용납되지 않습니다. 요컨대 그 사회에는 권력 따위는 존재하지 않고, 단지 시간과 공간이 한정되어 있는 제의의 장場에서만 ('자연'의 힘에 유래하는) 권력이 표면에 모습을 드러내는 것이 가능할 뿐입니다.

수장의 권위를 유지해주는 것은 이성의 일종입니다. 반면 왕의 권력은 성대한 종교적 의식에 의해 연출되어야 합니다. 왕권은 이성과는 다른 종류의 힘과 관련이 있기 때문입니다. 원래는 '자연'의 소유였던 권력을 사회의 내부에 있는 왕이 체현하는 것이 왕권이므로, '대립하는 것의 일치'를 당당하게 연출할 수 있는 종교적 제의에 의존하지 않고서는 왕의 권위를 정당화할 수는 없습니다.

나라가 내리는 명령이나 결정에는 어딘가 비인간적인 면이 있게 마련입니다. 이성으로는 도저히 납득할 수 없는 명령이나 결정도 나라가 내리는 것이라면 따를 수밖에 없다는 마음의 부담을 느끼지 않을 수 없습니다. 대칭성 사회에서는 이런 불합리한 사태가 가능한 한 발생하지 않도록 하기 위한 방책이 취해졌습니다. 그들은 인간이 살아가는 사회는 '문화'에 의해 운영되어야만 한다고 확신하는 아나키스트였기 때문에, '자연'의 것은 '자연'에게 되돌려주고자 했습니다.

이로 인해 오늘날의 세계에까지 영향을 미치는 심각한 혼란이 발생하게 됩니다. 그때까지 대칭성 사회에서는 '문화'와 '자연'은 이질적인 원리로 간주되어 가능한 한 분리되어 있었습니다. 하지만 '자연'의 것인 권력=능력을 사회의 내부로 들여온 왕이 존재하는 세계에서는, 이런 분리는 불가능해집니다. 왕 스스로가 '문화'와 '자연'의 이종교배에 의해 탄생했으며, 나라의 권력 역시 동일한 이종교배의 원리에 의해 구성되기 때문입니다. 이와 같은 이종교배에 의한 구성체에 부여된 이름이 바로 '문명'입니다.

야만은 여기서부터 발생합니다. 왕과 같은 존재를 허용한 순간부터, 인간은 마치 힘의 비밀을 '자연'으로부터 빼앗기라도 한 듯이, 그때까지 소중하게 여겨오던 경건한 마음가짐을 상실하고, 동물이나 식물도 단지 인간의 필요를 위해 존재하는 대상으로만 보게 되겠지요.

그러자 '자연'은 개발과 연구와 보호의 대상이 되고 맙니다. 그리고 동물이나 식물의 가축화가 이루어집니다. 심지어는 곰마저도 더 이상 위대한 카무이(신)가 아니라, 위엄을 상실한 동물학상의 한 대상으로 왜소해지고 맙니다. 예전에는 동물의 특성으로 여겨졌던 탐욕이나 인색함이나 질투가 이제는 인간의 특성이 되고 말았습니다. 그 동안은 동물적 특성이 인간에게 나타나는 걸 '문화'가 억제해 왔는데, 이종교배가 이루어진 이 세계 안에서는 오히려 인간의 독점물처럼 되어버립니다.

　인간은 동물들에 대해서 대칭성 사회의 사람들이 들으면 부들부들 떨 정도로 야만적인 행동을 하게 되었는데, 그와 함께 국가가 저지르는 온갖 형태의 야만이 활개를 치게 되었다고 할 수 있겠지요.

　오늘날 지구화를 주도하고 있는 거대국가는 '문명'에 적대적인 '야만'과의 싸움을 전세계에 부추기고 있습니다. 왕과 나라의 발생의 내적 메커니즘을 탐구해온 우리는 이런 선동적인 말에 아무런 내용도 의미도 없다는 것을 분명하게 이해할 수 있습니다. 야만을 낳은 건 바로 문명입니다. 국가가 야만을 박멸하는 것은 불가능합니다. 왜냐하면 국가는 야만의 발생을 토대로 형성되었기 때문입니다.

Nakazawa Shinichi
Cahier Sauvage Series

종장

'야생의 사고'로서의 불교

Nakazawa Shinichi
Cahier Sauvage Series

'문화'와 '권력'

환태평양을 둘러싼 '국가를 갖지 않은 사회'의 예는 권력의 본질에 대해 매우 흥미로운 생각을 보여주고 있다고 생각합니다. 왕을 갖기를 거부하고, 어디까지나 수장이라고 불리는 리더를 중심으로 사회의 문제를 해결하려 했던 이런 사회에서는, '문화'라는 것에 '권력'에 대한 대항원리로서의 의미를 부여하고 있기 때문입니다.

표면적으로 수장은 어디까지나 '문화'의 원리에 따라 행동하는 것으로 되어 있습니다. 수장은 탐욕적이어서는 안 되며, 자신이 소유하고 있는 것을 부족의 누군가가 요구하면 아낌없이 내줄 수 있어야 합니다. 분쟁이 일어났을 때도 폭력에 호소하는 것이 아니라 끈기 있는 교섭에 의해 이성적인 해결책을 찾고자 노력하는 것이 수장의 중요한 역할입니다.

일부일처제의 원칙이 있는 사회라 할지라도 수장은 아내를 몇 명씩 둘 수 있는 특권을 갖는 경우가 있습니다. 언뜻 보면 상당히 그럴싸한 이야기처럼 들리지만, 현실은 전혀 다릅니다.

수장은 많은 아내를 먹여 살리기 위해서 남보다 몇 배의 일을 해야 합니다. 게다가 여러 아내들 사이에 감정싸움이 발생하지 않도록 항상 신경을 곤두세우고 있어야만 합니다. 그는 부족의 평화를 유지하기 위해 신경을 써야 할 뿐만 아니라, 우선은 가정의 평화를 위해서 엄청난 정력을 쏟아야 합니다. 그렇지 않아도 다른 사람에게 다 주어버려서 가진 것이 별로 없는 수장인데, 많은 아내까지 먹여 살려야만 합니다. 결국 수장에게는 제멋대로 하거나 되는 대로 아무렇게나 하는 건 용납되지 않습니다. 그러나 이런 사회에서는 수장의 강한 자제심이야말로 '자연'에 대립되는 '문화'의 특징을 나타내는 것이라고 할 수 있습니다.

수장에게는 왕이나 근대 정치가 갖고 있는 것과 같은 권력은 없습니다. 오히려 수장은 권력에 맞서 '문화'를 지키려고 합니다. 초이성적인 권력은 원래 '자연'의 영역에 속한 것이라고 생각하는 이런 사회에서는, 사회의 중추에 권력은 없으며, 사회를 움직이고 있는 것은 '문화'의 원리여야만 했습니다. 권력은 사회의 외부에 있어야 합니다. 그렇지 않으면 우주의 일원인 인간은 주위 세계와의 사이에 대칭성을 실현시킬 수 없게 되어버리기 때문입니다.

그러나 이런 신석기적인 사회의 경계선을 뛰어넘어 왕으로 거듭나는 수장이 출현해 나라가 발생하게 되자, '문화'는 급속도로 권력에 대한 대항력을 잃어갑니다. 강력한 권력은 예전의 수장들과 달리 소유에 대한 욕망에 의해 조종을 당합니다. '식인'의 원리에 의해 어쩔 수 없이 '백성'으로 변모한 사람들은 자신이 행한 노동의 많은 부분을 이 권력에게 바칩니다. 왕이나 국가는 그렇게 모은 부나 재물, 노동력 등을 치수공사와 같은 공공사업에 이용하거나, 권력을 장엄하게 꾸미기 위한 사치스러운 치장에 써버립니다. 국가를 가진 사회에서는 '문화' 마저 권력에 사로잡혀 잡아먹히게 됩니다.

지혜의 가르침의 출현

이런 국가는 발생하자마자 순식간에 거대한 제국으로 발달하였습니다. 그때 흥미롭게도 지구상의 몇 군데에서 이런 권력에 대항하고자 새로운 형태의 '지혜의 가르침'을 주장하는 사상가가 출현합니다. 조로아스터, 부처, 예수와 같은 인물들입니다. 그들이 설파한 '지혜의 가르침'은 국가의 발생과 거대화에 의해 인간에게 일어난 사고의 틀의 변화에 대응하는 것입니다. 이로써 신석기 문화가 축적해왔던 지식이나 윤리나 세계관은 거대한 마찰을 수반하며 다른 형태로 변화할 수밖에 없었습니다. 그때 국가에 의해 이루어진 세계의 개조에서 '악惡'을 발견한 사람들이 새로운 종교사상, 즉 국가에 맞서 국가를 초월하고자 하는 새로운 종교적인 사고를 탄생시킨 셈입니다.

예수는 "신의 것은 신에게 돌려주고, 시저의 것은 시저에게 돌려주어라"라고 말합니다. 시저, 즉 로마의 황제 카이사르Julius Caesar는 지상의 권력을 상징합니다. 예수는 이 지상의 권력과 신의 권능을 엄격하게 구별하고 있습니다. 타인의 생활이나 운명을 움켜쥐려고 하는 지상의 권력을 초월한 권력, 현실 속에는 존재하지 않는 권력, 이것이 곧 신의 권능인데, 이 신의 권능이 카이사르의 권력보다도 훨씬 위대하다는, 참으로 대담한 생각이 예수의 이 말에 담겨 있습니다.

국가라는 것이 비정상적일 정도로 발달해가고 있을 때, 또다시 권력에 맞서는 다양한 원리를 세우고자 하는 사람들이 나타났습니다. 그들의 종교사상을 보면, '문화'를 권력에 맞서는 원리로 파악하려 했던 대칭성 사회 사람들의 사상과의 묘한 공명을 들을 수 있을 겁니다. '곰에서 왕으로', 권력이 출현하는 구조를 검토해온 우리는 이제 마지막으로 국가와 그것이 발생시키는 야만을 초월하고자 하는 사상에 이르게 되었습니다.

여기서는 불교를 예로 들어 곰에서 왕으로 향한 인류의 사고 운동을 더욱 비약시킴으로써 사회로부터 야만을 제거하려 한 위대한 시도에 대해 생각해보고자 합니다. 그러기 위해서 불교를 예로 든 이유는 다른 종교와 비교해서 불교에서는 대칭성 사회의 사고와 윤리 사이에 존재하는 연속성을 분명하게 확인할 수 있다는 데 있습니다.

불교란 무엇인가?

대개 불교는 인도의 종교라고들 합니다. 고타마 싯다르타Gautama Siddhārtha가 처음으로 가르침을 펴고, 그 주위에 최초의 상가(불교 수행자의 공동체)가 만들어졌으며, 그후에 국가의 비호를 받으며 '불교'로 발전해가는 무대가 된 것이 인도인 것은 분명합니다. 또한 부처의 가르침 자체가 인도의 철학사상과의 긴장관계 속에 형성된 것도 사실입니다. 이런 점들을 고려하면 불교가 인도의 종교라고 생각하고 싶어지기도 하지만, 여기서 잊어서는 안 되는 것이 있습니다. 고타마는 인도인이 아니었다는 사실입니다.

고타마 싯다르타는 히말라야 산록에 자리한 작은 나라의 왕자로 태어났습니다. 이 나라는 아주 작은 나라였습니다. 몽골 계통의 석가족에 의해 세워진 이 왕국은 사방이 몇백 미터 정도에 불과한 작은 카필라 성을 중심으로 인도 평원과 히말라야의 중간지대에 위치해 있었습니다. 석가족은 인도의 종교와는 다른 독자적인 민족종교를 믿고 있었던 것 같습니다. 아마도 몽골족의 전통과 직결되는 일종의 '지혜의 종교'였을 것으로 생각됩니다. 이 점은 훗날 고타마가 스스로의 가르침으로서 전개한 사상의 성격을 이해하는 데 매우 중요한 의미를 갖습니다.

불교에 대해서는 지금까지 참으로 많은 것들이 거론되어왔습니다. 그러나 부처가 말씀한 가르침의 본질과 인도계가 아닌 석가족의 왕자로서의 출생과의 관계에 대해서는 별로 언급된 바가 없습니다. 그런 가운데 훌륭한 종교학자였던 와타나베 데루히로渡辺照宏 선생님이 논한 불교의 기원에 대한 설명은 그 깊이에 있어서 타의 추종을 불허합니다. 와타나베 선생님은 불교에 대해 다음과 같은 정의를 내리고 있습니다.

> 불교는 석가모니가 처음으로 설파한 것이 아니라, 비非아리야 민족이 히말라야 산록 지방에서 옛날부터 믿어왔던 종교에 근거한 것이다. 석가모니는 이 민족종교에 대한 깊은 연구를 토대로 갠지스 강의 남쪽 강가에 있는 마가다 왕국에서 바라문교와 대비시키며 새롭게 불교로서 설파하였다. 따라서 민족적 제약을 초월해 보편적인 종교가 되고, 세계적인 종교가 될 소지가 있었다. (미야자카 히로가쓰宮坂宥勝, 『불교의 기원』, 「해설」)

여기에는 매우 중요한 사실이 언급되어 있습니다. 석가모니(석가족의 보물) 왕자의 부친은 작은 나라의 왕이었다고 합니다. 이 나라를 확실히 왕국이라고 해도 되겠지만, 그 나라에서 행해지던 관습이나 법률 등을 불전에 의해 조사해보면, 강력한 왕을 정점으로 하는 국가라기보다 공화제 국가에 가깝다는 걸 알 수가 있습니다. (미야자카, 앞의 책) 석가모니 왕자의 부친은 왕이기는 하지만, 그 성격은 오히려 수장에 가까운 존재였던 것으로 여겨집니다.

공화사회의 원리

여기서 공화제란 '국가를 갖지 않은 사회' 특유의 대칭성의 사상을 나라의 레벨로 비약한 상태 속에서 활용하려 했던 정치 시스템을 의미합니다.

그 사회에 카스트 같은 것은 없습니다. 카스트는 본래 '피부색에 의한 인간의 분류'라는 의미를 갖고 있습니다. 인도에는 본래 검은 피부를 가진 사람들이 살고 있었는데, 하얀 피부의 아리아인이 침입해와서 원주민들을 복종시키기 위해 탄생한 인도만의 독특한 사회 시스템입니다.

카스트 제도는 비대칭의 원리에 따라서 사회를 형성하고자 합니다. 깨끗한 것부터 더러운 것까지 종사하는 일에 의해 인간을 분류하고, 그것을 계층으로 고정시켜 사회를 만듭니다.

가장 깨끗하고 신성한 일을 하는 계층은 브라만Brahman입니다. 이 사람들은 초월의 영역에 가장 가까이 있으며, 그 초월의 의식을 지키기 위해 복잡한 의식을 거행합니다. 다음은 크샤트리아Kshatriya, 즉 전사의 집단으로, 이들 사이에서 왕이 나옵니다. 그리고 상공업을 생업으로 하는 사람들로 이루어지는 바이샤Vaiśya, 농민계급인 수드라Sudra로 이어지며, 나중에는 여기에 카스트에 속하지 않는 사람들도 추가되었습니다. 이 사람들은 온갖 의미의 '더러움'에 접촉해서 그것을 정화하는 일에 종사합니다.

이것만 봐도 카스트 제도가 관념이나 추상성에 우위를 부여하는 사상에 근거한 사회 시스템이라는 걸 알 수가 있습니다. 대지로부터 멀어질수록, 구상성具象性의 세계로부터 멀어질수록 깨끗해져서 상위 계층으로 다가가는 셈입니다. 부처는 이런 카스트의 사상을 전면 부정합니다.

> 세존은 다음과 같은 훈계를 한다.
> "태생에 의해 브라만이 되는 건 아니다.
> 아무리 말도 안 되는 말들을 떠들어대도,
> [그의] 내면은 더러운 때에 절어 있고 [외면은] 허위로 뒤덮여 있다.
> 비록 왕족 · 브라만 · 서민 · 노예 · 천민 · 하수도 청소부라 할지라도 노력을 게을리 하지 않고 항상 용맹정진하면 가장 깨끗한 상태에 이른다.
> [깨끗한 자인] 브라만이여, 이 점을 명심해라." (미야자카, 앞의 책)

"태생에 의해 브라만이 되는 건 아니다." 마음의 깨끗한 정도를 결정하는 건 태생이나 계층이 아니라 진리를 향해 얼마나 정진하느냐에 있다는 뜻의 이런 표현에 의해, 부처는 인간 마음의 내면에 역동적인 공간을 열고자 합니다. 마음의 내면에 공화제의 공간을 열려고 하는 거라고 할 수 있을지도 모릅니다. 부처의 모국에 해당하는 석가족의 공화제 국가는 이웃한 강대국 마가다Magadha에 의해 멸망하고 말았습니다. 부처는 이 거대한 왕의 국가에 의해 사라져버린 공화 사회의 원리를 마음의 내면으로 옮김으로써 존속시키려고 했던 건지도 모르겠습니다.

불・법・승과 대칭성 사회

불교는 오랜 역사 속에서 매우 복잡하게 발달해왔습니다. 가장 기본이 되는 것은 불佛(불타佛陀/Buddha)과 법法(달마達磨/Dharma)과 승僧(승가僧伽/Samgha)의 세 가지입니다. 이 세 가지는 소승불교나 대승불교, 그리고 밀교密敎에서도 변하지 않는 기본으로서 중요한 것들입니다. 이 세 가지 기본을 통해서 '마음의 내면의 공화제'로서의 불교를 확인해보기로 하겠습니다.

우선 불(불타)에 대해 알아보겠습니다. 부처는 '왕'이 아니라 '승자勝者'라고들 합니다. 왕은 '문화'를 능가하는 권력을 소유합니다. 왕의 권력은 왕국에 편입되어 있는 작은 나라나 공동체를 삼켜버릴 수 있는 크기와 힘을 갖고 있습니다. 마을 수장들은 '문화'의 원리에 의해 마을이나 공동체의 평화를 유지하고자 하지만, 왕의 권력은 '초문화超文化'적인 명령하는 힘으로써 그것을 삼키려고 합니다.

부처는 이런 왕의 권력을 부정해버립니다. 그 대신에 비록 힘은 없지만 지혜에 의해 사람들을 인도하고자 합니다. 왕은 백성을 향해 전쟁을 부추깁니다. 하지만 부처는 평화와 조화의 중요성을 이야기합니다. 왕은 판결을 하고, 사람을 사형시킬 수도 있습니다. 그러나 부처는 어떤 판결을 하는 것이 아니라, 그런 사태가 일어났던 대강의 원인과 결과를 밝힘으로써 당사자 모두의 마음을 해방시키고자 합니다. 이와 같이 부처의 행동은 왕과 반대방향을 향하고 있습니다. 오히려 대칭성 사회의 수장의 이상과 동일한 방향을 향하고 있다고 할 수 있습니다.

법(달마)에는 이 점이 좀더 분명하게 나타납니다. 국가 탄생 이

전의 대칭성 사회에서는 '자연'은 인간이 행하는 '문화'적 행위를 무화無化시키는 힘을 갖고 있는 것으로 생각했습니다. 인간은 '문화'의 원리에 따라 자신들이 살아갈 공간을 '자연' 한가운데에 만들지만, 그것은 안팎에서 끊임없이 가해지는 '자연'의 위협에 방치되어 있다고 할 수 있을 겁니다.

밖으로부터의 위협이라는 것은 말 그대로 바람이나 비, 우거진 식물, 지진, 화재 등에 의해 모처럼 인간이 열어놓은 '문화'의 공간이 풍화되고 파괴될 위험을 의미합니다. 그러나 '문화'는 내부로부터의 위협에도 방치되어 있습니다. 예를 들어 근친상간에 대한 욕망이나 탐욕을 억제할 수 없거나, 동물이 내뿜는 성적 매력에 매료되어 사회의 규율 밖으로 뛰쳐나가려고 하는 충동을 의미합니다. 이런 위협은 항상 '자연'의 영역으로부터 비롯됩니다.

말하자면 태초부터 '자연'은 항상 '문화'를 무화시키는 힘을 드러내고 있었던 셈입니다. 그 힘은 아메리카의 북서해안 인디언이 창조한 다양한 '식인'에 상징적으로 표현되어 있습니다. '식인'은 깊은 숲 속, 즉 '자연'의 영역 깊숙한 곳에서 나타나서 '문화'가 부여해주는 인간의 의미를 거침없이 먹어치워 무화시키는 힘을 체현하고 있습니다. 그리고 '식인'의 개념을 사회 내부로 받아들인 순간부터 권력을 가진 수장, 즉 왕이 출현한 셈입니다.

부처는 '자연'이 갖고 있는 이 힘을 새롭게 개념화하는 작업을 했습니다. 바로 그것이 '공'입니다. '공'은 동시대의 인도 철학자들을 부들부들 떨게 할 정도로 위력을 갖고 있었다고 합니다. 인도철학은 '있다=존재한다'라는 개념을 토대로 이루어져 있었는데, 부처가 주장하는 '공'은 그 토대마저 무화시키고자 했습니다.

그렇게 되면 권력 자체도 모호해지게 됩니다. '자연'의 이 같은 힘을 인간사회 안으로 받아들여 왕의 권력으로 만든 것에 대해 부처는 언뜻 보면 엄청난 힘을 갖고 있는 듯이 보이는 왕이나 국가의 힘마저도 신기루처럼 사라져버리는 것, 실체가 없는 것, 두려워할 필요가 없는 것이라는 점을 인식함으로써 권력을 부정하는 가르침을 설파했던 겁니다.

그럼으로써 인간사회의 내부로 들어와 실체를 가진 힘인 듯이 설쳐대던 권력은 환상의 베일이 벗겨져 다시 순수한 힘으로 돌아가 '자연'의 영역으로 반납됩니다. 권력을 '자연'의 영역으로 돌려보낸 후에 인간에게 남는 것은 겸손과 타자에 대한 공감에 근거한 올바른 삶이 되는 셈인데, 바로 이것이 인디언 수장들이 매일 아침 훈시에서 이야기하던 '문화'의 이상입니다. '자연'과 '문화'의 이종교배에 의해 탄생한 권력이 이 순간 해체됩니다. 부처가 '왕'이 아니라 '승자'로 불리는 것은 아마도 그런 의미에서일 거라고 생각합니다.

그리고 세 번째가 승려의 공동체 상가입니다. 권력을 무화시키고 내부를 이상적인 공화제로 다진 승려의 공동체가, 국가의 비호를 받으며 그 안에 존재하는 기묘한 현상이 여기에서 발생하게 됩니다. 국가 안에 '국가에 맞서는 사회'가 들어가 있는, 그야말로 해체적인 상황을, 부처가 시작한 정신적 전통이 연출한 셈입니다. 이런 기묘한 일은 기독교나 이슬람교에서는 일어나지 않았습니다. 대칭성에 근거한 사회에 대한 부정에 의해 국가가 탄생했는데, 불교의 상가는 국가 안에 국가를 부정하는 공동체를 확실하게 정착시키고자 했던 셈이므로, 이것은 거의 블랙유머에 가깝다고 할 수 있습니다. 본래 대국에 의해 멸망한 소국 출신의 왕자님이었기에 이런 멋진 블랙유머가 가능했던 게 아닐까요?

불교의 골격은 '불·법·승'이 하나가 되어 완성되었습니다. 세 가지의 기본이 전부 동일한 원리를 바탕으로 하고 있는 것은 분명합니다. 대칭성 사회를 부정하고 멸망시켜 탄생한 국가라는 형태가 비약적으로 발달한 시대에, 불교는 권력을 무력화시켜 '자연' 속으로 돌려보내고, 그럼으로 해서 권력이 낳은 야만을 소멸시키고자 했습니다. 싸우지 말라, 죽이지 말라 하는 불교의 가르침은 감정적인 것과는 전혀 관계없이 거대한 문명의 과제에 대한 도전에서 나온 것입니다. 그 점을 최근에는 불교 스스로가 잊어버린 듯합니다.

세련되게 다듬어진 '야생의 사고'

'야생의 사고'와 불교와의 관계를 생각하면서 부처에 의한 '공'의 가르침의 본질을 생각해보는 것은 매우 중요합니다. 인도의 사상가들은 세계에는 실체가 없지만, 그 세계를 파악하고 있는 자신(아트만 âtman)만은 마지막 남은 실체로서 '존재한다'고 주장했습니다. 부처는 그것조차도 부정하며, 사고하고 있는 자신마저도 없다고 했습니다. '공'은 이처럼 엄청난 파괴력을 감추고 있는 개념입니다. 그야말로 철학적 사고에 있어서의 가공할 '식인'인 셈입니다.

그런데 이처럼 모든 걸 부정해버리는 '공'은 한편으로 무한한 '자비'가 넘치게 한다고도 합니다. 자비나 사랑이나 본질은 다를 바가 없습니다. '공'이란 고립되어 있는 것들 사이에 관계(커뮤니케이션)를 만들거나, 살아 있는 것들을 감싸서 전체성의 감각을 회복시키거나, 우리에게 중요한 것을 무상으로 증여해주는 긍정적인 힘을 의미합니다. 즉 '공'은 대칭성 사회의 수장처럼 주기를 아까워하는 법이 없습니다.

　이와 같이 '공'에는 가공할 만한 '식인'으로서의 측면과 풍요롭고 자비심 많은 '증여자'로서의 측면이 동거하고 있습니다. '식인'이자 '증여자' – 이 말에 의해 금세 떠오르는 것이 곰입니다. 곰은 '자연' 속에 숨겨져 있는 힘을 대표하는 존재로서, 인간의 '문화'가 만들어내는 것을 철저하게 부정하는 힘을 갖고 있습니다. 동시에 인간의 가장 친한 친구로서 풍부한 숲의 동물이나 식물의 과실을 인간에게 나누어주기도 합니다. 구석기 시대 이후로 인류 안에 형성되어 왔던 '곰'의 개념 속에는 아무래도 '공'의 개념과 구조적으로 완전히 똑같은 양면성이 숨어 있는 듯합니다.

　물론 불교는 인도에서 발달한 고도로 체계화된 철학적 사고와의 긴장관계 속에서 자기형성을 계속해온 역사를 갖고 있으므로, '야생의 사고'를 그대로 드러낸 듯한, 곰을 둘러싼 소박한 신화적 사고 같은 것과는 비교가 되지 않을 정도로 문명적으로 세련된 면을 갖추고 있습니다. 그러나 불교라는 '보편종교'를 이루고 있는 원리 중에는, 국가를 갖지 않은 대칭성 사회의 중요한 구성원리 중에서 국가의 탄생 이후로 계속 억눌린 채 별로 조명을 받지 못한 몇 가지가 문명적으로 세련되게 다듬어져 거듭났습니다. 우리는 그렇게 당당하게 부활을 마친 모습을 이미 지켜봐왔습니다.

　거기에다가 원래 '공'의 개념은 권력과 관계가 있는 모든 것을 무력화시키는 사상의 도구로서, '자연'이 내장하고 있는 힘의 개념에 고도의 철학적 세련미를 가해서 생긴 것이기도 했던 셈이므로, 그것이 '곰'과 유사한 것은 당연한 일인지도 모릅니다. 불전에는 '공'에 숨겨져 있던 자비에 대해 다음과 같이 적혀 있습니다.

> 공과 무아를 보므로 피로를 모르는 자비심이며, 스승의 주먹이 아니므로 법을 시여施與하는 자비심이며, 파계의 중생을 키우므로 계율의 자비심이며, 자타를 함께 지키므로 인내의 자비심이며, 모든 사람의 짐을 떠맡으므로 정진의 자비심이며, 그 맛에 빠져들지 않으므로 선정禪定의 자비심이며, 적시에 얻게 하므로 지혜의 자애심입니다. 모든 곳에서 (깨달음으로의) 문을 제시하므로 방편의 자비심이며, 의욕이 깨끗하므로 간사함이 없는 자비심이며, 마음속 깊숙한 곳으로부터 행동하므로 거짓이 없는 자비심이며, 번뇌가 없으므로 깊은 결의의 자비심이며, (책략을 갖고) 만들어진 것이 아니므로 기만이 없는 자비심이며, 부처의 즐거움으로 인도하므로 즐거움의 자비심입니다. (『대승불전大乘佛典』, 「반야경般若經」)

곰에서 보살로

또한 다음과 같이 말하는 것이 불교의 보살이 아니라 북방의 숲에 사는 곰이라고 하더라도, 옛날의 사냥꾼이라면 그 말을 듣고 감동해서 곰에게 더욱 깊은 존경심을 갖게 되었을 겁니다.

> 비록 사람들이 손에 칼을 갖고 그의 사체를 잘게 토막낸다 할지라도, 그의 마음은 그들에게 증오를 느끼지 않으며, 또한 그의 동

정심이 사그라지지도 않는다.

그때 그들이 사체를 잘게 토막내고 있는 동안 그는 마음속으로 이렇게 생각하고 있다. "나는 아직 이 사람들을 깨달음의 최고 경지에 이르게 하지 못했으니까, 나에게도 아직 행복하고 편안한 죽음(열반)이 찾아오지 않았으면" 하고. (『삼매왕경三昧王經』)

이 강의를 통해 '야생의 사고'에 있어서 곰이 얼마나 큰 의미를 지녀왔는지 이미 잘 알고 있는 여러분은, 이 글을 읽고 곰이 불교 이전부터 이미 인류가 알고 있던 '보살'의 개념을 체현한 존재가 아닐까 하는 생각을 하고 있지는 않은가요? 그런 의미에서 불교는 매우 묘한 종교입니다. 불교는 대국가가 연달아 세워졌던 인도에서 생긴 사상입니다. 그러나 철학적 세련미라는 겉껍질을 벗기고 나면, 국가 이전의 인간의 생활방식이었던 '국가를 갖지 않은 사회' 특유의 대칭성의 사상이라고 해도 좋을 듯한 부분이 불교에 많이 포함되어 있는 걸 확인할 수 있게 됩니다.

후기 구석기 시대의, 곰과 더불어 살았던 현생인류의 마음은 이미 불교를 알고 있었다고 할 수 있을지도 모르겠습니다. 그 증거로 지금도 티베트의 불교도들은 동물을 보고 자신의 어머니나 형제라고 생각할 수 있을 때까지 명상을 반복하는 사고의 훈련을 쌓음으로 해서, 이 세계에 생물들에 대한 자비심을 기르기 위해 두루 확산시키고자 애를 씁니다. 불교에서는 이것을 윤회사상에 의해 납득시키려고 하는 건데(지금 자신의 눈앞에 있는 이 소는 자신의 과거의 생에서 어머니나 형제였을 거라는 식으로 생각하는 겁니다), 이런 생각은 인간과 동물이 신화의 시간 속에서는 형제이며 부모자식 사이라고 하던 신화적 사고를 합리적으로 재해석한 것에 불과합니다. 그 정도로 불교와 '야생의 사고'는 궁합이 잘 맞습니다.

다른 종교가 신석기적 사고를 부정하는 사고를 토대로 형성된 데 비해서, 불교는 정반대의 방향을 향하려고 하는 듯이 보입니다. 오늘날과 같은 인류 위기의 시대에 불교가 매우 중요한 의미를 갖는다고 보는 제 견해의 근거는 바로 여기에 있습니다.

바야흐로 에필로그로

9·11 테러 직후에 시작된 이 강의도 오늘이 마지막입니다. 주제로 등장한 것은 곰이나 야생 염소나 연어에 관한 것들뿐이었지만, 이야기를 하고 있는 저 자신에게도 현재 세계에서 동시 진행중인 일들과 저변의 어딘가에서 연결되어 있는 듯한 느낌이 항상 들었습니다. 제가 그 사건이 일어난 직후에 발표한 글의 마지막 부분에 이런 표현을 한 적이 있습니다.

> 그러나 인간이 비대칭의 잘못을 깨닫고, 인간과 동물 사이에 대칭성을 회복해가고자 노력해야만 세계에 다시 소통疏通과 유동流動이 회복될 것이다. 이런 식으로 이야기하는 지성은 과연 무력한 것일까? 혹은 그것을 현대에 적합하도록 단련시켜가는 과정에서, 세계를 뒤덮고 있는 압도적인 비대칭을 내부로부터 해체해가는 지혜가 생겨날 것인가? 여하튼 광우병과 테러가 대칭성의 지성을 다시 한 번 우리 인간세계에 환기시키려 하고 있는 것만은 분명한 사실

이다. (『녹색 자본론』, 「압도적인 비대칭」, 슈에이샤集英社, 2002년)

이 강의는 위의 글에서 던진 질문에 대한 하나의 해답을 제시하고자 한 것이었습니다. 대칭성의 지성을 단련시켜가는 과정에서 탄생한 불교는, 예전에는 거대국가가 만들어내는 압도적인 비대칭 상황에 팽팽하게 맞서 세계를 바꾸어가는 힘을 발휘한 적도 있었습니다. 그러므로 현대를 사는 우리가 그 점에 용기를 얻어 새로운 사상의 시도에 도전하는 것도 가능하다는 메시지를 전하고자 하는 것이 이 강의의 목적이었습니다. 목적이 달성되었는지에 대해서는 별로 자신이 없지만, 여러분의 사고에 변화를 일으키는 계기는 되었을 거라고 생각합니다. 그래도 때로는 이야기가 너무 길어져 여러분에게 피해를 주었을지도 모릅니다. 가르치고자 하는 열정 탓이라고 생각하고 이해해주시기 바랍니다. 마지막까지 경청해주셔서 감사합니다. (2001년 9월 27일~12월 20일, 주오대학에서. 2002년 2월 27일, 도호쿠예술공과대학에서)

Nakazawa Shinichi
Cahier Sauvage Series

보론

곰을 주제로 한 변주곡

Nakazawa Shinichi
Cahier Sauvage Series

푸우의 인기 비밀

유럽의 민화나 동화에서 가장 인기 있는 동물은 곰일 겁니다. 여러 가지 이름을 가진 매력적인 곰들이 등장하지요. 그중에서도 가장 인기 있는 곰은 푸우일까요, 아니면 패딩턴 역에 내린 가방을 든 그 귀여운 곰(영국의 마이클 본드의 소설을 애니메이션으로 만들어 유명해진 캐릭터 패딩턴 베어를 의미함—옮긴이)일까요? 어느 곰이나 매우 매력적인 마음을 갖고 있습니다. 느긋하고 싸움을 좋아하지 않으며, 어린아이처럼 순수하면서 동시에 현명한 노인의 지혜를 갖추고 있습니다.

민화나 동화에는 여우, 토끼, 개, 고양이를 비롯한 다른 동물들도 많이 등장하지만, 곰의 존재감은 조금 특별합니다. 여우는 '교활하다'는 이미지가 있는 만큼 사람을 속이거나 예상을 뒤엎거나 하는 것이 특기이며, 직구만 던지는 듯한 토끼는 무척 귀엽습니다. 개는 충실하고, 고양이는 약간 악마적인 면이 있어 속을 알 수 없는 동물로 묘사됩니다. 하지만 그런 식의 곰에게만은 고정된 틀이 없습니다.

행동이 너무 느긋해 이따금 나사가 빠져 있는 듯이 보이기도 하지만, 사실 그 지혜의 깊이는 인간의 지혜를 초월해 까마득한 고대에까지 이어져 있는 듯합니다. 곰은 마치 꿈을 꾸면서 사고하는 듯합니다. 인간들이 곤란에 처했을 때, 언제 다가왔는지 곰이 느릿느릿한 어조로 뭔가를 가르쳐줍니다. 곰의 말을 듣는 순간, 우리는 깜짝 놀랍니다. 바깥세계의 복잡한 일들에 현혹되어 본래의 자신의 마음이 있어야 할 장소를 잊어버린 인간들에게 이 현명한 곰들은 '드림 타임(꿈속의 시간)'으로부터의 전언을 전해줍니다.

유럽에서는 곰이 서커스나 곡예에서 인기 있는 동물이기도 했

곰의 곡예 (사진 제공 PPS)

습니다. 귀여운 모습으로 묘사되는 동화에서와는 달리, 이번에는 손님들의 눈앞에 살아 있는 곰이 등장합니다. 실제 곰은 아무리 귀엽다 해도 북방세계에서는 최강을 자랑하는 동물입니다. 곰의 펀치는 강렬하며, 그 몸에 깔렸다가는 국물도 없습니다. 그런 곰이 조련사의 지시에 따라 얌전한 고양이처럼 아양을 떨기도 하고, 커다란 몸으로 어린이용 자전거를 타기도 하는 걸 보며 우리는 무척 즐거워합니다.

 곰 안에는 분명 최강의 동물로서의 난폭함이나 재빠른 공격력이 존재합니다. 더불어 어린아이와 같은 몸집이나 태극권이라도 하는 듯한 느릿한 동작, 항상 꿈을 꾸고 있는 듯한 순진무구함, 고대적인 성격을 가진 깊은 지혜 등등이 하나로 뭉쳐 있습니다. 그렇기 때문에 동물원에도 팬더를 비롯한 곰류에 속하는 동물들이 어린이들에게 특히 인기가 있으며, 아직도 동화나 애니메이션에 빠지지 않고 등장하는 겁니다.

곰 신화의 고리

유럽만이 아니라 시베리아 지방에서도, 북아메리카 대륙의 인디언

세계에서도, 사람들은 까마득한 옛날부터 곰이라는 동물에게 각별한 관심을 표시해온 듯합니다. 곰을 통해서 인간은 자신에게 살아갈 양식을 주는 자연과의 관계를 생각해왔습니다. 또한 거대한 몸과 강력한 힘을 가진 곰이라는 동물에 대해 여러모로 생각함으로써, 인간은 자신들의 능력을 훨씬 능가하는 '초월적인 존재'에 대해 사고해왔습니다. 곰은 후에 민화나 동화로 모습을 바꾸어가는 신화의 사고에 풍부한 양식을 제공해주었을 뿐만 아니라, '초월적인 존재'를 둘러싼 사고, 즉 종교의 발생과도 관계가 깊은 동물이 되었습니다.

그것만이 아닙니다. 곰은 겨울이 되면 굴로 들어가 동면을 합니다. 이때 동면용 굴로는 땅바닥을 파서 생긴 구덩이나 동굴 같은 것을 이용합니다. 곰을 '대지' 밑에 있는 세계와 깊은 관계가 있는 동물로 여기기도 하고, '죽음'을 가까이 느끼게 하는 동물로 생각하는 경우가 많았던 이유가 여기에 있습니다.

여하튼 인간과 동물세계와의 관계에 대해 생각하는 신화적 사고에 있어 곰은 특별한 동물이었습니다. 특히 유라시아 대륙의 북부에서는 까마득한 옛날, 즉 후기 구석기 시대부터 이미 곰은 인간에게 가장 중요한 의미를 가진 동물로 취급되었던 것 같습니다. 곰은 그야말로 '자연의 왕' '숲의 왕'이었기 때문에, 인간은 곰을 통해서 자연이나 초월성에 대해 사고했습니다. 그렇기 때문에 자연스럽게 곰에 관한 신화는 동물과의 관계를 이야기하는 가장 오래 된 형태의 신화를 형성했습니다. 인간과 야생 염소나 양, 표범 등과의 관계에 대한 이야기는 많은 신화에 다루어져 있습니다. 그런 신화의 원형 또한 곰을 둘러싼 원신화原神話/Protomyth에서 비롯한 것이 아닐까요?

인디언으로 불리며 아메리카 대륙에 풍부한 문화를 구축한 사람들(네이티브 아메리칸)이 원래는 만 몇천 년 전에 바이칼 호 주변으로부터 이동해 추코트 반도에 도착했다가, 거기서 다시 얼어붙은 베링 해협을 건너서 아메리카 대륙으로 들어간 사람들의 자손이라는 것은 익히 알려진 사실입니다. 그들은 고향인 북동아시아에서 전승되던 신화를 고이 지니고 베링 해협을 건너갔을 겁니다. 그리고 불과 수백 년 사이에 아메리카 대륙을 종단해서 결국에는 펭귄들이 모여 있는 남미 대륙의 끝까지 가게 되었던 겁니다.

알래스카에서 남극까지 참으로 광대한 영역을 답파한 셈입니다. 그러는 동안에 한 번도 보지 못한 자연 경관과 마주치기도 하고, 처음 보는 동식물과 마주치기도 했을 겁니다. 특히 북위 40도를 넘는 지역부터는 몸집이 엄청나게 큰 곰은 서식하지 않게 됩니다. 그러자 인디언의 선조들은 처음에는 크게 당황했을 겁니다. 자신들이 아시아에서 가져온 곰을 둘러싼 신화가 더 이상 리얼리티를 획득하지 못하는 공간에 들어선 셈이기 때문이지요.

그러나 그들은 곧 정신을 차립니다. 차분하게 주변의 동물이나 식물의 세계를 둘러보고, 비록 곰은 없지만 신화 속에서 곰의 역할을 대신할 수 있을 것 같은 야생 염소나 표범에 관심을 가졌습니다. 그들을 주인공으로 해서 동일한 메시지를 전할 수 있는 새로운 신화를 만들어보자고 생각했을 겁니다. 인디언의 선조들은 원래의 신화를 변형시킴으로써 매력적인 새로운 신화들을 계속 탄생시켰습니다.

혹은 이런 경우도 있지 않을까요? 그들은 오랫동안 곰을 주인공으로 하는 신화를 통해 인간과 자연의 관계에 대해 사고해온 사람들입니다. 그러므로 자연스럽게 새로운 환경에서 마주친 다른 동물들의 생태에 관심을 가져 원래의 곰 신화를 변형시켜서 새로운 신화를 만들어냄으로써 자신들의 지적 재산인 신화의 레퍼토리를 풍부하게 하고자 했다고도 생각할 수 있습니다. 여하튼 신석기 시대에 원형이 만들어진 신화에 있어서 곰은 가장 중요한 위치를 차지하는 동물이었으므로, 그후에 만들어진 모든 신화는 곰 신화의 구조로부터 어떤 형태로든 영향을 받게 되었던 겁니다.

예를 들면 사할린 섬의 니브히족에게 전해내려오는 곰 신화가 형태와 등장인물을 바꾸어서 북미와 남미 인디언 사이에 표범이나 나비들을 주요 등장인물로 하는 신화로 변형되어 발견됩니다.

또다시 '새집 뒤지기(Bird Nester)' 신화로

니브히족에게는 곰을 주인공으로 한 다음과 같은 신화가 전승되고 있습니다.

어떤 마을에서 한 남자가 사냥을 하러 나갔다가 곰의 발자국을 발견했다. 그는 곧장 마을로 돌아와서 그 사실을 알렸다. 그리고 곰을 쫓아가기 위해서 사람들을 모았다. 그렇게 모인 사람들은 발자국을 따라서 갔다. 곰은 바다로 향해 아래로 내려가서, 절벽 아래에 굴을 파고 살고 있었다. 깎아지른 듯한 절벽이었다. 사람이 내려갈 수는 없었다. 사람들은 절벽 끝에 이르자 멈춰섰다. "자, 누가 밑으로 내려가지?" 한 사람이 "나를 묶어서 내려줘"라고 말했다. 사람들은 가죽끈으로 그의 몸을 묶어서 굴 쪽으로 내려보낸 뒤 가죽끈을 손에서 놔버리고 그가 있는 쪽으로 던졌다. 그런 다

폴 델포어에 의한 '새집 뒤지기'
(Claude Lévi-Strauss, L' Homme Nu, Plon, 1971)

음 사람들은 그를 그곳에 버려둔 채 마을로 돌아가버렸다. 그는 아무것도 먹을 것이 없었다. 그래서 배가 고픈 채로 굴 옆에 서 있었다. 그러다가 가죽끈을 먹었다. 어느 순간 잠이 들었다. 그는 꿈을 꾸었다. 곰이 "자, 내가 있는 곳으로 들어와라"라고 말하는 꿈이었다. 잠이 깨자 그는 굴 속으로 들어가서 곰 옆에 누웠다. 잠이 들자 다시 꿈에서 곰이 이렇게 말했다. "혹시 배가 고프면 나의 새끼발가락을 빨아라. 물이 마시고 싶거든 다른 쪽 발의 새끼발가락을 빨아라." 잠이 깨자 '배가 고프다'는 생각이 들었다. 그래서 그는 곰의 한 쪽 발을 들어서 빨기 시작했다. 실컷 빨았다. 이번에는. '물이 마시고 싶다'는 생각이 들었다. 곰의 다른 쪽 발을 들어서 빨자 갈증이 해소되었다.

마침내 봄이 왔다. 곰이 밖으로 나가려고 하고 있었다. 그가 잠이 들자 꿈에서 곰이 말했다. "나는 내일 일어날 것이다. 내가 밖으로 나가거든 너는 내 등으로 기어올라서 타고 있어라. 너는 마을로 돌아가거든 개 세 마리를 묶어서 나한테 보내라." 다음날 남자 주인은 밖으로 나갔다. 그도 밖으로 나가서 곰의 등에 올라탔다. 곰은 절벽 위로 올라가서 멈춰섰다. 그제야 곰의 등에서 내려와서 마을로 돌아간 그는 개 세 마리를 묶어서 곰에게 보냈다. 1년 동안 먹여준 것에 대한 감사의 표시였다. (Shternberg, 1908. 오기와라 신코, 『북방 제민족의 세계관』)

　마을 사람들이 주인공을 해안의 절벽에 있는 동굴 입구에 두고 가버리자 그는 하는 수 없이 곰의 굴로 들어갔습니다. 그들은 먹을 것도 마실 것도 주고 가지 않았기 때문에 그는 허기와 갈증으로 완전히 쇠약해졌지만, 그 굴에서 동면중이던 곰의 도움으로 봄까지 거기서 계속 잠을 자서 목숨을 부지하게 됩니다. 곰이 발바닥에 바른 꿀 같은 것을 핥으며 몸을 지탱할 수 있었기 때문입니다. 겨울잠에서 깨어난 곰은 남자를 절벽 위까지 데려다주는데, 이때 감사의 표시로 개 세 마리를 자신에게 보내달라고 부탁합니다.

　이 신화에는 여러 종류의 이본이 있습니다. 가장 문제가 되는 부분은 왜 마을 사람들이 이 남자를 곰의 굴이 있는 절벽에 두고 가버렸는가 하는 것입니다. 이 점에 대해서는 남자가 싸움을 좋아하는 데다가 겁쟁이여서 모두에게 미움을 받고 있었다든지, 항상 남에게 욕설만 퍼붓는 나쁜 놈이었든지, 마을의 한 사람이 그의 아내를 연모했기 때문이라는 식으로 여러 가지 이유가 제시되어 있습니다. 이유야 어쨌든 신화적 사고에 있어서 중요한 것은 남자가 사회로부터 격리되어 육지와 바다의 정확히 중간에 해당하는 절벽 중턱에 방치되고, 허기로 괴로워하고 있었다는 점이겠지요.

조리용 불

그럼 여기서 우리는 사할린 섬으로부터 수만 킬로미터나 떨어진 남미 대륙의 아마존 강 유역에 사는 팀브라족 곁으로 날아가보기로 하겠습니다. 놀랍게도 그곳에서 니브히족의 이 '친절한 곰'에 대한 신화와 매우 유사한 신화를 발견하게 됩니다.

어떤 남자가 깎아지른 절벽 중턱에서 아라라새(아마존 유역에 서식하는 새—옮긴이)의 새집을 발견했다. 남자는 아직 소년인 자신의 처남을 불러와서, 절벽으로 올라가 아라라새를 잡아오게 하려고 했다. 아라라새의 깃털로 멋진 장식을 만들 수 있기 때문이다. 키가 큰 나무를 잘라 사다리를 만들어 낭떠러지에 걸쳐놓고, 소년은 그걸 타고 절벽 위에 있는 새집으로 올라갔다. 새집으로 다가가서 손을 뻗자 새끼새들이 일제히 공격해왔다. 소년은 무서워서 도망치려고 했다. 화가 난 남자는 사다리를 치워버리고 소년을 절벽 중턱에 내버려둔 채 마을로 돌아가버렸다.
배가 고프기도 하고 목도 말라 소년은 괴로워 죽을 지경이었다. 게다가 아라라새들이 소년의 머리 위에 똥을 싸서 소년은 똥으로 범벅이 되었다. 덕분에 새들은 소년을 두려워하지 않게 되었다. 그때 표범 한 마리가 절벽 아래를 지나갔다. 표범은 땅바닥에 비친 소년의 그림자를 봤다. 표범은 위를 올려다보며 말했다. "그런 곳에서 뭘 하고 있는 거지?" 소년이 사정을 설명했다. 그러자 표범이 그에게 "아라라새를 잡아서 나에게 던져주지 않을래?" 하고 요구했다. 그가 표범의 말을 들어주자, 표범은 기뻐하며 "내 등으로 뛰어내려라. 내가 구해주겠다"라고 말하는 것이었다. 소년은 처음에는 두려워했지만, 눈을 딱 감고 표범 쪽으로 뛰어내렸다. 표범은 양손으로 소년을 받아 등에 태워서 표범의 마을로 데려갔다. 표범의 마을에는 멋진 조리용 불이 있었다. 당시에 인간은 아직 불을 갖고 있지 않았다. 표범은 그 불로 고기를 구워서 먹고 있었다. 표범의 아내는 소년을 싫어했다. 왜냐하면 소년이 구운 고기를 먹을 때 쩝쩝거리며 시끄러운 소리를 냈기 때문이었다. 남편 표범이 먹이를 구하러 나간 사이에 아내 표범은 소년을 계속 위협했다. 소년이 이 사실을 남편 표범에게 이야기하자, 표범은 활과 화살을 주면서 "또다시 아내가 화를 내거든 이걸로 쏴라" 하고 일러주었다.

소년은 자신을 향해 다가온 암표범에게 활을 쏘고 쏜살같이 마을로 도망쳐왔다. 돌아가는 길은 미리 표범이 가르쳐주었다. 마을에 도착한 소년은 아버지에게 표범의 마을에는 조리용 불이 있다는 사실을 알려주었다. 그러자 소년의 아버지는 마을에서 가장 걸음이 빠른 남자를 찾아 두꺼비와 함께 표범의 마을로 보냈다. 표범의 집에 도착하고 보니, 숫표범은 먹이를 구하러 나간 후였고 집에는 암표범만 있었다. 그래서 남자는 불을 전부 빼앗아 도망쳤다. 암표범은 전부 가져가지는 말아달라고 부탁했지만 남자는 화로의 불을 전부 가져오고 말았다. 이렇게 해서 인간은 불을 손에 넣게 된 것이다. (Curt Nimendaju, *The Eastern Timbra*, 1946)

아마존 강 유역의 인디언은 '조리용 불의 기원'을 설명하는 신화를, 사냥 능력의 획득에 대해 설명하는 「절벽 중턱에 남겨진 남자」라는 니브히족의 신화와 동일한 구조를 이용해서 이야기하고 있습니다. 니브히족의 신화에서는 곰 사냥을 위해 절벽 중턱의 굴에 남겨진 남자를 친절한 곰이 살려줍니다. 여기서는 장식품을 만들기 위해 아라라새의 깃털을 가지러 절벽에 있는 새집에 올라갔다가 꼼짝못하게 된 소년이 마침 절벽 아래를 지나가던 친절한 표범에 의해 구원되고, 조리용 불이라는 귀중한 것까지 손에 넣습니다.

이 신화에도 근처의 인디언들에게 많은 이본이 있습니다. 이본들에는 왜 소년이 절벽에 방치되었는지에 대해 다양한 설명을 하고 있습니다. 그중 하나로 근처의 보로로족에게는 다음과 같은 신화가 전승되고 있습니다.

어느 날 한 여자가 숲으로 들어가자, 한 아들이 몰래 따라가서 그녀를 범했다. 남편이 그 사실을 알고 복수를 하기 위해 아들에게 깎아지른 절벽 중턱에 있는 금강앵무를 잡으러 가자고 했다. 아버지는 절벽 밑에 도착하자 기다란 장대를 걸쳐놓더니 아들에게 그걸 타고 금강앵무의 둥지까지 갔다오라고 명령했다. 아들이 둥지 있는 데까지 올라가자 아버지는 장대를 치워 아들을 그 자리에 남겨두고 마을로 돌아가버렸다. 젊은이는 마실 것도 먹을 것도 없이 절벽에 있는 둥지에 남게 되었다. (C. Lévi-Strauss, *Le Cru et le Cuit*)

여기서부터 소년의 모험이 시작됩니다. 소년은 마지막에 (불이 아니라) 물을 조절하는 능력을 손에 넣게 됩니다. 이 이야기에도 천상과 지상의 한가운데에 버려진 소년이 친절한 동물들의 도움으로 초자연적인 능력을 획득한다는 내용의 에피소드가 나옵니다.

『신화논리』의 개막을 알리다

이것은 레비 스트로스가 쓴 전부 4권으로 이루어진 『신화논리』의 제1권 『날 것과 익힌 것 Le Cru et le Cuit』의 서두 부분에 있습니다. 지적 대모험의 개막을 알리는 'Key Myth(열쇠가 되는 신화)'로 다루어져 있어 유명해진 보로로족의 신화입니다. 이 신화가 앞서 소개한 니브히족의 신화와 매우 비슷한 구조를 토대로 해서 만들어졌다는 것은 금세 알 수 있습니다. 두 신화 사이에는 다음과 같은 '변형' 관계가 있습니다.

북동아시아에서는 '곰의 굴 뒤지기' 이야기였던 것이 아마존강 유역에서는 '새집 뒤지기' 이야기로 바뀌었습니다. 따라서 등장하는 동물들의 종류도 다르고 이야기의 결말도 다른 형태로 바뀌기는 했지만, 우리는 '형태의 유사성을 인식하는' 직감으로 이 두 신화가 동일한 구조를 갖고 있다는 걸 분명하게 파악할 수가 있습니다. 두 신화는 엄청나게 멀리 떨어진 곳에서 발견되었습니다. 그렇다고 해서 두 신화의 유사성을 우연으로 치부해버리는 건 도저히 불가능합니다.

북방의 동물인 곰과 정글의 동물인 표범 사이에는 많은 공통점이 있습니다. 둘 다 매우 강력한 힘을 가졌으며, 불이나 무기가 없는 한 인간이 정면으로 대항할 수 있는 상대가 아닙니다. 게다가 북방세계에도 남방세계에도 '샤먼'이라는 영혼의 전문가가 있는데, 그들은 곰이나 표범과 특별한 관계에 있다고 주장합니다. 샤먼은 신들린 상태에서 곰이나 표범을 만나 서로 이야기를 나누기도 하고, 샤먼이 직접 곰이나 표범으로 변신할 수도 있는 것으로 믿어졌습니다.

곰과 표범은 어느 세계에서나 초자연적인 힘의 영역의 지배자로 여겨졌습니다. 신화의 주인공은 그런 동물들과 만나서 그들의 호의를 얻기 위해 절벽 중턱에 버려지기도 하고, 높은 나무 꼭대기에 방치되기도 할 필요가 있었던 것 같습니다. 동물의 '소굴을 뒤진다'는 행위에는 아무래도 중대한 의미가 숨겨져 있는 듯합니다. 그런 행위가 '중개 기능'을 발휘해서 동물이 갖고 있는 초자연적인 힘과의 접촉을 가능하게 해주는 겁니다.

북미 대륙 인디언은 이렇게 변형시켰다

그 점은 북미 대륙 인디언에게 전승되는 다음 신화를 살펴보면 좀더 분명해질 겁니다. 이것은 크라마스족의 신화입니다.

크무캄치 신에게는 아이시슈라는 아들이 있었다. 크무캄치는 아들의 아름다운 아내들에게 연모의 감정을 품고 있었다. 그는 아들의 아내들을 손에 넣기 위해 아들에게 명령해서 케나와라는 높은 나무에 둥지를 틀고 있는 독수리를 잡아오라고 했다. 그리고 입고 있는 걸 전부 벗으라고 해서 아이시슈는 알몸으로 나무 위로 올라갔다. 그러나 거기에는 독수리 둥지 같은 건 없었다. 게다가 나무줄기가 점점 쑥쑥 자라서 마침내 내려올 수 없을 정도가 되고 말았다.

크무캄치 신은 그 사이에 아들의 옷을 몸에 걸쳐 아들로 변장을 하고 아들의 아내들이 있는 곳으로 갔다. 아이시슈의 아내들을 손에 넣으려고 했지만, 그녀들은 가짜라고 생각해서 상대도 해주지 않았다.

나무의 중간쯤에 있는 새집에 남겨진 아이시슈는 먹을 것도 마실 것도 없어서 비쩍 말랐다. 나비 두 마리가 새집 안에서 축 늘어져 있는 그를 발견했다. 친절한 나비들이 물과 먹을 걸 날라다주었다. 그리고 바구니에 그를 태워서 지상에 내려주었다. 이렇게 해서 아이시슈는 마을로 돌아올 수 있었다. (C. Lévi-Strauss, L'*Homme Nu*, 1971)

이와 같이 태평양을 에워싸듯이 해서 아시아와 아메리카의 광대한 영역에 걸친 세 지역에서 동일한 구조를 사용한 신화가 전승되었다는 걸 알 수 있습니다. 하나는 남미의 아마존 강 유역의 정글 속에 사는 사람들에 의해서, 또 하나는 북미의 캘리포니아 인디언과 북서해안부의 인디언들에 의해서, 그리고 마지막 하나는 아무르 강 유역과 사할린 섬에 걸쳐서 살고 있는 사람들의 기억 속에서.

주인공은 바다를 향해 떨어질 듯한 절벽의 중턱이나 바위산에 있는 절벽의 중턱, 혹은 엄청나게 높은 나무의 중간쯤에 있는 새집 등에 버려집니다. 그들은 친족이나 마을 사람들에 의해 버려졌다가 다양한 동물의 도움을 받아 지상으로 돌아올 수가 있는데, 그때 꼭 사냥 능력이나 불, 물을 조절하는 능력 등을 갖게 됩니다—이런 구조상의 일치는 그렇게 쉽사리 일어나는 우연이 아닙니다.

이 세 지역에서 동일한 구조의 신화가 발견된다는 점에는 매우 커다란 의미가 있습니다. 오늘날의 고고학 연구에 의해 만 몇천 년 전에 아메리카 대륙으로 건너간 사람들의 원향原鄕이 바이칼 호 주

	니브히족	보로로족
모험이 행해진 장소	육지 곰 굴이 있는 절벽 바다	산 새집이 있는 절벽 지상
친절한 동물	곰	표범
모험의 결말	훌륭한 사냥꾼이 되다	물이나 불의 주인이 되다

변이었을 거라는 건 명백히 밝혀졌는데, 그중에서도 초기의 이동에 의해 이 대륙으로 들어온 사람들이 갖고 있던 아주 오래된 형태의 문화가 아마존 강 유역의 정글로 들어온 사람들과 캘리포니아 인디언 곁에 남게 된 것으로 추측하기 때문입니다. 레비 스트로스는 아메리카 대륙을 종단하는 신화학 여행을 감행했는데, 언젠가 말씀드린 바 있는 '새집 뒤지기' 신화를 아메리카 신화학이라는 우주 전체의 출발점이자 도달점으로 설정한 것은 그런 이유에 의한 것입니다.

그리고 니브히족은 바이칼 호 주변에 후기 구석기 시대부터 살았던 사람들의 직계자손이었습니다. 우리는 엄청난 시간의 격차에도 불구하고 변화하지 않고 여전히 남아 있는 생생한 실례를 목격하고 있는 것이 아닐까요? 몽골족의 기나긴 여행 동안 흔들려서 부서지기도 하고, 홍수나 태풍에 휩쓸려가기도 하고, 불에 타기도 하는 등 소멸되어버릴 가능성은 충분히 있었을 겁니다. 그럼에도 불구하고 파괴되지 않았던 구조가 지금도 남아 있는 것, 이것은 분명히 하나의 가설에 불과하지만, 이렇게 생각해봄으로 해서 비로소 드러나게 되는 점이 많은 것도 사실입니다.

'곰의 왕'에서 '연어의 왕'으로의 변형

여기에 일본의 동북지방에 전해내려오는 신화를 추가하면 아마도 신화적 사고의 강인한 생명력에 더욱 깊은 감명을 받게 될 겁니다. 동북지방에서 홋카이도에 걸쳐서는 조몬 시대 이후로 곰이나 사슴의 수렵과 더불어 연어나 숭어의 어로가 활발하게 이루어졌습니다. 이것은 아무르 강 유역의 여러 부족이나 북아메리카 북서해안의 인디언의 경우와 똑같은 상황입니다. 숲의 왕이 곰이라면, 강의 왕은 연어인 셈입니다. 그렇기 때문에 연어에 대한 신화의 사고는 곰에 대한 사고와 매우 유사한 패턴을 이용하고 있습니다. 니브히족의 곰이 여기서는 연어들의 왕인 '사케노오스케鮭の大助'로 모습을 바꾸어서 섬의 거대한 소나무에 있는 독수리의 둥지에 버려진 주인공을 도와주고 있습니다.

> 기센군気仙郡 다케고마무라竹駒村의 아이카와相川라는 집에 전해내려오는 옛날이야기다. 이 집의 선조는 산슈후루카와三州古河의 성주였는데, 오다 노부나가織田信長와의 전쟁에서 져서 머나먼 오슈奧州(지금의 후쿠시마, 미야기, 이와테, 아오모리의 4현에 해당하는 지역을 의미하는 옛날 이름. 넓은 의미로는 동북지방 전체를 가리킴―옮긴이)로 도망쳐 나와 살고 있었다.
> 어느 날 많은 소를 목장에 풀어놓고 있는데, 느닷없이 커다란 독수리가 와서 새끼소를 채어 날아가버렸다. 주인은 무척 화가 났다. 어떻게 해서든 그 독수리를 잡아야겠다며, 그는 활과 화살을 들고 소가죽을 뒤집어쓴 채 목장에 쭈그리고 앉아 독수리가 오기

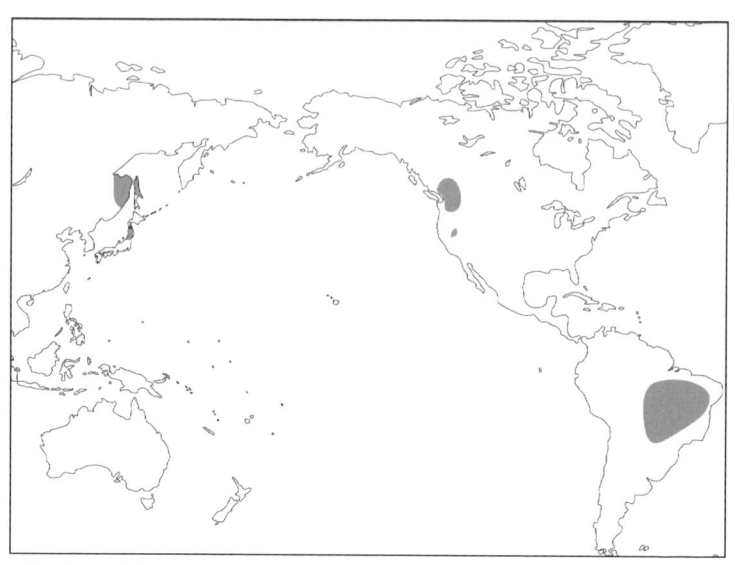

환태평양을 둘러싼 '새집 뒤지기' 신화군
(아마존, 북서해안 캘리포니아, 아무르·사할린, 동북일본)

를 56일 동안 기다렸다. 그러는 중에 심신이 지쳐서 꾸벅꾸벅 졸고 있는데 그 순간 사나운 독수리가 내려왔다. 하지만 이번에는 주인을 잡아채서 머나먼 곳으로 데리고 갔다.

주인은 어쩔 도리가 없어 몸을 움츠리고 숨을 죽인 채 독수리에게 몸을 맡기고 꼼짝도 하지 않았다. 독수리는 머나먼 바다 쪽으로 날아가다가 어떤 섬의 커다란 소나무에 있는 둥지 속에 그를 던져넣고는 또다시 어디론가 날아가버렸다.

주인은 어떻게든 빠져나가려고 주위를 둘러보았다. 둥지 안에 새의 깃털이 많이 쌓여 있었다. 그는 깃털을 모아서 새끼줄을 꼬아 소나무의 가지에 묶고는 간신히 지상으로 내려왔다. 하지만 그 다음은 어떻게 할 수가 없어서, 그는 나무의 밑동에 주저앉아 묘안을 생각하고 있었다.

그런데 그때 어디서 왔는지 백발의 한 노옹이 나타났다. 노옹은 "너는 어디에서 왔느냐" "뭘 하러 왔느냐"라고 묻더니, "난파라도 당했다면 몰라도 이런 곳에 쉽게 올 수 있을 리가 없다"라고 하면서 "여기는 현해탄 안에 있는 외딴 섬"이라고 말했다. 주인은 이제까지 있었던 일을 이야기하고, "어떻게든 고향으로 돌아가고 싶었는데, 현해탄이라는 말을 들으니 이제 그런 희망도 사라져버렸습니다" 하며 한탄했다. 그러자 노옹이 "네가 그렇게 고향으로 돌아가고 싶다면 내 등에 올라타라. 그렇게 하면 반드시 고향으로 돌아가게 해주겠다"라고 했다. 주인은 노옹의 친절이 수상해서 "당신은 누구고, 어디로 가는 거요?" 하고 물었다. 노옹은 자신이 사실은 사케노오스케이며, 매해 10월 20일에는 주인의 고향인 이마이즈미카와今泉川의 상류에 있는 쓰노간부치角枯淵로 가서 알을 낳는다고 했다. 주인은 주뼛거리면서 노옹의 등에 올라탔다. 얼마 후 주인의 고향에 돌아와 있었다.

이런 연유로 해서 지금도 10월 20일에는 예를 갖춘다. 그때 이 깃털로 만든 새끼줄에 술과 음식을 올려 이마이즈미카와의 연어 어장으로 보내며, 바람직한 관례에 따라 연어의 일부는 상류로 거슬러 올라가도록 잡지 않고 그냥 놔둔다. (『사사키 기젠佐佐木喜善 전집 1』, 도노遠野시박물관, 1986년)

이 이야기는 1925년 겨울쯤 이와테현岩手縣의 스에자키무라末崎村에서 민속학자 사사키 기젠이 오요카와 요소지及川與惣治한테 들어서 『청이초지聽耳草紙』에 실은 것입니다. 사사키 기젠은 이와테 출신으로, 어릴 적부터 노인들한테 많은 옛날이야기를 들으며 자란 사람이었습니다. 도쿄로 간 이후에는 야나기타 구니오와 알게 되어 그에게 많은 이야기를 들려주었고, 그걸 토대로 해서 유명한 『도노 이야기遠野物語』를 썼습니다.

「사케노오스케」 이야기는 매우 흥미롭습니다. 이야기 자체는 수백 년 전의 선조가 실제로 체험한 내용을 전하고 있는 것처럼 되어 있지만, '환태평양'을 떠돌아다니며 곰이나 표범을 둘러싼 수렵민의 신화를 검토해온 우리는 이 이야기가 갖는 의미를 짐작할 수 있습니다. 바로 인류적인 깊은 기억의 층으로부터 환기되어 나온 것입니다.

옛날이야기에서 신화로

이 이야기를 전승하고 있는 아이카와가家는 이 지방에서 옛날부터 (조몬 시대부터!) 활발하게 이루어져왔던 연어잡이와 깊은 관계를 맺고 있는 일가입니다. 산란을 위해 이마이즈미카와를 거슬러올라오는 연어 떼를 함부로 잡지 않도록 훈계하고 있는 이야기입니다. 이 부근에서는 '사케노오스케'라고 하면 한 떼의 연어를 이끌고 산란을 위한 험난한 여행의 리더가 되어 강을 거슬러올라오는 '연어들의 왕'으로 여겨졌습니다.

10월 20일이 가까워지면 '사케노오스케'가 무시무시한 고함을 지르며 강을 거슬러 올라갑니다. 그 고함소리를 듣는 사람은 누구나 그 자리에서 죽고 만다는 이야기가 있을 정도여서, 그날밤에는 다들 집에 틀어박혀 밖에 나오지 않을 정도였습니다.

그 연어의 왕과의 만남을 다룬 이 이야기는 겉보기에는 옛날이야기풍으로 되어 있지만, 자세히 보면 알 수 있듯이 사람들의 생활이나 자연관찰에 밀착되어 있는 '구체성의 논리'라고 하는 신화의 특징을 확실하게 갖추고 있습니다. 이 이야기는 실제로 이 지방에서 조몬 시대 이후로 계속 연어잡이를 해온 사람들의 사고로부터 탄생한 것으로, 이야기를 잘 하는 전문 이야기꾼에 의해 만들어지거나 전래된 것이 결코 아니라고 생각합니다. 전문 이야기꾼이 아니라 '신화작자Myth Maker'가 전승해온 것으로서, '환태평양'적인 성격을 보존해왔을 겁니다.

우선 이 이야기에는 두 가지 형태의 '수렵'이 나와 있습니다. 하나는 이야기의 배후에 있는 '연어잡이'이고 다른 하나는 독수리 사냥으로, 이것은 매우 재미있는 함정 사냥의 방식을 취하고 있습니다. 사냥꾼이 소가죽을 뒤집어쓰고 안에 숨은 채로 독수리가 공격해오기를 기다리는 겁니다. 사냥꾼이 직접 '먹이'가 되어 스스로를 함정에 빠뜨리는 이런 형태의 수렵방식은 아메리카 인디언이 가장 흔히 사용하던 것입니다.

예를 하나 들겠습니다. 평원에 사는 만단족은 땅바닥에 커다란 구덩이를 팝니다. 사냥꾼은 구덩이 안으로 들어가 몸을 감추고 감쪽같이 뚜껑을 덮고는 그 위에 독수리를 유인할 수 있는 죽은 토끼 같은 걸 올려놓습니다. 상공에서 먹이를 발견한 독수리가 급강하합니다. 사냥꾼은 독수리가 먹이를 잡아채려는 순간을 기다렸다가 정확하게 독수리의 발을 꽉 붙잡습니다.

이런 사냥에서는 사냥꾼 스스로가 '먹이'나 '사체死體'가 됩니다. 그러면 수리는 그를 낚아채서, 망망대해의 외딴 섬에 있는 거대한 소나무 위의 둥지로 데리고 가서 밀어넣고는 그냥 가버립니다. 거기에 사케노오스케가 나타나서 사냥꾼을 고향으로 데려다줍니다.

본인이 죽은 사람과 똑같은 입장이 된다는 것은, 단기간이기는 하지만 적어도 그 기간 동안은 사회로부터 격리되는 셈이 됩니다.

이것을 마이너스의 가치로 표현하면, 모두로부터 '버림받은' 셈이 되겠지요. 하지만 그렇게 되면 '새집 뒤지기' 신화에서는 친절한 표범이나 나비들(이것은 죽음의 생물입니다)이 나타나서 주인공을 구해줍니다. 아무르 강 유역에 거주하는 여러 부족의 '자비심 많은 곰' 신화에서는 대지의 구덩이에서 잠을 자는 '죽음의 생물'인 곰이 주인공을 구해서 절벽 위까지 데려다주었습니다. 그렇기 때문에 이와테의 전승에 나오는 독수리 사냥에도 원래는 그와 똑같은 의미가 담겨 있었던 것이 아닐까 하는 추측이 가능해집니다.

엄청나게 먼 곳에 있다는 '현해탄' 건너 외딴 섬의 거대한 소나무, 그리고 그 소나무 가지에 있는 독수리의 둥지. 기구한 운명에 의해 그곳으로 끌려가면 '연어의 왕'과 만날 수 있습니다. 이 전승은 아무래도 아무르 강 유역의 몽골족이 전하는 오래된 형태의 '자비심 많은 곰' 신화나 남미와 북미 대륙에 전승되어온 '새집 뒤지기' 신화 및 그 변형과 밀접한 관계를 갖고 있는 듯합니다. 이 지방에서 오래 전부터 연어잡이를 해오던 사람들 사이에 전해내려온 신화가 근세(일본에서는 17세기 초부터 19세기 중반까지에 해당하는 에도 시대江戶時代를 의미—옮긴이)에 들어선 이후에도 그다지 수정이 가해지지 않은 채, 바로 얼마 전까지도 생생하게 전승되었다고 생각하는 것이 올바른 생각이라면, 이것은 참으로 묵직한 의미를 가진 전승이라고 할 수 있을 겁니다.

아무래도 우리는 '동북'이랄지 '일본'이랄지 하는 개념을, 이제까지 우리가 갖고 있던 개념을 훨씬 초월해서, 과감하게 확대시켜 생각해가야 하지 않을까요? 적어도 신화에만 국한해서 말하면, 곰과 연어가 서식했던 '북방 반구Northern Hemisphere'는 하나로 연결된 세계로 생각해야만 할 것 같습니다.

신화에서 역사로

'사케노오스케'를 둘러싼 이와테현 기센 지방에 전해내려오는 이야기는 신화적 사고의 놀라울 정도로 강인한 생명력을 느끼게 해줍니다. 만 몇천 년 정도의 기나긴 세월이 축적되어 있는 하나의 사고가 역사의 시간을 빠져나가 교묘하게 변형이나 위장을 하며 끈질기게 계속 생존해온 셈이니까요. 그러나 도노 지방에 전해내려온 다음과 같은 전승을 보면 신화적 사고의 생명력이라는 것에 새삼 놀라게 되지 않을까요?

    이야기의 내용은 이렇습니다. 주인공은 앞에서 소개한 이야기와 같은 인물입니다. 말하자면 앞의 이야기의 후일담이 되는 셈이지요. 연어의 왕의 도움으로 이마이즈미카와의 강가에 있는 고향으로 돌아온 그 남자는 재능을 인정받아 연어 어장의 '관리자'가 되었습니다. 이 이야기의 무대가 근세라는 사실을 상기해주십시오.

    때마침 이마이즈미와 강 건너의 다카다高田 사이에는 연어 어장의 경계를 둘러싼 분쟁이 끊이지 않았습니다. 때로는 사망자가 나오기도 할 정도였습니다. 그 남자가 잘 중재하여 어떻게 무사히 넘기곤 했습니다. 그러나 어느 해 연어가 잘 잡히지 않았습니다. 여느 해보다 사람들의 마음도 거칠어져서 어장의 경계 때문에 벌어진 다툼도 더욱 격렬해졌습니다. 그 남자가 아무리 설득해봐도 분쟁은 해결

'변형'의 프로세스는 여전히 계속되고 있다. 신화적 사고는 역사의 현실 속으로 더욱 깊숙이 침입해들어가, 지금도 행해지고 있는 특이한 형태의 제의를 만들어내기도 한다. 이와테현 미야코시 쓰가루이시津輕石에서는 '마타베又兵衛 인형'이라는 밀짚인형을 만들어, 그 주위에서 마타베 제의를 치르는데, 거기에는 '역사'적 유래가 있다. '쓰가루한藩(제후가 다스리는 영지를 의미—옮긴이)이 이 지방의 연어 어장을 경영하고 있었을 당시에 관리인으로 부임한 고토 마타베는 연어는 많이 잡히는데 쌀은 흉작이 계속되어 굶어 죽는 사람이 생기는 걸 보고, 상부의 명령을 어기고 주민에게 마음대로 연어를 잡게 했다. 그럼으로써 거꾸로 매달아 처형당하는 극형에 처해졌다. 그의 인간애를 기념하기 위해 주민들은 처형당한 마타베의 모습을 밀짚인형으로 만들어서 모셔놓고, 풍어豊漁를 기원하는 제의를 지내기 시작했다.'(간노 요시하루神野善治, 「연어의 정령과 에비스 신앙鮭の精靈とエビス信仰」) '사케노오스케' 전승이 역사화될 때, 자신의 목숨을 인간에게 증여해주는 동물의 정령은 인간애로 인해 비극적인 운명에 처해진 은인으로 변형되어가는 법이다. (옆)
마타베 인형과 마타베 제단 (아래)
(다니카와 겐이치谷川健一 편, 『연어·송어의 민속鮭·鱒の民俗』, 산이치쇼보三一書房)

의 기미를 보이지 않았습니다.

그때 그 남자는 뭔가를 결심한 듯 강 한가운데로 나가서 큰 소리로 외쳐댔습니다.

"이마이즈미의 사람들도, 다카다의 사람들도 잘 듣기 바란다. 이번만큼은 내가 아무리 애를 써도 사태가 조금도 나아지지 않고 이렇게 밤낮으로 싸움만 계속되고 있다. 그래서 나는 이 자리에서 죽음으로 분쟁을 해결하고자 한다. 여러분은 내 머리가 흘러가는 방향을 이마이즈미의 어장으로 하고, 몸이 흘러가는 방향을 다카다의 어장으로 해주기 바란다. 그러면 여러분, 나는 이제 실례하겠다."

말이 끝나기가 무섭게 남자는 칼로 자신의 목을 베었습니다. 그 남자가 자살한 후 강 한가운데에는 모래톱이 생겼습니다. 이것이 자연히 두 마을의 경계가 되었고, 강을 둘러싼 분쟁도 가라앉았다고 합니다. (『청이초지』)

연어 어장을 둘러싼 사람들의 분쟁을 해결하기 위해 자신의 머리와 몸을 분리시켜 스스로를 희생시킨 이 사람이야말로 스스로가 한 떼의 연어를 이끌고 강을 거슬러올라가 산란이라는 종족의 대업을 성공시킨 '사케노오스케' 바로 그인 셈입니다. '사케노오스케'의 도움을 받았던 이 사람은 자신이 '관리자'로 감독하고 있는 세계가 위기에 직면하자, 이번에는 자신이 '사케노오스케'가 되어 위대한 자기희생의 정신을 발휘해서 이 세계를 구하고자 한 겁니다. 그야말로 "연어를 위해 살고 연어를 위해 죽었다"고 할 수 있겠지요. 이 선조는 신화의 힘에 의해서 '연어 덕분에 살았던' 셈인데, 이런 신화의 사고는 역사상의 인물로 모습을 바꾸어(아마도 이와 유사한 실화가 있었겠지요) 이번에는 '연어를 위해 죽음'으로써 사람들을 살리려고 한 거라고 할 수 있습니다.

곰을 주제로 하는 신화적 사고의 다양한 변주곡은 북동아시아(여기에는 일본의 동북지방이나 홋카이도를 추가할 수 있습니다)에서 남북아메리카 대륙에 걸친 광대한 지리적 공간에 걸쳐서 몽골족들의 사고를 통해 연주되어왔습니다. 그리고 그것은 역사 시간 속으로 잠입해, 1만 년 이상의 시간차에도 불구하고 인간과 자연의 심오한 관계를 노래하는 곡조를 우리 곁으로 보내주고 있습니다. (2002년 1월 21일 주오대학 대학원에서)

역자 후기

'문명' 과 '야만' 으로의 새로운 접근

요즘 신문에 실리는 이라크 소식을 접할 때마다 우울한 마음으로 하루를 시작하곤 합니다. 유구한 문명의 발상지 이라크의 국토는 점점 끝 모를 수렁으로 변해가고 있습니다. 수렁의 정체가 무엇인지, 그 수렁이 왜 생겼는지, 그리고 과연 수렁의 끝이 어디인지, 짐작조차 하기 어려운 상황입니다. '문명화의 사명' 이라는 대의명분과 최첨단 무기를 앞세운 미국으로서는 수렁의 존재 따위는 안중에도 없었을 것입니다. '야만' 적 폭정에 시달리는 이라크 민중에게 '문명' 의 빛을 안겨주기 위해서라는 점령의 논리는 지난 수백 년간 서양 제국주의가 반복해온 상투 문구 그 이상도 이하도 아니지요.

나카자와 신이치의 신화 강의록 시리즈 <카이에 소바주>의 두 번째 책인 『곰에서 왕으로熊から王へ』는 지금 지구상에서 일어나고 있는 위선적 전쟁의 실체를 파악하는 데 도움을 주는 안내서이기도 합니다. 신화학 입문서 성격을 띤 제1권 『신화, 인류 최고의 철학』을 읽은 사람이라면 이 재주 많은 저자의 현란하면서도 용의주도한 안내에 따라 신화가 인류의 철학적 사고의 원형이라는 결론에 도달했을 것입니다.

제1권에 이어 제2권에서도 나카자와류流의 대담하고 방대한 야생의 사고는 거침없이 펼쳐집니다. 제2권에는 신화 시대의 대칭성의 사고가 상실되면서 왕을 중심으로 하는 국가가 탄생하기까지의 과정, 그리고 국가와 함께 탄생한 '야만'에 대한 이야기가 담겨 있습니다.

저자는 강의 시작 2주일 전에 발생한 9·11 테러를 이 책의 주제를 풀어나가기 위한 실마리로 삼습니다. 먼저 문명에 대한 야만의 도전이라는 식의 미국의 자국중심주의적 관점에 이의를 제기합니다. "테러 행위는 분명 '야만'이다. 그러나 그 '야만'을 유발한 것 역시 다른 종류의 '야만'이 아니던가?"라는 문제 제기입니다. 나아가 9·11 테러는 인류가 국가라는 체제를 갖춤으로 해서 야기된 사건이며, 현대가 안고 있는 권력의 불균형과 비대칭적인 상황을 상징하는 사건이라는 관점을 제시합니다.

저자의 이런 주장은 미야자와 겐지의 『빙하쥐의 털가죽』에 대한 심오하고 세밀한 분석을 통해 독자에게 설득력 있게 다가옵니다. 9·11 테러에 이은 미국의 이라크 침략, 그리고 현재 이라크에서 일어나고 있는 자살폭탄 테러…… 9·11 테러와 『빙하쥐의 털가죽』과의 오버랩은 현실에서 일어나고 있는 이런 일련의 사태들의 이면에 도사리고 있는 세계관의 대립을 선명하게 부각시켜줍니다. 그리고 독자에게 강대국의 일방적인 논리에 함몰되지 않는 균형감각과 상대적인 시각을 제공해줍니다. 그런 점에서 지금 이 시점에 이 책을 출판하는 것은 시의적절한 의의를 지닌다는 생각이 듭니다.

이 책의 전반부는 수렵민들의 '대칭성의 사고'에 대한 예찬으로 채색되어 있습니다. 군더더기 없는 치밀한 논리 전개도 가히 감탄할 만하지만, 그보다도 독자의 흥미를 자아내는 것은 곳곳에서 피력해 보이는 저자 특유의 신화 분석입니다. 신화의 세계에서는 곰이나 야생 염소, 범고래 등이 등장해 자연과 인간이 동등한 위치에서 서로를 배려하며 아름다운 조화를 이루었습니다. 인간과 곰이 서로 결혼하기도 하고, 곰은 털가죽만 벗으면 언제든지 인간으로 변합니다. 신화적 세계관에 의하면, 인간과 인간, 인간과 동물, 인간과 자연계, 생명체와 영혼은 서로 단절되어 있지 않고, 상호간의 자유로운 교류나 왕래, 소통이 가능합니다. 저자는 다양한 신화를 예로 들어가며 이런 고대인의 사고가 얼마나 역동적이고 합리적인지를 강조합니다.

이 책에서 다루는 신화에는 여러 동물이 등장합니다. 그중에서도 곰은 한민족과도 무척 인연이 깊은 동물입니다. 우리 모두가 곰의 자손인 셈이니까요. 단군 신화에서 곰이 동굴 속에서 온갖 시련을 이겨낸 끝에 웅녀가 된 것을 기억하실 겁니다. 그 과정은 이 책에 소개되어 있는 샤먼이 되기 위한 통과제의와 거의 흡사합니다. 인간은 동면을 할 때의 곰과 유사한 체험을 함으로써 샤먼이 되었던 셈입니다. 그런 과정을 통과함으로써 샤먼은 북방세계 최강의 동물인 곰과 동일한 능력을 획득하게 된다고 합니다. 초월적인 능력을 과시하기 위해 실제로 샤먼이 곰의 털가죽을 걸치고 춤을 추었다고 하는군요. 그 모습을 상상하다 보면, 아이들의 사랑을 독차지하고 있는 푸우와 같은 곰 인형과 대비되어 묘한 기분에 사로잡히게 됩니다. 그야말로 격세지감이란 것이겠지요. 이렇듯 곰과 인간의 관계는 참으로 역사도 깊고 복잡 미묘한 변화의 과정을 겪어온 셈입니다.

이 책의 후반부는 국가의 기원에 관한 이야기입니다. 인간과 자연과의 조화가 깨지면서 '대칭성의 사회'가 붕괴되고 왕과 국가가 탄생되는 과정이 다양한 예증을 통해 재구성됩니다. 특히 인상적이었던 것은 대칭성의 사회가 위기를 맞게 된 원인에 관한 해석 부분입니다. 저자는 쇠로 만든 무기, 즉 검을 인간이 갖게 된 것을 중요한 계기로 보고 있습니다. 여기에서도 신화는 전가의 보도처럼 동원됩니다. 인간과 가자미 사이에 태어난 아이가 검을 갖게 됨으로 해서 인간과 자연 사이의 조화가 파괴된다는 내용을 담고 있는 우리치족의 신화는 여러 가지 의미에서 우리에게 시사하는 바가 매우 크다고 할 수 있습니다.

검으로 인해 힘의 불균형이 초래되고, 그 결과 왕과 국가가 탄생했으며, 그와 동시에 검을 갖지 못한 자에게 함부로 검을 휘두르는 '야만'도 탄생했다는 것이 저자의 논리입니다. 물론 검에는 많은 상징적인 의미가 내포되어 있습니다. 고도의 기술력도 그중 하나이겠지요. 따라서 이런 신화 해석을 통해 우리는 현대에 일어나고 있는 권력이나 부의 불균형과 비대칭, 그로 인해 야기되는 수많은 문제들(물론 이라크 사태도 여기에 속하겠지요)의 근본적인 원인을 이해할 수 있게 됩니다.

그렇다면 검을 갖기 이전의 상태로 돌아가기 위해 인간은 어떤 노력을 해야 할까요? 그것은 물론 신화적 사고, 즉 '대칭성의 사고' 및 '야생의 사고'를 되찾는 것입니다. '대칭성의 사고'의 회복을 위한 방안으로 저자가 제시하는 것은 불교입니다. 불교는 국가와 그것이 발생시키는 야만을 초월하고자 하는 사상이므로, 불교적 사고에 의해 현대가 안고 있는 많은 문제점을 해결할 수 있다는 것입니다(저자는 최근에 대담집 『불교가 좋다 佛教が好き』라는 책을 일본에서 출판한 바 있습니다).

이처럼 이 책은 까마득히 먼 시대의 이야기를 하면서도, 동시에 신화의 시각을 통해 현재를 성찰하게 하는 내용을 담고 있습니다. 저자도 머리말에서 "약간의 상상력만 동원하면, 모든 강의가 리얼 타임으로 진행중인 역사와의 팽팽한 긴장관계를 유지하며 이루어지고 있다는 것을 이해할 수 있으리라고 생각한다"라고 말하고 있듯이, 이 책은 일견 신화를 둘러싼 나카자와류 해석의 화려한 퍼포먼스로 채워져 있는 듯하지만, 사실은 오늘날 세계에서 벌어지고 있는 현상들에 대한 근원적 분석틀을 제공하는 안내서이기도 한 셈입니다.

이 점이야말로 이 책이 지닌 가장 큰 미덕이라 할 수 있겠지요. 인류가 현재 서 있는 위치를 정확히 알려줌으로 해서 독자로 하여금 '지금, 여기'를 상대화하고 객관화할 수 있는 시점과 통찰력, 사고력 등을 갖도록 한다는 점이지요. 그리고 기계문명의 발달로 한없이 오만해진 인간 자신을 되돌아보고, 겸허한 자세를 갖도록 하기도 합니다. 요컨대 저자는 우리 인류의 현재 위치에 대한 올바른 이해와, 앞으로 나아가야 할 방향의 선택을 위해 끊임없이 과거를 되돌아보게끔 하는 셈입니다. 물론 그 과거는 역사적인 시간이 아니라 신화의 시간입니다.

그런 의미에서 나카자와류의 정신활동을 '마음의 고고학', 혹은 '정신의 고고학'이라 평가하는 것은 매우 적절한 수사라는 생각이 듭니다.

<카이에 소바주> 시리즈의 제1권 『신화, 인류 최고의 철학』이 국내에 번역 출판되고 나서 10여 개월이 경과했습니다. 이 시리즈는 현재 제4권(제4권은 예고와는 달리 『신의 발명神の發明』이라는 제목으로 변경되었습니다)까지 출판을 마친 상태이고, 2004년 1월 제5권(『대칭

성 인류학*對稱性人類學*』)의 출판을 끝으로 완결됩니다. 2002년 1월에 제1권이 나왔으니 불과 2년 만에 5권의 단행본을 출판하는 셈입니다. 이외에도 여러 분야에 걸쳐 팔방미인식의 활약을 보이는 저자의 생산력은 가히 초인적이라 평하지 않을 수 없을 것 같습니다. 인터넷 상에서 어떤 일본인 독자가 왕성한 저술활동의 비결을 묻자, 나카자와 교수는 자신은 수도승 같은 생활을 한다고 답하더군요. 글을 쓰는 데 있어서 일정한 리듬이 중요하다는 뜻이지요. 그런데 저자의 답변에서 수도승이라는 단어가 저에게는 매우 의미심장하게 받아들여졌습니다. 신화라는 종교의 포교를 위해 학문적 연찬을 거듭하고 있는 저자의 모습을 상징하는 단어처럼 들렸기 때문이지요.

여하튼 번역이 저술의 속도를 따라가지 못하다니, 역자로서는 그저 민망하고 독자에게 송구스러울 따름입니다. 종교를 가지고 있지 않은 저로서는 저자처럼 수도승과 같은 생활이 애당초 불가능하기 때문이라고 이해해주셨으면 합니다.

나카자와 신이치 교수의 <카이에 소바주> 시리즈는 일본에서 출판될 때마다 화제를 모으고 있습니다. 비평가들로부터 호평을 받는 건 물론이고, 독자들의 호응도 각별하다고 합니다. 이미 두 권째 사귀어온 번역자의 입장에서 이 시리즈를 한국의 독자들에게 소개할 수 있게 된 것을 진정으로 다행스럽게 생각합니다. 태만에 빠질 여유도 없이 번역을 마무리할 수 있었던 것은 오로지 도서출판 동아시아 가족 여러분이 보여준 열정 덕분이었습니다. 한성봉 사장님과 이둘숙씨에게 깊이 감사드립니다.

이제 곧 겨울이 다가옵니다. 숙제를 마쳤다는 안도감과 함께 긴

동면에 들어가고 싶은 마음은 굴뚝같습니다만, 시리즈의 제3권 『사랑과 경제의 로고스愛と經濟のロゴス』의 번역을 목전에 두고 있으니 한동안은 신화의 세계로부터 벗어나지 못할 처지인 듯합니다.

2003년 가을이 저무는 시간의 강에 서서

김옥희